娄维义◎主编

王振堂 俞晓瑾◎副主编

「基于问题研究的创新教育」探索系列

「上海市中学创新教育研究德育实训基地」研究成果

模拟研究

创新课堂教学设计

华东师范大学出版社

·上海·

图书在版编目(CIP)数据

模拟研究：创新课堂教学设计/娄维义主编.—上海：华东师范大学出版社，2022

ISBN 978-7-5760-2401-2

Ⅰ.①模… Ⅱ.①娄… Ⅲ.①课堂教学-教学设计-中学 Ⅳ.①G632.421

中国版本图书馆 CIP 数据核字(2022)第 015074 号

模拟研究
——创新课堂教学设计

主　　编　娄维义
项目编辑　刘祖希
特约审读　陈雅慧
责任校对　时东明
装帧设计　卢晓红

出版发行　华东师范大学出版社
社　　址　上海市中山北路 3663 号　邮编 200062
网　　址　www.ecnupress.com.cn
电　　话　021-60821666　行政传真 021-62572105
客服电话　021-62865537　门市(邮购)电话 021-62869887
地　　址　上海市中山北路 3663 号华东师范大学校内先锋路口
网　　店　http://hdsdcbs.tmall.com

印　刷　者　上海昌鑫龙印务有限公司
开　　本　787×1092　16 开
印　　张　26.5
字　　数　463 千字
版　　次　2022 年 1 月第 1 版
印　　次　2022 年 1 月第 1 次
书　　号　ISBN 978-7-5760-2401-2
定　　价　98.00 元

出 版 人　王　焰

(如发现本版图书有印订质量问题,请寄回本社客服中心调换或电话 021-62865537 联系)

本书编委会

主　编　娄维义

副主编　王振堂　俞晓瑾

编　委　王振堂　方建放　叶　笛　田翠平
　　　　吕秀华　任念兵　刘　伟　李　卓
　　　　杨　玲　宋　飞　宋国辰　张文渊
　　　　张　亮　张晓菲　茅天翼　俞晓瑾
　　　　黄嘉伟　潘祎文　戴明华

目录

◆ **下篇 实践与感悟**

序

20 世纪 90 年代,随着改革开放的深化、知识经济时代的到来,创新逐步成为社会的热词。1995 年全国科学技术大会提出"创新是一个民族进步的灵魂,是国家兴旺发达的不竭动力",把创新提高到一个前所未有的高度。随后发生了东亚金融风暴,在对其进行分析和反思的过程中,创新更成为全球的热词。在对创新的研究中,教育自然是其最重要的方面之一。对此中央明确提出:"实施素质教育,就是全面贯彻党的教育方针,以提高国民素质为根本宗旨,以培养学生的创新精神和实践能力为重点。"进入 21 世纪,党和国家关于基础教育的政策和文件明确指出培养学生创新能力始终是教育改革最重要的目标。

直至 20 世纪 90 年代后期,上海的中小学课程改革已进行了十年,当时正在考虑根据全面推进素质教育的要求进一步深化(即后来所说的上海"二期课改")。与此同时,根据中央关于培养创新能力的要求,上海一些学校特别是实验性示范性高中(如华东师大二附中)也进行了积极的探索,如组织学生开展小课题研究。

为了落实素质教育的要求,上海"二期课改"的顶层设计提出了功能性的课程结构,即基础型课程、拓展型课程和研究型课程。其中研究型课程的创设,就是借鉴了本市学校以及境内外开展小课题研究的经验。这一类型课程产生了较大的影响,成为当时课程研究的热点。华东师大二附中在深入学习领会的基础上,明确提出学生在校期间百分之百参与小课题研究,并坚持至今,学生的小论文已接近六千篇。

2008 年华东师大二附中试办"科技创新实验班",由娄维义老师担任首届科创班班主任和科技总辅导员。实验班通过扩大兼职指导教师、引进专职科技教师,逐步建设起一支骨干师资队伍。同时通过实践逐步构建了"三步走"的科创课程体系(即走近科学课程、走进科学课程和走进科研课程)。为了给每位学生搭建展示课题的舞台,该校于 2010 年举办了首届华东师大二附中"创意·创新·创造"大赛,至今已举办了十

1

一届，在大赛中优秀课题数量逐年增加。2012年娄维义老师担任分管科技教育的副校长，在全校层面系统推进创新研究，逐步构建了比较完善的创新教育操作路径和模式。学校"创新人才早期培养支持系统的构建与实践"教学成果荣获2017年上海市教学成果奖特等奖和2018年基础教育国家级教学成果奖二等奖。

2014年起，娄维义副校长担任上海市中学创新教育研究德育实训基地主持人，工作从探索拔尖创新人才的培养进一步延伸到探索创新型教师的培养。经过多年的研究和实践取得了丰硕的成果，本书《模拟研究——创新课堂教学设计》是该基地研究成果之一。

通览全书，我觉得本书有以下特点：

第一，该书既包含基地学员的教学设计实践案例，又包含对创新教育的理性思考。深度挖掘课堂立意点和探究教学突破点，准确定位学科育人的价值，即真正激发学生的学习兴趣，培养学生的研究能力，并充分展现创新课堂教学设计的引领性、适切性、研究性、逻辑性、互动性。

第二，始终把创新培养要求贯穿整个课堂教学设计与实践。书中实践案例的各个角度、每个细节都以创新教育为价值取向，全面渗透创新素养培育。这是一个非常重要的特点，值得提倡与推广。

第三，本书学科涵盖面广泛。来自多个学段、多个学科的基地学员一起切磋，共同探索，涉及科目既有学科教学如数学、物理、计算机、心理等，也有具体的实践操作如发明创造。该书立足培育学生的创新思维和创新能力，实现学生综合素养的全面提升。

本书凝聚了娄维义副校长和基地学员的心血与智慧，每个案例都经过精心设计和撰写，包括专家点评、教学后记等，是一部创新教育研究与实践的佳作。希望各位教育工作者能从本书中汲取创新教育的理念和经验，共同为创新教育的美好明天而努力。

2021年11月于上海

前言

创新是一个民族进步的灵魂,是一个国家兴旺发达的不竭动力。当今社会已进入知识经济时代,经济增长和社会进步比以往任何时候都更加依赖科技的创新与发展。国际经济竞争的严峻态势,给中国教育提出极大的挑战,培养拔尖创新人才是时代的需要,创新教育的意义更加凸显,因此探索创新人才培养的创新教育也一直备受关注。

2014年至今笔者一直担任上海市中学创新教育研究实训基地的主持人,致力于培养创新型教师,让更多的青年教师加入到创新课堂的实施队伍当中来。基地学员分布于多个学科,都是来自上海市各区基层教育一线的教师,他们有着共同的教育理想和追求。基地成立初期,我们就聘请了多位创新教育方面的专家作为顾问。在专家的引领下,大家一起对创新教育进行探索交流,对于如何在中学课堂教学和课题研究指导中培养中学生的创新人格和创新能力进行了一定的探索。其中第一期基地学员都已经顺利毕业,他们每人用了长达半年的时间撰写创新课堂教学案列,并结集由华东师范大学出版社出版《点亮课堂:聚焦课堂教学模拟研究》。出版后此教学设计专著颇受欢迎,对全市科技创新教育起到了引领辐射作用、助推了全市创新教育发展。截至目前,有的基地教师已经成为学科骨干、学科名师,还有的已经成为校领导,在学校发挥更大的作用,引领更多的教师进行创新教育。

目前基地正在培养第二期学员,为了进一步提高学员的专业水准和课堂创新教育的驾驭能力,我们在第一本书的基础上继续推出创新课堂教学设计,进一步探讨创新人才应该具备的核心素养,并结合中国基础教育的实际情况,探讨新时代背景下创新课堂教学模式,通过课堂教学培养学生的创新素养。本书主要由两部分组成。第一部分是基地学员的创新课堂教学设计,聚焦创新教育的课堂教学。主要挖掘课堂的探究突破点,把每一堂课设计成一个模拟研究的教学过程,在这个过程中培养学生的研究能力。同时发掘课堂教学的立意突破点,准确定位真正的学科育人价值,真正激发学生学习本节内容的兴趣。进而由立意突破点、探究突破点来决定每节课的知识点,从而完成教学设计的高度、深度和广度。我们提炼了创新课堂教学设计的典型特征,为清晰起见继续引入五元评价雷达图,从引领性、研究性、逻辑性、互动性、适切性等五个维度来评价一节创新课堂。

本书的第二部分收集了近期学员关于创新教育的论文、在课堂中实施创新教育的实践及感悟。这些论文从不同的学科、不同的角度探索如何培养学生的创新素养,学员们具体阐述了在实际课堂教学中如何培育学生的创新能力和创新品格。另外,论文主题还包含了学员在课堂教学中如何激发学生"问题意识"的策略以及如何在课堂中提出好问题,通过问题激发学生的好奇心和学习兴趣;包含了学员如何面对结论既定的教材,挖掘教材中有价值、有研究空间的"问题",设计出一节"模拟研究"的课堂培养学生的研究能力。论文对在课堂教学中实施学科德育也进行了探讨,即如何在课前"精妙设计",课上"不留痕迹",让课堂更具备学科高度,使得课堂有灵魂,在"德育无痕"中追求创新课堂的更高品味。

在探索创新课堂教学设计的过程中,笔者得到了诸多前辈、领导、同事、朋友的帮助和支持,在此一并表达诚挚的谢意!本书是基地学员研修成果的代表作品,是学员集体智慧的结晶。参与本书编写的还有上海部分区的骨干教师,他们的积极参与也为本书增色不少。由于时间仓促,本书难免有不当之处,敬请广大读者批评与指正。希望本书的出版,能为诸多教育同仁在实践中带来一点启发与思考,让我们一起为创新教育而努力,为国家培养更多"有担当、能创新"的创新型人才。

娄维义

2021 年 8 月

上篇

设计与反思

认识病毒

1. 教师姓名：吕秀华
2. 所在单位：华东师范大学第二附属中学
3. 学科类别：生命科学
4. 公开展示：基地展示课

创新之处

1. **探究突破点**：以1918年世界大流行的"西班牙流感"为切入口，以烟草花叶病的传染性为突破点，逐步完成对病原微生物中病毒的发现探究，并揭示病毒的基本特征。

2. **课堂立意点**：病毒是现代人类所熟悉的病原微生物，但是，人类最初对于它的很多特征并不熟悉，而是通过一系列的研究，如剥茧抽丝般一点点地发现。本课使学生体会科学探究的严谨，认识生命的不同形式，有助于完善生命观念，培养科学探究能力。

教学路径

西班牙大流感→烟草花叶病→传染性的证实→病原体追踪→病原体真面目→病毒特征小结→病毒病案例（乙肝和艾滋病）。

知识路径

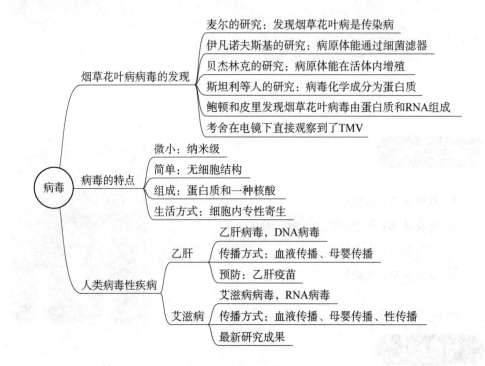

五元评价雷达图

分值：37/40

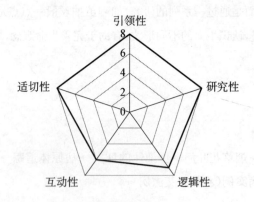

专家点评

　　病毒以及人类病毒性传染病对于学生来说并不陌生,但对于病毒是怎么发现的却鲜有人知,吕老师以第一种病毒——烟草花叶病毒的发现历程为主线,引导学生体会几代科学家在前辈科学家的基础上一步步揭开病毒的面纱,自主构建知识体系,理解生命基本特征的同时,学习了科学研究的基本方法,又培养了科学思维和科学精神,体会科学研究的价值,其次,吕老师从学生熟悉的乙肝和艾滋病入手,在理解两大传染病的危害和病毒类型的基础上,体会生命和健康的重要性,关注健康,关爱他人,深入理解传染病的预防和治疗方法所依据的生物学原理,点睛之笔是增加了抗艾滋病的最新研究成果,其中还有中国科学家的 HIV 重大研究突破,学生在惊讶和惊喜的同时,民族自豪感油然而生,感受到科学研究和科学成果对人类健康和社会发展的重要意义。

　　吕秀华老师善于设计问题,调动学生学习的积极性,目标达成度高,体现了其良好的专业素养和教学艺术。

　　(点评专家:邓无畏,上海交通大学附属中学,高级教师,上海市杨浦区生命科学学科高地专家组成员。)

教学设计

　　1. 教材和学情分析

　　本节课是上海科学技术出版社出版的 2007 版《生命科学》第一册第三章第 3 节内容。第三章的内容是生命的结构基础,通过了解细胞的亚显微结构以及各种细胞器的功能,学生能充分体会到生物体结构与功能相统一的特征,深入理解细胞是"生物体结构与功能的基本单位",在此基础上继续学习特殊的生物类型,非细胞生物——病毒的结构和特点。通过病毒的发现历程,学习科学研究基本方法、了解科学研究与科学技术的关系,感悟科学研究成果对人类健康和社会发展的重大影响。从科学实验的现象中总结出病毒的各种性质,通过病毒具有的唯一生命性状——繁殖来理解生命的基本特征。这一节课也是学生对人类病毒性疾病,尤其是严重危害人类健康的乙肝和艾滋病进行深入了解的好时机,在恰当的时间对学生进行健康教育会有事半功倍的好效果,使学生受益终生。

学生在初中《生命科学》的学习中已经对病毒的生活特点及人类的常见病毒病有一些了解,近年来世界各地常发病毒性传染病,学生通过媒体或网络各种渠道也获得了一些常识,这些都激起其对病毒这种极其简单又对人类危害极大的生物的好奇,所以他们很渴望了解病毒的发现历史,渴望了解更多的病毒及人类的病毒性传染病的现状和未来,所以本节课是使学生感受到科学研究对人类健康保障重要性的良好契机。

2. 设计思路

从 1918 年的西班牙大流感到 COVID-19 等疫情,病毒给人类带来的伤害触目惊心,以此为切入点引入新课,学生们对病原体的探索热情一下子高涨起来,启发学生思考如何发现并证明病原微生物是什么,从实验设计到结果分析,层层递进、环环相扣,体验科学研究的严谨性和科学思维的缜密,最后得以见到庐山真面目。再回首流感病毒结构,总结病毒特征,进一步思考如何应对病毒性传染病。

3. 教学目标

(1) 通过探究病毒发现过程学习科学探究,养成科学思维方法;

(2) 通过归纳总结病毒特征和生活方式深入理解细胞是生命活动的基本单位;

(3) 增强传染病的防范意识,了解应对措施,关爱自己,关爱他人,关注健康。

4. 教学重点、难点

(1) 教学重点及突破

教学重点:病毒的基本结构与生活方式,病毒与人类的关系。

突破办法:追溯病毒发现历史,重走发现之路,然后总结要点来突破结构与生活方式的关系,利用官方数据和报道了解乙肝病毒、艾滋病病毒、新型冠状病毒等的危害,思考预防的办法;利用噬菌体治疗严重烧伤病人的案例说明病毒也有利用价值。

(2) 教学难点及化解

教学难点:HIV 的致病机理。

化解办法:动画展示,形象生动。

5. 教学过程

(1) 情境引入:

1918 年爆发于第一次世界大战期间的大流感,起源于美国堪萨斯州的一个军营,传到西班牙,导致西班牙约 80 万人感染。西班牙于 5 月首次报道,于是被命名为"西班牙流感",后造成全球大流行,死亡人数达 5 000 万～1 亿。[1]

表 1　西班牙流感数据统计[1]

国家或地区	美国	英国和威尔士	萨摩亚	爱斯基摩的诺米(Nome)	印度	全世界
死亡率	0.5%		25%	59%		
死亡人数	50 万	20 万			500 万	1 500 万～2 500 万

表 2　五大洲死亡人数和死亡率比较

大州	非洲	美洲	亚洲	欧洲	大洋洲	全球
死亡总数	237.5 万	154 万	2 600 万～3 600 万	230.1 万	8.5 万	5 000 万～1 亿
死亡率(%)	18.2			4.8		2.5～5

西班牙流感在流行了约 18 个月之后消失了,其病原体始终没能被发现,因为当时病毒这种生物还没有被发现和命名。那么病毒是如何发现的呢?

(设计意图:西班牙流感是众所周知的流行范围广、死亡人数多的传染病,其病原体属于病毒,然而病原体的证实却非常困难,以此严重危害人类健康的病毒性传染病引入新课,学生能感知到生命科学与人类健康甚至人类社会发展的密切相关性,主题鲜明,引人入胜。)

(2)病毒发现过程

● 麦尔(Adolf Eduard Mayer)的研究

师:人类受病毒折磨已经有 3 千多年,但发现病毒到现在却只有百余年时间。第一种病毒的发现要从烟草说起,烟草容易得一种病,叶子皱缩,出现斑纹,大量减产。

资料:1879 年在荷兰工作的德国科学家麦尔(Adolf Eduard Mayer,1843—1942)开始研究其病因,并将其命名为"烟草花叶病"[2](Tobacco Mosaic Disease)。

问题 1:烟草为什么得了这种病呢? 推测一下病因。

同学们会列举土壤、气候等因素。

问题2：麦尔观察到相邻两块农田里的烟草经常一边得病，另一边正常，这说明什么呢？

同学们会很容易想到，相邻地块的土壤和气候都是没有差异的，不会是病因。

（设计意图：设置开放性问题，启发学生思考影响植物生长发育的内外因，进行合理假设，养成科学思维习惯。）

受当时德国细菌学家科赫（Robert Koch，1843—1910）对动物传染病研究的影响，麦尔假设烟草花叶病是传染病。

问题3：如何证明是不是传染病呢？请设计实验。

（设计意图：在科学假设的基础上进行实验设计，培养学生的科学探究能力，并请学生代表交流分享。）

1886年麦尔的研究结果：他将患有花叶病的烟草叶子捣碎、将从中提取的汁液用玻璃毛细管注入多株健康烟草的叶脉中。大约10天后新长出来的嫩叶几乎都出现了花叶病症。

问题4：麦尔的实验结果得出什么结论呢？

学生推理得出传染病的结论，然后推测病原体是细菌或真菌。启发如何证明病原体的本质。

● 伊凡诺夫斯基（Dmitri Iosifovich Ivanovsky）的研究

资料：1892年俄国科学家伊凡诺夫斯基继续研究这种病。他把病烟草叶子汁液加入到细菌滤器中进行过滤，然后检测滤液是否有感染性。

问题5：伊万诺夫斯基的研究结果说明什么？

根据现象总结出病原体是比细菌还要小的东西。

● 贝杰林克（Martinus Beijerinck）的研究

资料：1897年荷兰科学家贝杰林克重复了伊万诺夫斯基的实验，再次证明滤液具有传染性，并进一步进行实验探索，对滤液进行高倍稀释，发现大剂量稀释后的滤液和未经稀释的滤液对健康烟草受到感染的程度几乎没有差别,受稀释滤液感染的烟草叶子的汁液仍然具有很强的感染性,这说明什么呢?

问题 6:病原体是生物还是无生命的化学物质呢?

引发思考:如果是生物,就可以增殖,如果不是生物则不能增殖,如果是无生命的物质扩散引起的,稀释液的感染性应该降低,然后总结出病原体应该是生物。

问题 7:贝杰林克把滤液保存三个月之后,其传染能力并没有出现任何变化,说明什么?

说明病原体不能在滤液中增殖,只能在活的植物体内增殖。

(设计意图:通过文献资料阅读,领悟科学研究过程,提取信息并综合分析实验现象,总结归纳进行科学推理,从而得出科学结论。通过实验对病原体是"活的"还是"死的"进行判断,感悟生物基本特征——可以繁殖。)

● 斯坦利(Wendell Meredith Stanley)等人的研究

资料:1935 年,美国化学家斯坦利用化学方法提纯出烟草花叶病毒并检测其成分为蛋白质。

问题 8:如果是纯的蛋白质能增殖吗? 讨论回答。

资料:1936 年,英国的鲍顿(F. C. Bawden)和剑桥大学的皮里(N. W. Pirie)合作对提取出的烟草花叶病毒结晶进行检测后发现含氮量为 16.7%,含磷量为 0.5%,含糖量为 2.5%。他们深入研究后指出:烟草花叶病毒大约是由 95% 的蛋白质和 5% 的核糖核酸(RNA)组成的核酸蛋白质复合体。

(设计意图:通过文献资料的阅读,了解病毒的化学成分有关研究过程。)

由 RNA 和蛋白质组成的病毒是如何实现增殖的呢? 这个过程直到 1956 年才被德国科学家吉尔(Alfred Gierer)和施拉姆(G. Schramm)发现。

(设计意图:为后面的遗传物质证实研究埋下伏笔,揭示科学研究工作的持续性和继承性,感悟合作研究的重要性。)

● 考舍(Gustav Adolf Kansche)在电镜下直接观察到了 TMV

问题 9：病毒的成分研究清楚了，它长什么样子呢？怎么才能看到呢？

直到 1939 年德国生物化学家阿道夫·考舍等人利用电子显微镜观察到烟草花叶病毒确认，TMV 是一种直径为 1.5 nm，长为 300 nm 的长杆状的颗粒。

（设计意图：为后面的遗传物质证实研究埋下伏笔，感悟科学技术是推动科学发展的利器，体会学科之间的密切关联，揭示科学研究工作的持续性和继承性，感悟合作研究的重要性。）

● 病毒发现历程小结

幻灯片展示科学家的系列研究成果

表 3　病毒发现历程表

论文发表时间	科学发现	科学家
1886 年	烟草花叶病有传染性	麦尔(荷兰)
1892 年	烟草花叶病滤过性病原体	伊万诺夫斯基(俄国)
1898 年	烟草花叶病病原体可以在体外存活，在生物体内增殖，称为 virus (病毒)	贝杰林克(荷兰)
1935 年	获得病毒结晶，鉴定出成分为蛋白质	斯坦利(美国)
1936 年	发现烟草花叶病毒由 RNA 和蛋白质组成	鲍顿和皮里(英国)
1939 年	电子显微镜观察到烟草花叶病毒	考舍(德国)

（设计意图：感悟科学家有国籍，但科学无国界，研究成果及时发表，接受同领域科学家的验证推敲，在纠错中进步，科学理论逐渐被完善。）

(3) 病毒的特征

播放噬菌体侵染细菌的动画视频，然后结合前面科学家的研究成果，由学生总结病毒的特征。

● 病毒个体微小(nm)

● 由蛋白质和核酸组成

- 蛋白质形成衣壳,核酸在内部,无细胞结构
- 活细胞内专性寄生

（设计意图：通过动画直观了解病毒细胞内专性寄生的生活方式,病毒侵染宿主细胞的过程。学习提炼归纳总结,科学表述,感悟短短科学结论的背后众多科学家的长期研究贡献。）

（4）人类病毒性传染病

请学生列举人类病毒性传染病的病例。如流感、乙肝、艾滋病等。

1933 年由英国人威尔逊·史密斯(Wilson Smith)发现流感病毒,著名的西班牙流感病毒长什么样子呢？展示流感病毒图片,归纳流感病毒遗传物质是 RNA。

问题 10：流感尤其是甲型流感传染性和致病性强,如何预防呢？最好的方法是什么?

引导回答疫苗对于预防传染病的重要性,通过提问注射一次会不会终身免疫,引导思考流感疫苗的遗传物质是单链 RNA 容易变异。

（设计意图：呼应引言中提到的病例,体会病原体的发现需要很长时间,了解流感病毒容易变异的原因。）

由流感传染病推广到另外两种危害更大的病毒性传染病,更加深刻地感受病毒的多样性。利用 2014 年国家统计局的数据引入最具危害性的两种传染病：乙肝和艾滋病。

展示乙肝病毒和艾滋病病毒的结构模式图。

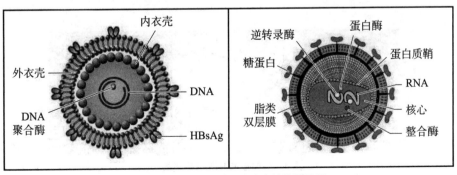

图 1　乙肝病毒和艾滋病病毒结构模式图

问题 11：根据遗传物质把病毒进行分类，讨论回答两种传染病的传播方式，如何预防乙肝？

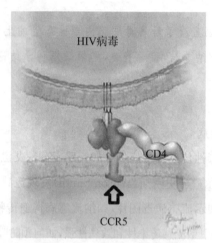

图 2　HIV 入侵 T 细胞示意图

播放艾滋病病毒侵染 T 细胞的动画。

问题 12：艾滋病侵染 T 细胞的关键突破口是什么？怎么才能防止它的入侵？

观看动画后，学生很容易认识到 HIV 表面蛋白与 T 细胞表面的 CCR5 受体结合是入侵突破口，如果我们细胞表面没有这个受体就不能入侵成功。

然后介绍媒体报道：2013 年 9 月，中科院药物所吴蓓丽团队成功解析 HIV 受体 CCR5 三维结构。

2014 年 7 月 21 日，美国坦普尔大学研究人员首次成功地把 HIV 从培养的人类细胞中彻底清除。

图 3　媒体报道 HIV 研究进展

（设计意图：介绍目前危害人类健康最严重的病毒性传染病——艾滋病的严酷现实，普及两种传染病的传播方式，开展健康教育和生命教育。介绍最新研究进展，感悟科学研究成果造福人类，提升社会责任感和使命感。）

资料：1958年5月26日深夜，一辆救护车驶进了广慈医院（今上海瑞金医院），送来的是被1300℃钢水烫伤的上钢三厂司炉长、共产党员邱财康。邱财康全身89.3%面积的皮肤被灼伤，深度灼伤面积达23%，生命危在旦夕。上海第二医学院（上海交通大学医学院前身）和广慈医院迅速组织抢救小组。严重烧伤后的病人要经历三个生死关：休克关、感染关、植皮关。医护人员全力抢救使邱财康顺利渡过了休克关后，另一个挑战紧随而来，邱财康出现了绿脓杆菌感染及其引发的败血症，病情急剧恶化，药物难以控制。医院请来医学院微生物教研室主任、细菌学专家余㵑教授会诊。余㵑教授提出大胆的设想——用噬菌体杀死绿脓杆菌。余㵑教授把医学院学生组织起来，从郊区野外污水中采样。然后，把采集的大量样品集中到医学院实验室，几天工夫噬菌体液制成。医护人员用噬菌体来清洗病人伤口，渐渐地病人的感染逐步得到控制，最终痊愈出院。这个故事后来成为微生物学界的一段佳话，也是以劳模邱财康为蓝本的电影《春满人间》中的情节。[3]

这段感人的利用病毒治病救人的佳话告诉我们什么道理呢？

同学们讨论后深有感触地得出结论：病毒不都是对人有害的，再次感悟病毒是细胞内专性寄生的生物。

（设计意图：通过这个病例展示出任何灵丹妙药如抗生素都有其局限性，病毒也不都是对人类有害的，关键在于我们是否了解它们，感受科学研究的重大意义。）

（5）小结和作业

查阅病毒类型，乙肝、艾滋病等人类病毒性传染病相关资料，做一期"了解人类病毒传染病"的板报。

参 考 文 献

［1］李秉忠.关于1918—1919年大流感的几个问题［J］.史学月刊,2010(6)：84—91.

［2］周程.病毒是什么？——人类发现首个病毒的过程考察［J］.工程研究-跨学科视野中的工程,2020,12(1):92—112.

［3］安瑞.噬菌体治疗的前世、今生与未来——对话微生物学界噬菌体专家［J］.科学通报,2017,62(23):2577—2580.

教学后记

再现科学发现过程,追随科学技术前沿

一、 教学设计

1. 精准锁定学习目标

目标是一节课的灵魂。要确定精准、可落地的学习目标,教师在预设教学目标和教学思路时,首先要对课标要求、教学对象的学习背景和现状、教材内容体系和地位进行综合考量,弄清学生的认知起点何在,探究突破点在哪里,课堂立意在哪里,探究逻辑链如何搭建。"病毒"教材内容包括:病毒的形态结构和病毒与人类的关系。教材介绍性地罗列了知识点,科普性地介绍了病毒及其与人类的关系。笔者在教学设计中大幅增加对病毒发现历史的科学研究实验的介绍,以时间和研究进度双线条推进教学过程。把简单介绍知识转化为互动探究式学习方式。

① 探究突破点:以1918年世界大流行的"西班牙流感"和新冠肺炎为切入点,以烟草花叶病的传染性为突破点,逐步完成对病原微生物中病毒的发现探究,并揭示病毒的基本特征。

② 课堂立意点:新冠肺炎病毒是现代人类所熟悉的病原微生物。但是,人类对于病毒的很多特征并不熟悉,通过一系列的研究,如剥茧抽丝般一点点地发现,体会科学探究的严谨,认识生命的不同形式,有助于完善生命观念,培养社会责任感。

基于上述分析,设计思路确定如下:从1918年的西班牙大流感到新冠肺炎疫情,病毒给人类带来的伤害触目惊心,以此为切入点引入新课,同学们对病原体的探索热情一下子高涨起来,点燃深度学习的内动力,启发同学思考如何发现并证明病原微生物是什么,从实验设计到结果分析,层层递进,环环相扣,体验科学研究的严谨性和科学思维的缜密,最后得以见到庐山真面目。再回首流感病毒结构,总结病毒特征,进一步了解给人类造成重大威胁的艾滋病,介绍艾滋病病毒的致病方式,探究预防艾滋病的可能途径,学生在一节课聚焦病毒专题探究中,会有意犹未尽之感。

确定深度学习目标如下三点:①通过探究病毒的问题链学习科学探究,领悟科学研究方法,学会理性思维,提高研究能力;②在探究中总结病毒特征和生活方式,构建生命观念;③增强传染病的防范意识,了解应对措施,提升社会责任感。

2. 播种热爱科学研究的种子

近年来,多种恶性、病毒性传染病不时发生,从 2003 年的 SARS 到最近的 MERS,无一不给人类健康带来重大威胁。学生通过初中病毒知识的学习以及通过媒体的介绍,对于病毒的很多常识都比较熟悉,但是对于病毒有别于细胞生物的特殊性,以及病毒引起的疾病的严重性原因知之不多,因此充满好奇心,进而拥有很强的探究欲望。抓住这个最佳时机,利用好科学家的研究事例,才能收到好的教育效果。

从课堂表现来看,他们虽然没有亲自动手实验,但在和老师共同回顾科学家"发现问题—设计实验—分析结果—得出结论—发现新问题"的研究历程中,能够全神贯注,倾情投入,认真思考,积极回答问题,在思维的碰撞中产生正确的答案,仿佛身临其境一样,充分展示了他们对科学探究的浓厚兴趣。

3. 见证科学理论从实践中来,到实践中去

本节课的重点是病毒的基本结构与生活方式,病毒与人类的关系。病毒结构极其简单,如果单纯通过静态的图片来介绍难免枯燥乏味,学生甚至会对此产生怀疑,笔者采用科学研究再现的方式,逐步引导学生把病毒的化学组成、结构特点、生活方式从科学研究的现象中总结出来,学生们深深体会到生物体结构与功能的统一性,体会理论要不断通过实践来检验其正确性,了解病毒才能攻克病毒和利用病毒,理论要回到实践中去指导实践才能发挥应有的作用。

4. 感悟科学研究成果对人类健康的重大影响

学生们都知道乙肝和艾滋病危害人类健康,但对其严重程度并不清楚,所以笔者利用 2014 年国家统计局数据使同学们充分认识到乙肝和艾滋病的现状,通过介绍乙肝疫苗接种的重大作用使同学们消除对乙肝的恐惧心理,同时认识到计划免疫对预防传染病的重要性,然而艾滋病疫苗至今未能成功问世,激发同学们的紧迫感和责任感。

介绍攻克艾滋病的最新研究成果,其中包括中国科学家的成就,又通过噬菌体救治严重烧伤病人的案例,使学生们感悟科学研究成果对人类健康的重大影响。

二、教学过程

1. 注重引发思想共鸣

整节课采用典型事件或数据冲击法引发思想震动。课堂上的具体理论知识因为比较抽象往往给学生的印象不深,可能一节课后很快就遗忘了,但一些具体的人物、事件、出乎意料的数据会带来钦佩、惊讶、兴奋、认同或反感等情感波动从而留下深深的烙印。本节课从引言开始,连续使用西班牙流感、科学家、最新国家统计数据、最新艾滋病研究成果等典型事件和数据,使学生经历了"病毒很可怕—科学家很伟大—科学研究很重要—科学研究无止境"等一系列情感共鸣,从而彰显科学家和科学研究的价值,本节课在一定程度上起到了很好的作用。

2. 在逻辑链中走向深度学习

在搜集文献中追寻研究真相,构建问题串形成逻辑链,让学生在问题探究、合作互动中开展深度学习。笔者查阅文献、挖掘科学史素材,设计问题串如下:①烟草花叶病是什么类型的病? 引出麦尔确定为传染病的研究;②病原体多大? 伊万诺夫斯基的病原体能够通过细菌滤器;③活的还是死的? 贝杰林克的研究:病原体能在活体内增殖;④由什么成分组成? 斯坦利等人的研究:病毒的化学成分为蛋白质。鲍顿和皮里对成分进一步研究:由蛋白质和 RNA 组成;⑤能否看到病毒的样子? 考舍直接观察到 TMV。通过溯源病毒的发现,在问题串中形成了学生认知的逻辑链条,在环环相扣的链条中让问题引领学生,在互动中合作,重新经历科学研究之路,逐步走向深度学习。

3. 教学活动环节不断改进

在开始上课的两个班级,课堂教学虽主线清晰,但由于时间问题,师生互动不够充分,学生思想暗流涌动,讨论交流的空间有待拓展。于是在后面班级上课时增加学生提问和讨论的时间和机会,比如提问乙肝和艾滋病的传播方式,讨论如何对待病人、如何规范自己的思想行为,用生物学理论指导自己健康生活。

科学家的研究工作非常具有代表性和启发性,教材中每一个科学陈述,科学概念和原理都是基于大量的科学史实归纳总结出来的,为了便于学生理解和接受,需要把典型的实验或研究从设计到结果都呈现出来,也可以和学生一起设计实验来验证这些科学结论。"耳听为虚,眼见为实",如果仅仅从概念到概念,从理论到理论地讲述,学生很容易产生怀疑,所以还原科学研究过程,尽可能做实验来验证,但很多研究限于实验条件或时间的限制,不能在有限的课堂教学中再现,即使这样,简单地告知结论也是不可取的,所以模拟科学家的研究,经历"提出问题—做出假设—设计实验—实施实验(略)—展示结果—分析结果—得出结论"这一过程,学生的科学素养得到提升。

内分泌系统中的"信号分子"探秘

——激素的调节作用

1. 教师姓名：田翠平
2. 所在单位：卢湾高级中学
3. 学科类别：生命科学
4. 公开展示：区级展示课

创新之处

1. 探究突破点：以世界糖尿病日为切入口，体验胰岛素的科学发现历程。
2. 课堂立意点：激素的调节作用是本节课的核心概念，概念的学习是一个复杂的系统科学。创设不同的探究情景，多种教学方式与引导学生阅读、分析、讨论、归纳、概括、总结、推测和描述等多种学习方式互动，通过高频率的思维活动逐步完成科学概念的有意义学习和构建。

教学路径

世界糖尿病日→胰岛素的发现史→激素的作用特点→引起糖尿病的内部原因→

胰岛素与胰高血糖素的协同调节→体温调节→糖尿病与健康的生活习惯→小结与作业。

知识体系

五元评价雷达图

分值：36/40

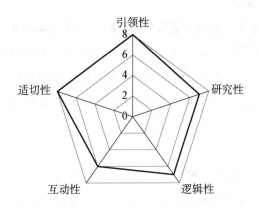

专家点评

　　田老师在课堂教学中,教学主线清晰,抓住教材内容的核心知识,突出重点,充分利用课本并与精心制作的课件相结合,采用问题教学法,把教学内容化作一串递进式的问题。在解决问题的过程中,采取教师讲解与学生阅读、思考和描述相结合的方式。在解决问题的过程中又产生新的问题,通过不断产生问题、解决问题的方式引导学生掌握知识,提高能力,感悟生命体调节的辩证关系。提高了学习效率,三维目标达成度高。板书设计工整并突出重点,课件简洁明了,起到了很好的辅助教学的作用,希望在以后的教学过程中,能够合理安排40分钟的教学时间,以利于突破难点。

　　(点评专家:王生清,卢湾区教师教育学院,特级教师,上海市生命科学名师工作室主持人。)

教学设计

　　1. 教材及学情分析

　　第5章从细胞水平上介绍了信息在神经系统、内分泌系统和免疫系统中是如何进行传递的。本节课是第5章第3节第2课时的教学内容,是继神经调节后的内容,《课程标准》对本节的要求为B级。信息在细胞间的传递和调节是本章要解决的关键问题。教材结合图解对血糖调节和甲状腺激素的反馈调节两个实例进行了阐述,本节内容是引导学生感悟生物体平衡与调节的辩证关系的良好素材,也是提高学生逻辑思维品质的载体。

　　本节课内容属微观层面,相对抽象,需要教师进行一定的讲解和引导。学生在初二阶段已经学习过激素的概念、内分泌腺的调节功能等知识,经过在高中前一阶段的学习,对本节课涉及的有关细胞膜的受体、代谢等相关知识的运用已有一定的知识积累,学生的这些积累使教师的引导成为可能。

2. 设计思路

激素作为信号分子在细胞间传递信息从而调节生命活动是本节课的核心概念。概念具有层次和结构，概念的学习是一个复杂的系统科学。教学中依据学生的认知规律，创设不同的探究情景，引导学生通过阅读、分析、讨论、归纳、概括、总结、推测和描述等多种学习方式进行探究，通过高频率的思维活动逐步完成对科学概念的有意义学习和构建。

3. 教学目标

（1）理解激素的作用特点和理解反馈调节方式，感悟生命的本质；

（2）通过研究胰岛素发现的科学史，学生了解研究激素的一般方法和过程及科学知识产生的过程，提高对科学研究的关注和理解，培养科学思维的能力；

（3）通过分析糖尿病病因增强学生从整体的角度分析问题和解决问题的能力；

（4）通过对血糖调节的学习，增强自我保健意识，培养有益健康的生活习惯。

4. 教学重点、难点

（1）教学重点及突破

教学重点：激素的作用特点和反馈调节方式。

突破办法：创设不同的探究情景，引导学生通过阅读、分析、讨论、归纳、概括、总结、推测和描述等多种学习方式进行不断的探究，通过高频率的思维活动逐步完成科学概念的有意义学习和构建。

（2）教学难点及化解

教学难点：负反馈调节

化解办法：引导学生识别复杂的体温调节图，并进行描述表达，理解反馈调节的概念。并引导学生用反馈调节的知识解释为什么缺碘会导致甲状腺肿大，引导学生学以致用。最后延伸升华到反馈调节对血糖、血压和体温的动态平衡的重要性。

5. 教学过程

（1）引题

教师提问：11 月 14 日为世界糖尿病日，为什么选择 11 月 14 日为世界糖尿病日呢？

11 月 14 日是一位科学家的生日，他发现胰岛素具有降血糖的作用，可以治疗糖尿病,获得了诺贝尔生理学或医学奖。

(设计意图:由世界糖尿病日引出班廷对糖尿病的贡献,激发学生对新课的兴趣,明确具体的研究问题。)

(2) 提出问题与解决方法

问题一:胰岛素是如何发现的?

呈现材料1:冯梅林教授和闵可夫斯基教授1889年在研究胰腺在消化过程中的功能时,用手术切除了一只狗的胰腺。过后,他们发现这只狗的尿招来了成群的苍蝇,分析尿后发现其中有糖。

师:根据这些研究材料你能得出什么结论? 或产生哪些想法?

学生在教师启发下可能得出:胰腺与尿糖有关;胰腺中是否有能控制尿糖的物质? 这些物质能否治疗糖尿病?

呈现材料2:有人食用新鲜的胰腺,想以此来治疗糖尿病,结果毫不见效。有人把新鲜的胰腺研磨,用提取液给切除胰腺的狗,还不见效。

呈现材料3:此后的30年间研究一直没有进展。直到1920年,加拿大一所医院的年轻助教班廷,见到一篇文章提到结石阻塞胰导管引起了病变,即胰腺中除胰岛之外,细胞全部萎缩了,但并没有发生糖尿病,并通过胰腺的横切面图解释胰腺与胰岛管及胰岛的关系。

呈现材料4:他受到了启发,结扎了狗的胰导管,八周以后,从萎缩的胰腺中提取到了某种物质。给因糖尿病而生命垂危的人注射后发生了奇效,病情好转。

教师提问:为什么当时人们用新鲜胰腺提取液给切除胰腺的狗注射,不见效。班廷用从萎缩胰腺中提取的物质给糖尿病人注射后却有奇效呢?

学生思考后可能的回答:胰岛分泌的物质能治疗糖尿病;新鲜的胰腺提取物没有降血糖效果,是因为从胰岛管中分泌的胰蛋白酶将胰岛分泌的物质催化分解。

教师提问:通过以上材料的分析,请描述一下你对胰岛素的认识。

学生描述,教师最后总结:胰岛素是由胰腺中的胰岛分泌的;分泌到血液中发挥作用;具有降血糖的效果。

班廷在其他科学家的帮助下,提纯了这种物质,命名为胰岛素,并在临床应用。他也因此而获得 1923 年的诺贝尔生理学或医学奖。为了纪念这位伟大的科学家,世界卫生组织和国际糖尿病联合会就把他的生日 11 月 14 日定为世界糖尿病日。

（设计意图：将科学家对胰岛素的研究过程的有关资料,按照学生认知规律,分步骤、有层次地呈现给学生,让学生自主分析和探究,自己得出结论。学生在体会科学研究的方法和过程中自主构建了相关知识体系,在提高了资料分析能力的同时,了解科学是通过解决人的需要而得到促进和发展的。通过班廷的创新精神激发学生对科学研究的理解和热爱。）

问题二：激素的作用特点

呈现内分泌细胞与靶细胞的示意图,引出靶细胞的概念。

教师提问：胰岛素进入肝细胞了吗？ 参与反应了吗？ 呈现激素对血糖的调节示意图。

教师提问：激素通过血液的传递,与靶细胞表面的受体结合后起作用的。是如何结合的？ 为什么流经全身,只对靶细胞起作用？

学生经过思考和表达后,教师以动态课件解释激素作用的特异性。

教师提问：激素并没有进入细胞内参与反应,它是如何调节细胞代谢的呢?

呈现图 1,引导学生推测细胞膜上的激素受体、载体蛋白和活化的酶催化什么化学反应？

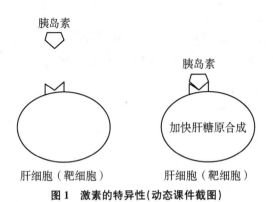

图 1　激素的特异性(动态课件截图)

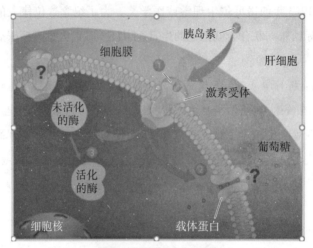

图 2　胰岛素作用机理图

学生据图描述胰岛素调节血糖的过程。

呈现人体激素的含量的表格，得出结论：激素的含量很低，但作用显著，体现了激素的高效性。

（设计意图：不同图片的呈现过程让学生从宏观到微观逐步认识到激素是一种信号分子，通过动态的课件的展示和图 3 的分析描述表达，引导学生结合细胞结构将学到的新知识与前期所学的载体、酶等知识点建立新的连接，培养学生的学以致用和综合分析的能力。引导学生逐步构建激素调节的模型。）

问题三：在细胞水平上分析引起糖尿病的内部原因？

提供问题情境：20 世纪 30 年代，人们发现，给糖尿病人注射相同剂量的胰岛素，有的病人血糖明显下降，而另一些病人则效果不明显。根据激素作用的特异性的特点，分析判断另一些病人效果不明显的可能原因。

教师再次呈现受体异常的动态课件，加深学生对激素特异性的理解。

教师提问：在细胞水平上分析哪些环节的异常引起糖

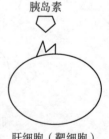

胰岛素

肝细胞（靶细胞）

图 3　激素受体异常示意图

尿病？

学生分组讨论,小组间在教师的引导下交流和补充。得出①不能正常合成胰岛素,导致分泌不足②胰岛素虽然能正常合成,但不能正常分泌或分泌不足(囊泡运输)③受体异常,胰岛素不能与受体特异性结合。

引导学生观摩诺贝尔奖关于囊泡运输机制的视频报道,加深对原因②的理解。

(设计意图:引导学生对糖尿病病因的分析讨论,交流表达过程中,增强从整体的角度分析问题和解决问题的能力,在师生互动过程中,通过囊泡运输机理的视频报道和动态课件的展示,增加学生多样化的学习方式,完善加深对激素的调节作用的理解。)

问题四:胰岛素的分泌是如何被调节的?

引导学生构建降血糖和升血糖的概念图,引入负反馈调节的概念通过概念图理解胰岛素和胰高血糖素协同调节血糖。

问题五:体温是如何调节的?

教师提问:身体受到寒冷刺激时哪些腺体和结构参与调节以维持体温平衡? 并描述体温调节过程。

学生阅读教材并识别图5-21,并进行描述表达。

(设计意图:引导学生利用所构建的科学概念自学新的知识点,学生学以致用,完成概念的学习。)

(3) 小结:列举每年糖尿病日的宣传主题

教师总结:糖尿病容易引发心血管眼睛肾脏的并发症。经常性的肌肉注射引起肌肉受损萎缩,糖尿病人的生活幸福指数是非常低的。科学健康的生活方式能够有效预防糖尿病的发生。

(设计意图:引导学生倾听、感受糖尿病的危害,意识到健康生活习惯的重要性。)

（4）作业：

① 用通俗易懂的方式向家人讲解血糖调节过程；

② 关注本年度世界糖尿病日的宣传主题，并向家人宣传；

③ 练习册 P3 1—7 题。

教学后记

谈如何多角度解读教材，提高教学有效性

第 5 章从细胞水平上介绍了信息在神经系统、内分泌系统和免疫系统中如何进行传递的。本节课是第 5 章第 3 节第 2 课时的教学内容，是继神经调节后的内容，《课程标准》对本节的要求为 B 级。

在备课的过程中，笔者首先忙于四处寻找课程资源以充实课堂，结果如大海捞针，无货而归，最后才回归教材。自己螺旋式的备课历程让我深刻体会到在备课过程中钻研教材、研究课程标准、研究学生的重要性和首要性。日常备课中，我经常会犯尚未准确定位"教什么"，就急于考虑"怎么教"的毛病，对教材熟视无睹，忙于四处寻找课程资源以充实课堂，却忽略了教材这一最重要的课程资源。事实证明，解读教材是教师领悟正式课程、设计和实施操作课程、优化学生经验课程的关键环节。

为此我围绕着在备课中如何多角度解读教材，提高教学有效性进行了一些反思。

一、 依据课标　解读教材

课程标准是指导课程实施的纲领性文件，教材是编者依据课程标准精心设计和编撰的，蕴含着编者对课程理念的理解，是开展教学活动的重要资源。教师认真对照课程标准，深入挖掘教材的教育价值是展开教学设计的第一步。

首先，教师对课程标准、教材、教学的认识应该有一个演绎过程。即先依据课程标准确定核心概念，然后将核心概念分解为学科的基本知识点，再把基本知识点以基本问题的形式呈现出来，最后寻找能够支撑核心概念构建的生物学事实，设计教学活动。

其次,所呈现出来的教学设计和课堂教学,应该是一个"从下到上"的过程,即先通过学生容易获得直接经验的典型事实引入,引导学生在感性认识的基础上逐渐建立核心概念。以本节课为例,通过对课程标准和教材的分析确定本节课的核心概念。为解决以上核心概念,本节课采用问题教学法,把教学内容化作一串递进式的问题,在解决问题的过程中,采取教师讲解与学生阅读、思考和描述相结合的方式。在解决问题的过程中,又产生新的问题,通过不断产生问题解决问题的方式引导学生掌握知识,提高能力,感悟生命体调节的辩证关系。为帮助学生理解激素作用的特异性,教师制作动态课件,引导学生在感性认识的基础上逐渐建立核心概念。

围绕课程标准的要求,教材已然提供了丰富的资源,包括显性内容、文字、图表等。教师应认清教材的结构,通过必要的梳理,把握教学的重难点及逻辑关系,合理利用教材资源带领学生逐渐构建对科学概念的认知,并使学习过程充满探索的乐趣,使学习结果丰富而有意义。

二、 结合学生发展需求解读教材

解读教材不仅要关注教材的知识结构,也要关注学生的体验、表达及对知识的运用,充分考虑学生的学习需求,考虑学生现有经验中有哪些因素可以被利用,怎样使教材变成学生经验的一部分。

对于我校的学生来说,初二阶段已经学习过激素的概念、内分泌腺的调节功能等知识,经过在高中前一阶段的学习,对本节课涉及的有关细胞膜的受体、代谢等相关知识的运用已有一定的知识积累,学生的这些积累使教师的引导成为可能。本节课内容属微观层面,相对抽象,需要教师进行一定的讲解和引导。

在教学设计与教学实践中,要将知识逻辑与学生的认知逻辑有机地结合起来满足学生认知的内在需求,越是符合学生认知逻辑的教学越能促进学生达成学习目标。学生是否达成学习目标,在很大程度上依赖教师对教材的把握,教学的预设与生成是统一的。教师要充分考虑学生的需求,充分挖掘和利用教材预设知识的多种呈现形式,引导学生借助语言、图表、操作等多元化的方式理解知识、发展能力,并获得积极的学习体验。

三、 融合学识解读教材

教学是富有创造性的工作，教师在教学之前必须经历将正式的课程转变为领悟的课程的过程。每位教师对教材的解读都不可避免地与其独特的生活经历、思维习惯、学识背景等相关联。教师将学识经验如何有效地融入教材解读过程，将直接关系到教学的针对性和有效性。例如本节内容，从教材文字和图片信息上看，信息量并不大。如果仅局限在教材内容的平铺直叙或反复赘述，无疑是低效的。需要解读这类教材从知识上拓宽加深以及从能力情感方面挖掘教育的因素。

突触传递

1. 教师姓名：杨玲
2. 所在单位：上海市青浦高级中学
3. 学科类别：生命科学
4. 公开展示：区级公开课

创新之处

1. 探究突破点：以突触结构特征为切入口，结合科学史及实例分析讨论了突触传递的过程及功能，培养学生的科学思维和科学探究精神。

2. 课堂立意点：把科学史引入课堂，利用科学史组织教学，重新探究科学史上经典实验，让学生更好地认识生物、认识生命，从而在深层次上取得突破，有助于学科核心素养的培养。

教学路径

基于核心素养科学思维培养目标，以科学史串起整堂课的教学：还原科学史上关于神经细胞间传递实质的争论，引发学生猜想→分析蛙心灌流经典实验，激发学生探究→显示电镜拍摄的突触照片,引导学生归纳突触结构,建构突触传递过程→例举生活实践实例,分析突触传递的应用。

知识体系

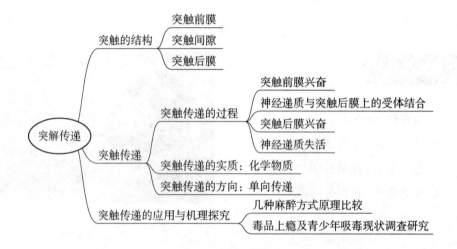

五元评价雷达图

分值:35/40

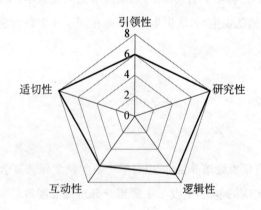

专家点评

本节课着眼于生命科学核心素养理性思维培养目标,通过还原科学史上的经典实验,引导学生深入探究学习。杨老师的创新体现在教学的各个环节,如:关于神经细胞间传递实质的争论,引发学生猜想;呈现蛙心灌流经典实验,激发学生深入探究;显示电镜拍摄的突触照片,引导学生归纳突触结构,建构突触传递过程;例举生活实践实例,分析突触传递应用。整堂课根据科学思维的习惯选取适当的素材进行设计,学生在脑力的碰撞中提升了科学思维能力,培养了创新思维和批判性思维,而且社会责任感和担当感油然而生。

(点评专家:陈望春,青浦区教师进修学院,高级教师。)

教学设计

1. 教材及学情分析

突触传递是生命科学(高中第二册,上海科学技术出版社)第五章第二节的第二课时。教材围绕信息在神经系统中的传递过程及神经中枢对生理活动的调节作用展开。第二节的关键问题是:神经系统是如何传递整合信息,调节生命活动?本课时承接"兴奋在神经纤维上的传导",主要学习神经元之间通过神经突触释放神经递质将信息传递给下一神经元或效应器。神经元之间的信息传导是细胞间信息传递的一种方式,需要学生理解其作用机理,形成结构与功能相统一的思想。

教材在此节安排了一个主题调研活动"珍爱生命,远离毒品",其目的一方面是对学生进行毒品危害教育,另外一方面,结合神经调节的学习,希望学生收集有关神经调节与致瘾的关系,从生理学角度对毒品危害进行科学分析。因此教学内容需要学生在学习中充分联系日常生活,将所学知识内化,解释生活现象,形成健康科学的生活观念。

31

2. 设计思路

生命科学核心素养中一个重要的素养是理性思维,要求培养学生尊重事实和证据,崇尚严谨和务实的求知态度,运用科学思维方法认知事物,解决实际问题的思维习惯和能力。本节课中突触传递是一个复合概念,即突触和传递。前者是结构特征,后者是功能特征,本质是神经递质,神经递质是关键词。因此本节课教学设计围绕学生理性思维培养,思路如下:1.利用科学史,探究突触传递的形式。通过科学史导入课题,由猜想引发神经递质研究的经典实验,分析实验结果,探究突触传递以化学物质的形式进行。2.结合图文材料,探究突触结构;描述突触传递过程。3.联系生活,分析神经递质传导障碍的一些实例及应用。这样的课堂教学设计也是生命科学在学校提倡导的"三思课堂"模式的一个新探索,是理性思维培养的"三步曲"。科学史的分析、从文字和图形中获取信息的探究方式有利于帮助学生养成"勤思"的态度,学会"善思"的方法,结合实例对于神经递质传导障碍因素的分析,实则为学生产生"奇思"提供了非常自然的情境。

3. 教学目标

(1)描述突触的结构;概述兴奋在神经细胞间的传递过程,形成结构与功能相适应的生物观念;

(2)结合科学史经典实验,经历猜想和验证的过程,获取、加工、归纳相关信息,获得结论,应用突触传递的过程知识尝试对生活中遇到的神经递质传导问题等做出解释,培养学生的科学思维;

(3)利用突触的传递过程原理,解释其在生活中和医学中的应用实例,认同生命观念,珍爱生命,远离毒品。

4. 教学重点、难点

(1)教学重点及突破

① 突触的结构。

突破办法:引入电镜下拍摄的突触的结构图,请学生辨认突触的结构。

② 突触传递的实质及突触传递的过程。

突破办法:通过对研究史上高尔基的网络学说及卡哈尔化学派的猜想,引入蛙心灌流经典实验并进行分析,得出结论。然后阅读教材的图文,阐述突触传递的过程。

③ 突触传递的应用及探究。

突破办法：让学生提前查阅与麻醉相关的资料，在课上进行分析交流；教师引导学生分析吸毒上瘾的原理，并在课后进行调查探究"中国青少年吸毒现状"，提出"珍爱生命，原理毒品"的建议和方案。

（2）教学难点及化解

教学难点：兴奋在神经细胞间的传递过程及实质。

化解办法：同教学重点②。

5. 教学过程

（1）引入科学史，导入新课

科学史资料 1：19 世纪，意大利科学家高尔基和西班牙科学家卡哈尔产生争论，其中高尔基认为数以亿计的神经元之间紧密联结，神经元链接的就像网一样密切，没有缝隙。

科学史资料 2：西班牙科学家卡哈尔却认为神经元间是存在间隙的。神经元之间的信号传递是靠化学物质进行的。

科学史资料 3：John Langley(兰尼)从一种植物当中提取到了物烟碱，他发现物烟碱会刺激蛙的骨骼肌，使其收缩。

教师设问：两位科学家争论的焦点问题是什么？学生猜想：神经细胞可能通过产生某种化学物质将兴奋传递给肌肉细胞。

（设计思路：面对思辨情境，学生的兴趣一下子就被提上来了，他们纷纷猜测和假设到底是哪一种传递方式呢？并对这个问题进行了激烈的争辩。科学思维的培养是让学生像科学家一样思考，归纳与概括，演绎与推理，生成批判性思维和创造性思维，去探讨和阐释生命现象和规律，审视或论证生物学社会议题等。）

（2）提供经典实验，分析突触传递实质

蛙心灌流经典实验资料：德国科学家奥托·洛伊设计了双蛙心灌流实验，分离两颗蛙心在体外进行灌流，一颗带有迷走神经，另一颗不带。电刺激第一颗蛙心的迷走神经，其心脏搏动振幅和频率都减弱。然后将第一颗蛙心（甲）的灌流液灌入第二颗没有接受电刺激的蛙心（乙）。

学生分析讨论：① 电刺激迷走神经,甲心跳缓慢,为什么? 尝试回答：电刺激迷走神经产生的兴奋使甲心脏肌肉收缩变慢,搏动变慢。

② 将甲心的灌注液转移到乙心脏,乙心跳结果如何? 为什么? 尝试回答：心跳变慢,甲蛙心脏多了某种物质,使乙心脏搏动变慢。

③ 甲蛙心脏多出来的物质,是谁释放出来的? 尝试回答：迷走神经

④ 你认为神经细胞是通过什么形式将信息传递给下一个细胞的? 尝试回答：化学物质。

补充科学史料：Dale 曾于 1914 年发现乙酰胆碱的作用与一部分植物性神经的作用相似。Dale 和 Dudley 于 1929 年从牛马的脾脏中分离出来乙酰胆碱,发现乙酰胆碱在神经肌肉之间兴奋传递中的作用。1936 年,戴尔和奥托·洛伊共同获得诺贝尔生理学奖或医学奖。在兴奋传递中起作用的其他化学信号分子陆续被发现,统称为神经递质。

学生得出结论：神经细胞通过化学物质的形式将信息传递给下一个细胞,这些化学物质统称神经递质。

(设计思路：科学探究是指能够发现现实世界的生物学问题,针对特定的生物学现象,进行观察、提问、实验设计、方案实施以及对结果的交流与讨论的能力。学生在探究过程中,逐步增强对自然现象的好奇心和求知欲,掌握科学探究的基本思路和方法,提高实践能力;在探究中,乐于并善于团队合作,勇于创新。)

(3) 电镜技术发展,揭开突触的结构和传递过程面纱

科学史料 1：1894 年,英国生理学家谢灵顿在对神经元进行显微解剖研究时对神经元之间的复杂联系进行了探索,首次提出了"突触(synapse)"的概念。

科学史料 2：20 世纪 50 年代发明了电子显微镜,人们观察到神经元之间的结构存在着 0.2 nm 的缝隙突触,显微放大后可以观察到突触结构包括突触前膜、突触后膜和突出间隙。在突触前膜内还发现一些囊泡状结构——突触小泡,突触小泡里充满了进行信息传递的物质——神经递质。

有了这样的科学史料铺垫,学生的问题自然产生了,他们会思考：1. 神经递质如何释放到突触间隙? 2. 神经递质是否直接进入突触后膜神经元直接改变了膜电位?

3. 与兴奋在神经纤维上的传导相比,兴奋在细胞间传递的方向和速度有何特点? 学生带着问题,通过阅读教材上的图并结合教师提供的演示突触传递的完整过程的动画,持续探究:神经递质发挥作用后可能的去路是什么? 在了解到神经递质的传递及起作用的具体过程后,学生由衷地从分子和细胞水平认识到结构与功能相适应的,而且生物的适应性是长期进化的结果。

(设计思路:理性思维培养第二步:善思。学生通过亚显微图片了解突触的结构,认识突触的结构组成,领悟科学发展离不开技术的进步;通过图文转化的探究方式和描述的方式反馈思考的结果。自主建构突触和功能(兴奋传导的过程)知识,学会思考的方法。)

(4) 突触传递的应用及机理探究,升华思维水平

应用知识,解决生活中的实际问题,是思维层次上升的标志。高阶思维培养第三步是"奇思"。因此这一环节提供两种类型的资料,其一是生活和医疗资料,引导学生应用突触传递的机理进行分析。

资料 1:1846 年牙科医生 Moton 实验了牙科手术中吸入乙醚进行麻醉,同年麻省总医院成功地为一例大手术实施麻醉成功,这标志着近代麻醉史的开端。乙醚麻醉的原理是什么?

资料 2:河豚鲜美,引得人们"冒死吃河豚",因为河豚毒素是一种神经毒素,中毒后,会造成恶心呕吐、血压增高,甚至心脏骤停的严重后果。河豚毒素作用的机理是什么呢?

资料 3:印第安人习惯用一种南美葛藤科植物浸出液制造出的箭毒捕捉野牛,维持生计,箭毒的有效成分是 d-管箭毒碱,其对兴奋传递产生什么影响?

资料 4:毒扁豆碱是非洲西部产的一种豆科植物毒扁豆中获取的物质,可用于治疗青光眼,滴眼后透过角膜,缩小瞳孔,降低眼内压,收缩睫状肌而调节痉挛等,请查阅资料了解其治疗的机理。

教师提供以上资料,让学生以小组为单位,结合生活或医疗上的案例,应用突触传递的知识,对其原理进行分析。其实以上案例的发生,就是突触传递的某个环节出现了问题而引起,进一步佐证了结构与功能相互适应的生物学原理。学生结合突触传递

过程,思考有哪些因素会影响突触传递。学生交流可能的因素:1.抑制神经递质的释放;2.和神经递质争夺受体;3.阻断离子通道;4,抑制突触后膜上酶的活性;5.抑制神经递质回收。并分析以上案例的具体因素。

其二提供与吸毒相关的新闻资料,引导学生分析思考吸毒上瘾原因,并形成抵制毒品的自觉性和责任感。

新闻资料:2014 年 8 月 14 日,柯震东、房祖名在北京吸毒被抓,成为娱乐圈头条。根据公安部禁毒局公布的数据,截至当年 4 月底,全国登记在册吸毒人员 258 万人,按吸毒人员显性与隐性比例计算,我国实际吸毒人数超过 1 000 万人。其中,35 岁以下的青少年占登记在册吸毒人员的 75%。可卡因上瘾原理是什么? 神经递质多巴胺的作用机理是什么?

学生讨论分析之后,教师补充上瘾原因,并布置课后进一步探究任务调查一下我国青少年吸毒现状,形成调查报告或者宣传小报。让更多的人知道珍爱生命,远离毒品,培养学生的责任意识。

(设计思路:与实际生活相联系,理解巩固所学,更加深刻地认识神经递质传导过程中可能出现的障碍对健康的影响及在医学上的应用。分析吸毒上瘾的原因,渗透"珍爱生命,远离毒品"的健康教育,对学生今后的生活进行长期指导,体现学科价值。)

教学后记

巧用科学史提升学生核心素养

学科核心素养是学科育人价值的集中体现,是学生通过学科学习而逐步形成的正确价值观念、必备品格和关键能力,生物学科核心素养包括生命观念、科学思维、科学探究和社会责任。生命科学史是人类生命发展的历史,在生物课堂上引入科学史,可以更好地认识生命、认识生物,从而在深层次上取得突破,有助于学科核心素养的培养,有助于人类科学的进步。在本节课中,生命观念的四个层面都得到了很好的渗透和体现。

一、 突触结构科学史，渗透"结构与功能相适应"的生命观念

突触的信息传导与其结构紧密相关,本课是一次很好的结构与功能相适应的观念的培养载体。在教学的过程中,教师先出示突触的亚显微结构图片,介绍 20 世纪 50 年代发明了电子显微镜,观察到神经元之间的结构存在着 0.2 nm 的缝隙突触,让学生结合具体的结构自主建构突触传递的过程。

本课对生命观念的培养还上升到第三水平,学生不仅具有了结构与功能相适应的观念和进化观念,并能基于这些观念分析和解释较为复杂情境的生命现象。这体现在第三个环节,学生以小组为单位,结合生活或医疗上的案例,应用突触传递的知识,对其原理进行分析。其实以上案例的发生,就是突触传递的某个环节出现了问题而引起的,进一步佐证了结构与功能是相互适应的。

二、 网状学说和化学派的辩论及验证史料，培养学生科学思维

"突触传递"过程的研究经历了漫长的科学研究过程,教学一开始,教师就呈现了这样的情境,19 世纪,意大利科学家高尔基和西班牙科学家卡哈尔产生争论:高尔基认为数以亿计的神经元之间紧密联结,神经元链接的就像网一样密切,没有缝隙。而西班牙科学家卡哈尔却认为神经元间是存在间隙的。面对这样的思辨情境,学生的兴趣一下子就被提上来了,他们纷纷猜测和假设到底是哪一种传递方式呢? 并利用批判性思维和创造性思维,对这个问题进行了激烈的争辩。科学思维的培养是让学生像科学家一样思考,归纳与概括,演绎与推理,培养批判性思维、创造性思维,去探讨和阐释生命现象和规律,审视或论证生物学社会议题等。

三、"蛙心灌流"经典实验再呈现，培养科学探究方法和精神

科学探究是指能够发现现实世界的生物学问题,针对特定的生物学现象,进行观察、提问、实验设计、方案实施以及对结果的交流与讨论的能力。抓住这一契机,教师立刻呈现出蛙心灌流经典实验——德国科学家奥托·洛伊设计了双蛙心灌流实验,是

利用分离的两颗蛙心在体外进行灌流,一颗带有迷走神经,另一颗不带,结果电刺激第一颗蛙心的迷走神经,其心搏振幅和频率都减弱。然后将第一颗蛙心的灌流液灌入第二颗没有接受电刺激的蛙心。然后引导学生分析讨论:电刺激迷走神经,甲心跳为什么缓慢?将甲心脏的灌注液转移到乙心脏,乙心跳结果如何?为什么?甲蛙心脏多出来的物质,是谁释放出来的?由此学生一步步得出结论:神经细胞是通过化学物质形式将信息传递给下一个细胞的。学生在探究过程中,逐步增强对自然现象的好奇心和求知欲,掌握科学探究的基本思路和方法,提高实践能力;在探究中,乐于并善于团队合作,用于创新。

四、 解决问题担当社会责任

社会责任是指基于生物学的认识,参与个人与社会事务的讨论,做出理性解释和判断,解决生产生活问题的担当和能力。学生能以造福人类的态度和价值观,积极运用生物学的知识和方法,关注社会议题,参与讨论并做出理性解释,主动树立或者向他人宣传关爱生命的观念和知识,崇尚健康文明的生活方式。在教学的结尾,教师出示权志龙和惠特尼的照片,介绍二人的吸毒史,并质疑:权志龙又站在了舞台上,而惠特尼始终无法成功戒毒,吸毒为什么会上瘾?讲解神经递质多巴胺的作用机理。补充介绍:可卡因上瘾原理是当神经递质的受体数量减少的时候,心理毒瘾就演变成生理毒瘾,因而更难戒毒。同时补充介绍中国青少年吸毒现状。让学生讨论,真正认同"珍爱生命,远离毒品"。

学生通过本课程的学习,能认识到生物学在坚持人与自然和谐共处、促进科技发展、社会进步和提高人类生活质量高等方面的重要贡献;树立生命观念,能够运用已有的生物学知识、证据和逻辑对生物学议题进行思考或展开论证;掌握科学探究的思路和方法,形成合作精神,善于从实践层面探讨或者尝试解决现实生活问题,具有参与生物学实践活动的意愿和社会责任感,在面对现实世界的挑战时,能充分利用生物学知识主动宣传引导,愿意承担抵制毒品和不良生活习惯等社会责任,为继续学习和走向社会打下认识和实践的基础。

参 考 文 献

［1］田庆宽.高中生物教学中学生核心素养培养策略初探［J］.中国校外教育,2019（5）：
　　　60—61.

［2］陈炜.高中生物核心素养的内涵与培养策略［J］.名师在线,2019（3）：39—40.

［3］张兴锋.培养理性思维,提高学生生物核心素养［J］.中学课程资源,2019（1）：47—48.

［4］李刚.试论高校领导者情感管理的理性思维［J］.人才资源开发,2019（1）：48—49.

［5］朱晓燕.基于核心素养的情境复习策略——以"生物圈中的微生物"专题复习为例［J］.生物
　　　学教学,2019,44（1）：12—14.

［6］李凤丽.谈高中生物核心素养的内涵与培养［J］.华夏教师,2018（36）：52.

［7］陈柳清.探析核心素养视域下高中生物科学思维培养策略［J］.华夏教师,2018（35）：
　　　14—15.

［8］邹建娟.核心素养背景下的高中生物教学思考［J］.教书育人,2018（35）：75—76.

生物体内调节化学反应的大分子
——生物催化剂(酶)

基本信息

1. 教师姓名：田翠平
2. 所在单位：卢湾高级中学
3. 学科类别：生命科学
4. 公开展示：区级展示课

创新之处

1. 探究突破点：在探究过氧化氢酶的特性的过程中，将得出的实验结论"高温处理的酶失去催化活性"作为一个新的探究问题，引导学生通过模型构建的方法探究认识酶的专一性的特点。

2. 课堂立意点：学生在探究酶的特性的过程中，提高科学探究基本能力，学会应用构建模型的研究方法解释辅酶的作用机理及设计杀虫药物或抗生素，提升问题意识和创新意识，体会酶的特性对生命活动的重要意义，了解到酶的相关研究服务于人类的健康的重要性。

教学路径

H_2O_2 的危害→酶的高效性→酶的专一性→酶的多样性→影响酶活性的因素→酶对生命活动的重要意义→作业：酶与药物设计。

知识体系

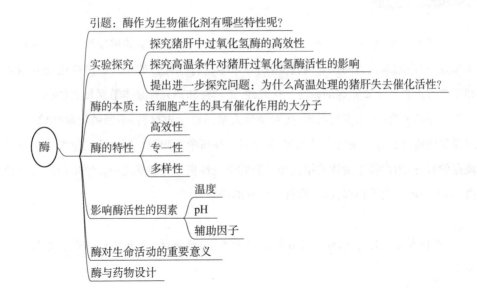

引题：酶作为生物催化剂有哪些特性呢？

实验探究
- 探究猪肝中过氧化氢酶的高效性
- 探究高温条件对猪肝过氧化氢酶活性的影响
- 提出进一步探究问题：为什么高温处理的猪肝失去催化活性？

酶的本质：活细胞产生的具有催化作用的大分子

酶

酶的特性
- 高效性
- 专一性
- 多样性

影响酶活性的因素
- 温度
- pH
- 辅助因子

酶对生命活动的重要意义

酶与药物设计

五元评价雷达图

分值：36/40

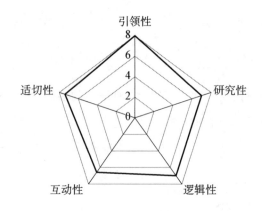

　　田翠平老师将理论教学模式从以学生被动接受知识为主的讲授型向学生主动积极探究、提高思维能力的探究型转变,引导学生进行探究性的学习。多样化探究情境和探究方式贯穿于整堂课的始终。探究性、逻辑性和研究性是本节课最大的亮点。引入环节制造冲突,引出探究实验;接着呈现大量的科学史材料,不断的质疑体验;再通过模型构建方法探究酶的作用机理,并解释以往所学的知识。同时特别重视生命科学观点的教育,始终将生命体的结构和功能的统一性贯穿在教学之中。学生的参与度较高,学生的核心素养得以提升,取得了良好的教学效果。

　　(点评专家:王生清,黄浦区教师教育学院,特级教师,上海市生命科学名师工作室主持人。)

教学设计

　　1. 教材及学情分析

　　本节课是上海版高中生命科学第 4 章第 1 节的教学内容,在第 1 节生物体内的化学反应中,酶的作用和特性是本节的重点和难点。能量是保证生命活动进行的必要条件,细胞需要通过代谢活动获得能量。细胞代谢是细胞内全部化学反应的总称,是细胞获得所需能量和物质的基础。生物化学反应之所以能在常温常压下进行,是因为酶发挥了重要作用。因此,酶是细胞代谢必不可少的物质。学习酶的作用和本质,有助于理解井然有序的细胞代谢过程,有助于理解细胞呼吸和光合作用等。

学生在前面几章已经学习了"生命的物质基础""生命的结构基础——细胞",了解了生命活动的主要承担者是蛋白质,细胞内各种细胞器能协调配合完成一系列生理活动。所以学生学习本节知识,既能加深对"蛋白质是生命活动的主要承担者"的理解,又能促进学生深入了解细胞内各种生命活动有序进行的原因,为后续的学习打下良好的基础。

2. 设计思路

酶学领域先后有十几次的诺贝尔奖获奖记录,因此酶也是培养学生科学探究能力和创新精神的极好载体。本节课将实验教学模式从以学生接受知识为主的验证型向学生主动积极探究、提高能力的探究型转变。设计层次递进、环环相扣的探究情境,引导学生了解、认识、研究和应用酶的特性。

通过学生熟悉的过氧化氢引出对酶高效性的实验探究;实验结论(高温会使酶失活)作为新的探究问题,通过科学史探究及模型构建的方法引发对酶的化学本质和作用机理的探究;由前期所学知识(锌是200多种酶的重要组成成分)引出对辅酶的探究;最后应用所学知识和模型构建法进行杀虫剂和抗生素的药物设计。学生在探究的过程中提高科学探究基本能力和问题意识,提升质疑和创新的科学精神,体验科学研究的乐趣和魅力,对生命科学的研究兴趣逐渐向志趣转变。同时形成生物中结构与功能相适应的观点,引发学生对生命活动的感叹。

3. 教学目标

(1)理解酶催化作用的特性和原理;

(2)通过探究酶的高效性及对实验结果的进一步探究,提高科学探究基本能力和问题意识;

(3)通过构建模型解释辅酶的作用机理及设计杀虫药物或抗生素,掌握并应用模型构建研究方法,提升创新意识,使学生对生命科学的研究兴趣逐渐向志趣转变;

(4)通过体验酶的科学史的研究经历,提高质疑和创新的科学品质;

(5)通过对酶的特性的理解,形成生物中结构与功能相适应的观点,感受到生物体内的生命活动是十分复杂、精致、和谐的,引发对生命活动感叹。同时形成相关的健康意识。

4. 教学重点、难点

（1）教学重点及突破

教学重点：探究酶的作用特性，提高科学探究的基本能力；理解酶催化作用的原理，形成生物中结构与功能是相适应的观点。

突破办法：创设层层递进的探究情景，引导学生通过实验探究和物理模型构建的方法逐步突破教学难点。

（2）教学难点及化解

教学难点：理解酶催化作用的原理。

化解办法：在猪肝中过氧化氢酶的实验探究中，引导学生得出实验结论：高温处理会使过氧化氢酶失去催化活性。进一步引导学生对该结论进行探究，通过模型构建的方法理解酶的催化特性。

5. 教学过程

（1）引题

实物展示双氧水，并请同学说一说对双氧水的了解。

教师总结补充：过氧化氢是一种强氧化剂，其水溶液适用于医用伤口消毒及环境消毒和食品消毒。2017 年 10 月 27 日，世界卫生组织国际癌症研究机构公布的致癌物清单初步整理参考，过氧化氢在 3 类致癌物清单中。过氧化氢在动物的肝脏中时时刻刻都在产生，但是正常情况下，它对肝脏并没有造成伤害，这可能是什么原因呢？

（设计意图：激发学生的学习兴趣，引出对酶高效性的探究。）

（2）探究问题：与无机催化剂 $FeCl_3$ 相比，酶作为生物催化剂其催化效率如何？

（a）呈现表 1，引导学生对实验材料（H_2O_2、猪肝、$FeCl_3$ 和线香）进行分析；对试管 2 和 3 的实验结果进行预测，并分析设置 1 号管的作用。

表1 探究酶的催化特性

加入材料(ml)	1号试管	2号试管	3号试管
3% H_2O_2	5		
蒸馏水	0.5		
新鲜猪肝匀浆		0.5	
3.5% $FeCl_3$			0.5
结果1：气泡发生量			
结果2：线香亮度			

学生分组实验操作,观察并表达总结

(b) 教师演示青椒、香菇匀浆液对过氧化氢的作用实验,得出酶具有高效性的特点。

学生从真实的实验中感受到动植物细胞都具有 H_2O_2 酶,在代谢上具有统一性。

(c) 教师提问：H_2O_2 是细胞代谢的产物,对细胞有毒害作用,但是正常情况下并没有对生命体造成危害,原因是什么? 学生表达,感悟到酶的高效性对生命活动的意义。

(设计意图：通过探究酶与无机催化剂的实验,比较得出酶的催化特性,并在比较中培养学生观察、预测、分析、描述、交流等科学探究基本能力,感悟酶的高效性的特点对生命活动的意义。)

(3) 探究问题：为什么 H_2O_2 酶经高温处理后,会失去催化作用?

(a) 学生操作4号和5号试管,探究高温处理对酶活性的影响。

教师：酶高温处理后失去催化作用表明酶的催化功能发生改变,可以推测高温处理会改变酶的化学结构,因此我们需要了解酶的化学本质是什么? 引出关于酶化学本质的科学史。

(b) 播放动画《酶的本质——酿酒的故事》

(c) 教师呈现科学史材料,抛出问题,学生讨论分析。

1914 年，美国生物化学家萨姆纳加入康奈尔大学，决定选择脲酶纯化的课题。

选择脲酶主要的一个原因是：1916 年科学家发现一种植物刀豆中富含脲酶，为大量脲酶的制备提供了极大便利。当时，大多数科学家都认为纯化酶是个相当愚蠢的想法，根本不可能实现，但萨姆纳坚定地认为酶的纯化是一个非常重要的课题，一旦成功将具有十分重大的意义。

前期工作并未像萨姆纳预期的顺利，到 1921 年酶的纯化工作依然没有显著进展，这更增加了同事们对他的质疑，但他仍一如既往地坚持着自己的研究。功夫不负有心人，1926 年，萨姆纳经过多次的摸索和尝试，终于将自己分离得到的脲酶结晶化，这种结晶的酶可以重新溶解，溶解后的酶仍具有较强的催化活性，并且结晶鉴定为蛋白质，从而说明脲酶的本质就是蛋白质。萨姆纳将自己分离并结晶脲酶的结果发表后并没有得到科学界的认可，相反却遭到一系列质疑。

质疑之一：主要批评来自 1913 年诺贝尔化学奖获得者维尔斯塔特及其学生。他们的实验小组曾尝试获得一种纯化的蔗糖酶，但一直未获成功。随后进一步将具有催化活性的蔗糖酶溶液进行稀释，同时用化学方法检测其中的蛋白质含量，当溶液稀释到一定程度后无法再检测到蛋白质存在但溶液依然具有催化活性，据此维尔斯塔特得出结论：酶的本质不是蛋白质。

根据以上材料回答以下问题：

① 你认为维尔斯塔特的逻辑推理正确吗？若不正确，你能正确分析吗？

② 你还有其他质疑吗？

(d) 教师继续呈现科学史材料，与学生的质疑问题进行呼应互动。

质疑之二：质疑萨姆纳所得晶体不纯，可能由于少量非蛋白组分附着蛋白质表面而使整体具有催化能力。如何化解以上质疑？1932 年，萨姆纳使用木瓜蛋白酶和胃蛋白酶降解脲酶溶液。结果却发现溶液酶活性完全丧失，从而证明：酶的本质是_____。

质疑之三：还有研究人员认为脲酶的纯化和结晶可能仅是个特例，不具普遍性。20 世纪 30 年代，美国另一位生物化学家诺思罗普实验室大量胃蛋白酶、膜蛋白酶和膜凝乳蛋白酶纯化和结晶的制备进一步证明了萨姆纳的正确性。萨姆纳的成功打开酶本质研究大门，而诺思罗普使酶本质的结论更加坚实可信，并逐渐为科学界大部分同行所接受。1946 年，两人都获得诺贝尔奖。

（e）教师模型演示酶的专一性。

图 1 酶专一性模型示意图

教师：请解释为什么 H_2O_2 酶经高温处理后，失去催化作用？学生利用所学知识表达。

（f）教师总结：生物体内的化学反应成千上万，而酶只能催化一种或一类物质的化学反应，为此我们可以推断生物体内的酶也有很多种，比如人和哺乳物体内有几千种酶，因此酶具有多样性的特点。

（g）教师提问：一个细胞内有成千上万的化学反应在进行，各个化学反应之间相互不会干扰，保证生命活动有条不紊地进行，是如何保证的？

（设计意图：引导学生从可见的实验结果中再提出新的探究问题：为什么 H_2O_2 酶经高温处理后，失去催化作用？通过科学史材料培养学生的质疑品质和创新精神；通过对酶作用原理的模型演示，引导学生形成生物中结构与功能是统一的思想。）

（4）探究问题：为什么缺锌会影响影响一些酶的活性？

（a）还有些酶要与辅助因子（金属离子，小分子化合物）结合后才显示活性，这也能用模型来解释吗？

学生讨论思考作答后教师进一步演示。

（b）教师：锌是 200 多种酶的组成元素，缺锌会造成生长发育不良，认知能力缺陷等，请结合本节知识给予合理解释。学生利用本节和前期所学的关键词（酶、化学反应和新陈代谢）进行表达。

（c）教师：胃蛋白酶是从胃腺细胞内分泌到胃腔后催化食物中蛋白质的分解的物

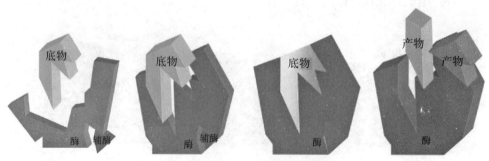

图 2　辅酶作用机理的模型示意图

质。如果胃蛋白酶在胃腺细胞发挥作用会有什么后果？胃蛋白酶在胃腺细胞无活性，分泌到胃腔后才起作用,酶蛋白酶的活性是如何调节的？如果胃酸不能正常分泌会有什么后果？

（设计意图：引导学生学会通过模型构建的方法解决问题,提高学以致用的能力；同时加深学生对酶专一性的理解,引导学生形成生物中结构与功能是统一的思想,感受到生物体内的生命活动是十分的复杂、精致、和谐的,引发学生对生命活动感叹,培养保护好自己的健康意识。）

（5）课后探究

教师播放米虫啃食粮食的视频,然后呈现粮食在储存过程中被害虫破坏的统计量。

布置课后作业：人类的科学研究的最终目的是为人类服务。人类对酶的相关研究促进了杀虫药物的研发,请利用模型构建的方法,画出杀虫药物的作用机理图,并用文字做简单的解释。

（设计意图：引导学生应用所学知识解决粮食储存过程中科学环保地消灭害虫的问题,提高问题解决能力,培养社会责任感）

教学后记

体验探究之快乐，感悟生命之美妙
——基于问题驱动法的探究式教学模式的探索

《普通高中生物学课程标准 2017 版》指出核心素养的课程宗旨是借助生物课程，帮助学生树立生命观念，形成科学思维的习惯，掌握科学探究的思路和方法，培养社会责任感。对蕴含在学科知识内容背后的方法论、价值观和文化意义的挖掘，才能实现教学意义的内化与升华。如何将核心素养在课堂中落实，是值得教师共同探讨的问题。

高中生物知识繁多、抽象而且实用性较强，传统的灌输式教学难免会挫伤学生的学习兴趣和降低课堂的教学效率。建构主义学习理论强调：学生的学习活动必须与任务或问题相结合，学生的学习过程应该是学生主动建构自己的知识经验，通过新经验和原有知识经验的交互作用，充实和丰富自身的知识、能力的过程。因此，教师应该创建真实的教学情境，以问题来激发和维持学生的学习兴趣和动机，使学生在探索问题中学习，从而变被动学习为主动学习。本节课探索了探究式教学模式引导学生体验感悟理解科学的本质的有效教学方法。并且在此过程中渗透了模型构建的研究方法。以下是在教学实践中的一些心得和体会。

一、 针对性和恰当性的问题情境创设是自主探究活动的关键工作和质量基础

教学活动通常表现为针对某一"学习素材"的师生双边活动，包括双方行为的参与、思维的互动等。在"自主探究"活动中，"学习素材"则转化成了"探究素材"。两者的差异在于，"学习素材"更多地以操作性要求呈现，学习方向比较明确，问题相对容易解决；而"探究素材"即问题情境更多地以启发性要求呈现，探究方向不是很容易获得，常常在进行一定的思维活动或受到教师启发之后才逐渐呈现问题解决的方向、思路。比如，老师提出"为什么高温处理后酶失去催化作用？"这样的问题，可能对大多数学生来说是个挑战，但在自主努力或得到点拨之后能够实现豁然开朗。因此，针对性和恰

当性的问题情境是成功开展自主探究活动的基础和前提。

比如本节课中第一个探究环节："通过实验探究猪肝中的酶的催化特性"。如果按照传统教学方式：直接呈现实验材料和实验目的，演示实验过程，最后分析现象得出结论，学生探究的好奇心和探究欲不能充分地被激发。本节课进行了这样的处理：先实物展示双氧水，在师生的互动中了解到双氧水对身体的危害，最后提出探究的问题：过氧化氢在动物的肝脏中时时刻刻都在产生，但是正常情况下，它对肝脏并没有造成伤害。这可能是什么原因呢？从而激发学生对实验探究的兴趣，学生带着问题和任务进入了实验探究中。学生通过探究具体的实验探究得出与无机催化剂相比，猪肝中的过氧化氢酶具有高效性的特点。通过实验探究回答了探究的问题：过氧化氢在动物的肝脏中时时刻刻都在产生，但是正常情况下，它对肝脏并没有造成伤害，是因为过氧化氢酶具有高效性，可以快速的将过氧化氢分解。同时学生感悟到酶的高效性特点对生命活动的意义。因此针对性和恰当性的问题情境的设置可提高教学的有效性。

二、 研究教材、创造性利用教材是探究式教学的首要环节

日常备课中，我经常会犯尚未准确定位"教什么"，就急于考虑"怎么教"的毛病，对教材熟视无睹，忙于四处寻找课程资源以充实课堂，却忽略了教材这一最重要的课程资源。在备课阶段，教师依据课程标准和学生学情，在对教材研究的基础上对教材进行创造性的再利用。

酶的专一性的催化特点是本节课的重点和难点，教材通过构建物理模型（图4-3酶的专一性示意图）的研究方法引导学生认识理解酶的专一性。建立模型可帮助学生理解生命活动的复杂性，并将复杂的生命活动抽象化和具体化，从而学会研究生物学的科学方法。如何将教材的设计意图发挥的淋漓尽致应用在教学环节？在研究教材的基础上，进行了以下的再设计：酶与无机催化剂的实验探究为模型构建提供具体情景素材；对实验结论进一步深究——高温为什么导致酶失去催化活性，初步学会模型构建的方法；尝试构建模型解释辅酶的作用机理；课后应用模型构建进行杀虫剂和抗生素的药物设计。一方面要引导学生根据已有的知识尝试构建模型，另一方面引导学生学会运用熟悉的模型去解决实际问题。通过模型构建这条主线，保证课题探究环节层层递进，逐步深入，保证了学习的思维深度逐渐加深。

教材提供的是猪肝过氧化氢酶的实验。从科学的严谨性的角度看,根据猪肝过氧化氢酶的实验是不能直接得出酶具有高效性的概括性的结论。应该通过多种实验材料的对比中,发现存在普遍性的现象,才能得出概括性的结论。为此对实验进行了完善,添加了青椒等植物研磨液中过氧化氢酶的活性演示实验,完善了学生对过氧化氢酶的认识,培养学生严谨的科学态度。

三、 启发归纳是自主探究活动的思维推进和方法提升

自主探究活动,不能只是热热闹闹的场面气氛,或是走走形式的"蜻蜓点水"。探究活动的根本目的是要培养学生的探究意识和思维能力,成功的关键是学生的参与程度、思维的激活程度和探究的深入程度。要做到这一点,全部放手的"自由式探究"只能让课堂变得混乱无序、偏离方向;而循规蹈矩的"掌控式"探究,不能充分发挥学生的主动性。适度调控的根本形式是"启发归纳",这是对教师在"自主探究"教学中提出的最根本要求。"启发归纳"要努力实现两个目的:引导学生的思维活动不断深化、推进培养学生自主探究问题的能力;对探究活动中涉及的典型方法、操作程序或学习策略进行归纳、总结,帮助学生感悟思想方法的存在,并强化运用思想方法解决实际问题的意识。

创设教学情境,激发学生探究欲望是探究式教学的特征。学生作为活动的主体,整个探究过程都需要发挥学生的学习主动性,其关键在于教师要想方设法创设合适的情景,在学生解决了问题的基础上,引导学生再次产生新的问题,不断激发学生的探究欲望。本节课的教学设计重点突出以上的教学理念。课堂教学实践表明在一个个问题的驱动下,通过教师的引导,学生对问题进行分析、探索,引发了学生的深度思维活动。师生互动良好,学生参与度高,营造了开放式的课堂充分发扬学生自主探究精神,培养学生分析问题、解决问题的能力。这也是本节课的一个最大亮点之一。需要改进和完善的环节是如何将课后的探究组织得更有效,特别是遵循学生的个性发展。

质壁分离实验的拓展

基本信息

1. 教师姓名：杨玲
2. 所在单位：上海市青浦高级中学
3. 学科类别：生命科学
4. 公开展示：区级公开课

创新之处

1. 探究突破点：本节课摒弃洋葱这种传统实验材料带来的刺激性大、实验效果不佳等缺陷，基于一定要求，让学生在校园自主选择材料，锁定四种，进行探究，得到理想结果。针对实验的缺陷，提出新问题，确定研究的选题，通过再设计实验方案和分组实施实验、记录和分析实验结果，得出结论的科学探究，培养学生的高阶思维。使实验材料选择具有开放性、不确定性，培养学生关注生活、关注实践的科学精神。

2. 课堂立意点：基于兴趣，主动在合作中比较。从提高学生的思维品质出发，通过科学探究，让学生养成思考的习惯，掌握思维的方法，培养高阶思维的能力，即"勤思、善思、奇思"。

教学路径

传统实验材料缺陷的罗列→提出理想实验材料的标准→采集实验材料，开展实验→比较实验结果→得出最优质壁分离材料→应用质壁分离原理为盐碱地治理出谋划策。

知识体系

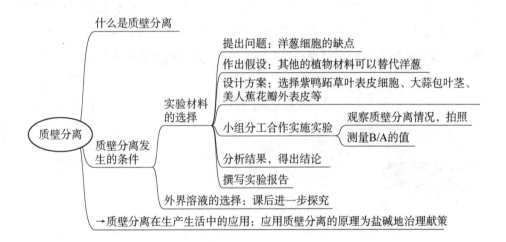

五元评价雷达图

分值：35/40

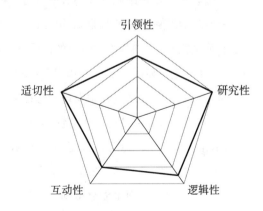

专家点评

课堂教学改进，要求以学生为中心组织教学，要聚焦学生高阶思维培养。杨教师从提高学生的思维品质出发，通过课堂教学改进，让学生养成思考的习惯，掌握思维的方法，形成高阶思维的能力，可谓"三思而行"，即"勤思、善思、奇思"。她在本节课中，聚焦学习的积极性、坚持性，着力培养学生主动思考习惯，激发学生去发现问题、提出问题，让学生"勤思"；聚焦学习的全面性、深刻性，着重培养学生掌握多元思维方法，促使学生去分析问题、解决问题，让学生"善思"；聚焦学习的激励性、开放性，着眼培养学生形成独特的思想风格，引导学生在解决问题过程中创生新思路、新方法，让学生"奇思"。杨老师将视角关注到对传统实验的改进上，针对教材实验的不足，引导学生针对问题重新设计实验，分组进行探究，得出有价值的结论，从而培养学生勤于思考的习惯，学习善于思考的方法，最终提高学生思维品质。这样的做法值得推崇。

（点评专家：陈望春，青浦区教师进修学院，高级教师。）

教学设计

1. 教材与学情分析

实验"探究植物细胞外界溶液浓度与质壁分离的关系"是上海市高中《生命科学》第一册第三章第一节"细胞膜"的第二课时。细胞膜是细胞的边界，教材从细胞膜的组成、物质交换方式、细胞膜对信息的接受方式等方面对细胞的结构和功能做了介绍，通过实验让学生在显微镜下观察和测量不同浓度蔗糖溶液造成植物细胞质壁分离程度的不同，让学生在实践过程中发现和总结细胞吸水和失水的原因。

本实验的核心部分——探究性实验部分是通过测量、比较洋葱表皮细胞在不同浓度外界溶液条件下质壁分离程度的差异，在细胞水平上、定量地探究外界溶液浓度与质壁分离的关系。这样，一方面能使学生们通过观察质壁分离和复原的现象，理解细胞渗透原理，另一方面也能够激励学生在研究中学习。

教材中用洋葱作为实验材料,洋葱刺激性味道较大,有些学生整节课打喷嚏,无法投入实验。另外,蔗糖溶液作为外界溶液粘滞度高,实验速度慢,洋葱容易发生凹形质壁分离,细胞测量误差较大,影响结果准确性。是否有其他可以替代的材料和试剂呢?很显然,学生提出了值得探究的问题。教师很有必要创设更多的选择,为学生提供深入探究的机会。本着取材方便,全体参与原则,本节课选取寻找可替代洋葱的实验材料作为探究主题进行再探究。

2. 设计思路

作为传统实验的拓展,本课设计的理念为:经历科学探究,培养学生的科学思维提高创新和责任意识。

设计思路是采用小组合作形式,主要落实设计实验、实施实验、结果分析得出结论等步骤,让学生真正得到探究过程的体验以及相关科学方法的训练,具体包括课前完成传统质壁分离实验,培训学生数码显微镜的使用,观察洋葱的质壁分离和复原。在本节课上鼓励学生观察与发现实验中存在的问题,确定研究主题,引导学生设计实验方案,实施研究,最后讨论分析结果,解决问题。

3. 教学目标

(1) 理解质壁分离效果与材料的关系,形成结构与功能相适应的生命观念;

(2) 经历提出问题、设计方案、实施实验、分析数据得出结论的科学探究流程,培养学生科学探究的方法和科学思维;

(3) 培养学生质疑、求真的科学精神,提高为追求真理而探究的责任意识。

4. 教学重点、难点

(1) 教学重点及突破

本节课的教学重点是引导学生经历完整的科学探究,包括问题提出、设计方案、实施实验及结果分析与讨论,得出结论。

突破办法:在平时的教学中鼓励学生质疑,运用科学探究的方式解决问题,形成善于思考的习惯。

(2) 教学难点及化解

本课的教学难点主要存在于实验设计环节:

① 不同实验植物材料选择与确定。

化解办法:课前布置预学单,让学生思考适合做质壁分离研究的植物材料具有的特征,如容易获得单层细胞,细胞内大液泡清晰,其它细胞器或结构干扰较少等。以校园植物作为观察对象,选择不同的植物品种、器官进行显微观察,最后确定。

② 不同材料质壁分离比较指标的确定。

化解办法:查找文献,讨论确定相关指标,如除了 B/A 外,增加细胞大小、发生质壁分离耗时,原生质层形状等指标。

5. 教学过程

(1) 提出问题:传统实验材料的缺陷

实验前,教师让课代表在家里自制盐水黄瓜并带到课堂进行展示,引导学生分析:"盐水黄瓜和新鲜黄瓜相比,有什么不一样的地方",预设学生能够回答出失水或者质壁分离。教师进一步引导:"盐水黄瓜失水的原因是什么? 质壁分离的条件有哪些?"学生回顾。教师因势利导,提问在上一节课"探究植物细胞外界溶液浓度与质壁分离的关系"碰到了哪些问题,并引导学生从实验材料和实验试剂方面分析传统实验可能存在的问题,预设学生会提出洋葱刺激性强,产生凹面质壁分离,不太适宜进行测量;蔗糖粘性大,污染镜头等问题。教师进一步明确,这些问题是进一步探究的来源,本节课对质壁分离的材料进行新探究。

(设计意图:生命科学"课程标准"十分重视生命科学与生活的联系,在教学中,联系生活,借助生活实例理解知识,发现问题,也可以从学习中发现的问题出发,产生研究点。)

(2) 列出标准:寻找易获取单层细胞的植物材料

① 实验材料:洋葱、紫鸭趾草、大蒜、一串红花瓣。

② 实验仪器:数码显微镜、目镜测微尺、镊子、载玻片、盖玻片、烧杯、吸水纸。

③ 实验试剂:10%、20%、30%的蔗糖溶液。

④ 实验结果记录设计

表 1　不同材料质壁分离情况记录表

溶液浓度 (%)	原生质层长度 B (μm)	细胞长度 A (μm)	B/A	质壁分离情况(开始质壁分离的时间、细胞大小、细胞质壁分离后原生质层形状等)
10				

续　表

溶液浓度(％)	原生质层长度 B (μm)	细胞长度 A (μm)	B/A	质壁分离情况(开始质壁分离的时间、细胞大小、细胞质壁分离后原生质层形状等)
20				
30				

首先让学生进行头脑风暴：研究可以替代洋葱的实验材料，需要解决哪些问题。讨论的结果聚焦在：选择什么植物材料？不同材料质壁分离比较的标准有哪些？这时候，学生分成几组，课前在学校生物园开展调查，提出众多的供试植物材料，主要包括花、叶片，老师将采集的植物材料发给各组，让学生观察之后，根据"易获取单层细胞，实验效果好"两个标准，确定选取紫鸭跖草叶片、美人蕉花瓣和大蒜机组包叶茎作为实验材料。各小组骨干学生查阅了参考文献，他们认为除了 B/A 的值，还可以从开始质壁分离的时间、细胞大小、细胞质壁分离后原生质层形状等指标进行比较。方案设计好后，小组代表交流，师生共同评价和质疑，并修改完善实验方案。

（设计意图：通过问题激发学生的探究兴趣，自主地寻找研究方法，包括实验材料，实验衡量指标，设计实验方案是自主探究的一个重要环节，教师在此环节中只需设计好标准，进行适当引导。）

（3）小组分工合作实施实验，发现"价值"结果

将全班同学分成四组，每组 9 人，进行一种植物材料的质壁分离观察，每个浓度做 3 个细胞。将实验结果记录在如上表格内。

之后，各组将实验结果汇总到如下表格，学生根据表格呈现的结果，分析得出哪一种材料的实验效果更好的结论。

表 2　几种不同材料质壁分离情况比较表

比较项目	紫鸭跖草	一串红	大蒜	洋葱……
观察部位				
细胞颜色				

续　表

细胞大小				
B/A 的值				
分离后原生质层形状				
开始质壁分离所需时间				

（设计意图：在课堂上实施实验，得出结果，并通过对结果的比较分析得出结论，让学生经历一个完整的真正的探究过程，不仅回答了他们自己的疑问，而且通过这样的过程，真正提升思维品质。）

（4）应用质壁分离原理解决生产实际问题，升华责任意识

在探究的尾声，教师给学生呈现了一个生产实践方面的信息："在盐碱地上生长的植物，它们的细胞液浓度高于一般土壤上的植物。我国盐渍土面积约 3 460 万公顷，耕地盐碱化 760 万公顷，近 1/5 耕地发生盐碱化"。科学家研究发现，中国主要的油料作物和粮食作物大豆的近缘种野生大豆具有优良的耐盐碱、抗寒和抗病性状。期望学生看到我国盐碱化严重的现状后，内心升腾起一种社会责任感，同时激发学生"我们能为国家的盐碱地治理做些什么呢？"的责任意识和问题意识。

（设计意图：应用本节课知识原理解决问题的设计，不仅是反馈知识和能力层面达成度的方式，也是探究习惯养成的途径和社会责任培养的契机。探究习惯是在不断地应用探究成果解决学习、生活和生产中的问题中形成的。）

教学后记

在探究中提升思维水平

新"课程标准"特别强调减少验证性实验的数量，侧重于探究性的实验及其方案的设计，教材在每个基础实验后加入开放式探究性内容，强化学生应用实验技能解决问

题的能力。然而在实际的操作中,受限于课时数或实验教学组织的繁琐,教师将探究性实验上成验证性实验,不上开放式实验的现象比较普遍。因此最易培养学生"科学探究能力和创新精神"的实验课往往没有起到应有的作用。作为生物教师及科技辅导员,我在教学的时候非常注重引导学生探究,不仅完成教材要求的探究,也常将教材中的探究拓展和延伸开去,以培养学生勤于思考的习惯,善于思考的方法,最终提高学生思维水平。在本节课上,我以质壁分离实验后学生的存疑作为再探究的出发点,引导全班同学开展了关于"质壁分离材料筛选"的实验探究,不论是在实验结果还是在学生思维品质提升方面都取得了非常好的效果,总的说来,下面几点感触最深。

一、 以学习本身作为情境提出问题,培养"勤思"好习惯

质疑是科学的基本精神,实践表明,学生在日常生活中具有丰富的生活经验和实践积累,从学生已有的生活经验和知识背景出发创设问题情境,既可让学生感觉所面临的问题是熟悉的、常见的,同时又让学生觉得是新奇的、富有挑战性的。殊不知,学生的疑问也可以来自实验学习本身,在学习的过程中,当他们发出了疑问,提出了问题,抓住这个情境,引导学生深入探究并解决问题,这是培养学生质疑精神的好方法。本节课,当学生按照教材要求,利用洋葱作为实验材料,探究得出"外界溶液浓度越大,质壁分离程度越高"结论时,有的学生却感觉"洋葱的味道真大、洋葱质壁分离时原生质层的形状很不规则,形成了凹形质壁分离,非常影响大小测量的准确性",怎么办呢?抓住学生稍纵即逝的质疑,鼓励他们"唯一的解决办法就是深入探究,去发现有没有可以替代洋葱的实验材料"。将实验本身作为情境去发现问题,让学生既感觉到解决这个问题的迫切性,同时又感受到自身已有知识的局限性,使问题处于学生能力的"最近发展区",从而激发起学生强烈的探索欲望,帮助学生养成"勤思"的习惯,为学生打下可持续发展的良好基础。自然,教师在创设情境的时候,也要善于引导学生观察、领悟生活中的学科知识,让学生感受生命科学的无穷魅力,从而激发出更浓烈的兴趣。

二、 为自主探究提供支架,掌握科学思维方法

科学探究是生命科学重要的研究方法,也是学生学习生物的方法之一,在这里,科

学的思维方法很重要。按照教材呈现的实验方法，学生在完成初步的探究后，发现了新的问题，并迫切地希望进入新一轮的自主探究，寻找到更好的实验材料。怎样探究？需要选用哪些实验材料进行比对？需要设计怎样的指标评价待测植物材料？如果这些问题得不到解决，大多数的学生可能会就此放弃新探究，因此，此时教师的引导就处于非常关键的地位。通过适当的介入，为学生提供相应的探究支架，例如给出供试实验材料的标准（容易获得单层细胞、细胞大小适当、内部结构清晰等），与学生一起探讨评价质壁分离的指标（质壁分离开始的时间长短、质壁分离后原生质层的形状等），还比如指导学生开展小组合作探究等，这些支架搭建好了后，学生就可以开始有序地观察、测量和进行数据分析，得出新的结论了。在本节课上，各个小组经历了不同材料质壁分离比较研究的实验，最后得出了结论。在老师的进一步指导下，各组组长还共同撰写了"大蒜包叶茎、美人蕉花瓣、紫鸭跖草叶表皮细胞等四种材料质壁分离对比研究"论文，该论文获得了市青少年科技创新大赛二等奖，并发表在核心期刊《生物学教学》上。

三、 用探究成果解决生产问题，提升思维新境界

从生活中来，到生活中去，让学科回到生活和农业生产，应用所学的知识解决生产和生活的实际问题，提升学生的社会责任感，这才是思维发展的最高境界。在本节课的最后，当学生了解到"在盐碱地上生长的植物，它们的细胞液浓度就高于一般土壤上的植物的细胞液浓度。比如，中国主要的油料作物和粮食作物大豆的近缘种野生大豆具有优良的耐盐碱、抗寒和抗病性状。我国盐渍土面积约 3 460 万公顷，耕地盐碱化 760 万公顷，近 1/5 耕地发生盐碱化。"后，学生心里自然地升腾起一种强烈的社会责任感，他们自主地想到"我们能为国家的盐碱地治理提出什么建议呢？我们能做些什么呢？"有的学生立刻想到了将耐盐碱野生大豆的基因转移到普通植物体内，培育更多的盐碱地植物，还有的学生就盐碱地植物的浇水和施肥管理提出了可行性建议……学生的思维新境界将延伸到课后，或许会延展到未来的专业和职业。

受力分析：动中寻静，静中找动

—— 受力分析专题

基本信息

1. 教师姓名：张亮
2. 所在单位：华东理工大学附属闵行科技高级中学
3. 学科类别：高中物理
4. 公开展示：区级公开课

创新之处

1. **探究突破点**：动态分析是高中物理力学中的一个难点，学生对静止状态简单模型的受力分析有一定的基础，但在变化的情境中受力分析，对学生的思维逻辑是极大的挑战，通过问题链形式从一般力到电场力、磁场力的变形，从观察力的定性变化到定量最小力的求值，再到方向的范围的变化，难度逐渐增加，符合学生的认知规律。

2. **课堂立意点**：通过模型的建立以及模型变化的过程，以问题链的形式，培养学生的科学思维、科学方法等创新素养。

教学路径

课前导学案→力学基本模型→模型变形→动态变化→模型变形→课堂小结。

知识体系

五元评价雷达图

分值：35/40

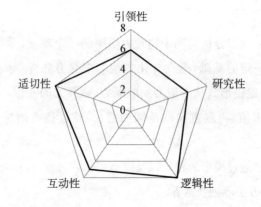

专家点评

张亮老师的这节课,以力的平衡条件为抓手,以力的动态分析为主线,通过模型建构、实验演示、方法呈现、逻辑分析,有效地促进学生物理观念、思维品质和实验能力的提升。

教学中,张老师从生活中的情景出发,提炼物理模型,通过对模型的深入挖掘,从常见的力拓展到电场力、磁场力等等,促使学生关注前后联系,推动学生建立完整的力学知识体系。整堂课从易到难、由简入繁、从定性到定量,循序渐进,然后再由繁到简,这种如"盘山道式"的教学过程,无声地吸引着学生的注意力,有效地点亮了学生的思维。

教学中,教师配合自制的实验展现情景,把力的动态变化过程生动地呈现在学生的眼前。良好地体现了物理学科的特点以及对学生发散性思维能力的培养。

本节课知识容量大,涉及面广,适合于高三综合复习,是一堂出色的好课。

（点评专家：汤凤君，七宝中学，高级教师。）

教学设计

1. 教材及学情分析

受力分析是研究物体运动状态变化的前提,是解决力学问题的基础;动态分析则是基于受力分析的力学知识的进一步应用,是力学中的一个难点。

学生在学习本节课前已经学习了力的概念、力的三要素等,对力学基本受力分析模型有了一定的认识。学生对静止状态简单模型的受力分析有一定的基础,但在变化的情景中受力分析,对学生的思维逻辑是较大的挑战,技巧性较强,很多学生会感觉束手无策。帮助学生以一个模型解决一类物理问题,来降低学生学习的难度,减轻学生的学习负担,是这节课的任务。

2. 设计思路

通过斜面上小球的受力变化的动画,在过程中直观感受力的变化,培养学生的观察分析、比较判断,帮助其解决教学重点。通过模型的提炼,归纳解决问题的方法的能力。通过从一般力到电场力、磁场力的变形,从观察力的定性变化到定量最小力的求值,再到方向的范围,难度逐渐增加,符合学生的认知规律,逐步解决教学难点。

3. 教学目标

(1) 知道基本力学模型,会利用力的合成与分解进行受力分析;

(2) 理解矢量三角形分析动态变化中的条件和方法;

(3) 通过受力分析过程,学会建立模型,举一反三的学习能力;

(4) 通过知识迁移、类比的过程,逐步形成物理思维能力。

4. 教学重点、难点

(1) 教学重点及突破

教学重点:受力分析中的动态变化。

突破办法:以三个力学基本模型为基础,采用通过斜面上小球的受力变化的动画的过程中直观感受力的变化,培养学生的观察分析、比较判断,帮助其解决教学重点。

(2) 教学难点及化解

教学难点:正确受力分析及选择合适方法的原则。

化解办法:建构力学模型,分析该模型的适用条件,让学生对这一类问题有清晰的认识。通过模型的提炼,提升归纳解决问题方法的能力。通过从一般力到电场力、磁场力的变形,从观察力的定性变化到定量最小力的求值,再到方向的范围,难度逐渐增加,符合学生的认知规律,逐步解决教学难点。

5. 教学过程

(1) 展示学生受力分析图

检测:求小球所受力的大小和方向,绳子的拉力大小

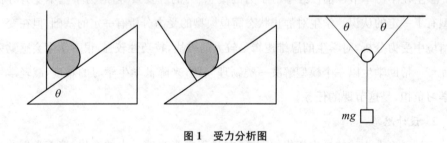

图 1 受力分析图

(设计意图:通过三个基本常见模型的受力分析,为学生思考动态变化做铺垫。)

（2）任务单一：如图 2 所示，光滑的小球静止在斜面和竖直放置的木板之间，已知球重为 G，斜面的倾角为 θ，现使木板沿逆时针方向绕 O 点缓慢移动。

问题：小球受到的弹力怎样变化？

（设计意图：动态受力变化的过程，引导学生利用静态的模型，找到一个最小值的临界状态，借助图 3 帮助建立形象思维，并得出该模型的特点和规律。）

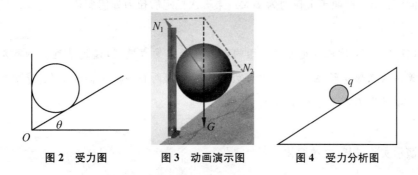

图 2 受力图　　　　图 3 动画演示图　　　　图 4 受力分析图

思维发散一：如图 4 所示，在倾角为 θ 的光滑斜面上，放着一质量为 m 的点电荷，电量大小为 q。为使该电荷在斜面上静止，可加一匀强电场。

问题：电场的最小值和方向？

（设计意图：用电场力代替挡板对小球的弹力，以无形的场力代替有形的接触力，并用力最小值的临界状态，求解电场的最小值，引导学生思维横向发散。）

思维发散二：如图 5 所示，在间距为 L 倾角为 θ 的光滑倾斜导轨上，水平地放着一质量为 m 的通电导体棒 ab，电流大小为 I。为使导体棒 ab 在斜面上静止，可加一匀强磁场。

问题：可能的磁场方向？

（设计意图：用磁场力代替电场力，从最小电场力的方向发散到可能静止的磁场的方向。问题从平面图形转变成立体结构，从临界状态到动态平衡，学生的潜力和思考问题的方式

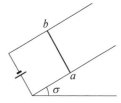

图 5 受力分析图

进一步被挖掘。)

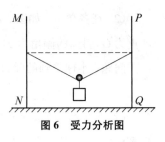

图6 受力分析图

（3）任务单二：如图6所示，两竖直杆 MN、PQ 相距 4 m，一根长 5 m 的细绳的两端拴在两杆上，第一次令两拴点等高，第二次两拴点不等高，用一光滑的钩子把一重物 G = 12 N 挂在绳子上。

问题：第一次绳子上拉力为多大？第二次稳定后拉力如何变化？

（设计意图：该任务是力学模型的第三种菱形受力模型，通过从直观的菱形变化到不等高的隐形菱形，从只有一个分力方向变化到两个分力方向都变化，让学生能够在变化中寻找不变的受力过程。）

演示实验，探究夹角变化

（设计意图：虽然理论上学生认可夹角相等，但学生总会认为与他们的认知有区别，因此通过实验演示的方式，让学生体验从理论证明到实践验证的过程，对学生的研究问题思路和方法都是很好的帮助。）

思维发散一：图7，把左侧 A 点固定，右侧固定点上移到 B、C，或者外移到 D 点，稳定后。

问题：拉力如何变化？

（设计意图）通过模型的建立，引导学生找到模型的本质。

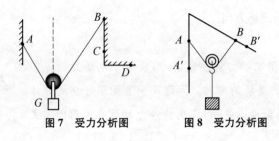

图7 受力分析图 　　 图8 受力分析图

思维发散二：如图 8 所示,一根不可伸长的细绳两端分别连接在固定框架上的 B 两点,细绳绕过光滑的轻小滑轮,重物悬挂于滑轮下,处于静止状态。若缓慢移动细绳的端点,问题:

① 只将绳的左端移向 A' 点,则绳中拉力大小的如何变化;

② 只将绳的右端移向 B' 点,则绳中拉力大小的如何变化;

(设计意图:变化受力的形式框架,进一步挖掘模型的规律,达到举一反三的目的。)

(4)反馈和小结

动中寻静,静中找动。

教学后记

基于学生科学思维培养的高三复习课教学
——以力的动态平衡教学设计为例

"科学思维"是从物理学视角对客观事物的本质属性、内在规律及相互关系的认识方式;是基于经验事实对理想模型的抽象概括过程;是分析综合、推理论证等方法的内化;是基于事实证据和科学推理对不同观点和结论提出质疑、批判,进而提出创造性见解的能力与品质。"科学思维"主要包括模型建构、科学推理、科学论证、质疑创新等要素。

在高三的综合复习课中,很多教师感觉习题教学效果差强人意,学生刷题的感觉也味同嚼蜡,之所以出现这种情况,很多时候是因为例题本身缺少逻辑关系,问题的层次性不够引起学生质疑,尤其是模型的建构不够清晰,只是针对一道题目而讲一道题目,很难让学生深入思考,思维很难得到发散。目前学生自主归纳建构模型的能力还不够强,很难在题海中去思考一题多解,因此他们只能在题海中痛苦挣扎,感受不到试题的美感,科学方法的美妙,更无法提升科学思维品质。因此我结合力的动态分析教学设计,谈谈如何在高三复习课教学中培养学生的科学思维,促进学生核心素养的落实。

一、 创设情境,体验情境转换

杜威主张,教学是基于行动的,不应该直截了当注入知识,而应该引导学生在活动中获得经验从而习得知识。情境认知理论也认为,学习是学习者基于特定的情境对知识主动建构的过程,情境是一切认知活动的基础,而知识则镶嵌于产生它的情境之中。本设计从生活中的情境出发,提炼物理模型,通过对模型的深入挖掘,从常见的力转换到电场力、磁场力等情境,促使学生关注前后联系,推动学生建立完整的力学知识体系。

情境一:展示学生总结力学三个基本受力分析图的受力情况。

情境二:如图所示,光滑的小球静止在斜面和竖直放置的木板之间,已知球重为G,斜面的倾角为θ,现使木板沿逆时针方向绕O点缓慢移动。问题:小球受到的弹力怎样变化?

情境三:如图4所示,在倾角为θ的光滑斜面上,放着一质量为m的点电荷,电量大小为q的正电荷。为使该电荷在斜面上静止,可加一匀强电场。问题:电场的最小值和方向?

情境四:如图所示,在间距为L倾角为θ的光滑倾斜导轨上,水平地放着一质量为m的通电导体棒ab,电流大小为I。为使导体棒ab在斜面上静止,可加一匀强磁场。问题:可能的磁场方向?

从情境一到情境四的转换过程,主要采用纵向深入的方式,把弹力换成电场力再到磁场力,从有形到无形;从判断力的最小值到磁场强度的最小值,从最小力的方向大小到可能静止的磁场方向范围,从静态到动态再回到静态(临界态),问题逐步发散,学生的思维不断螺旋式上升。在激发学生学习兴趣、调动其思维积极性方面,可以达到"润物细无声"的效果,从而促进学生科学思维的发展。

二、 提出问题,经历现象分析

对物理现象进行分析和推理是重要的科学思维过程。通过由简单到复杂、感性到理性的问题呈现过程,引导学生透过现象看到事物本质。美国国家科学研究委员会认为,传统课堂教学中,学生记忆的科学知识容易遗忘,而参与科学推理的过程会让学生科学思维得到发展,同时促进科学知识的理解。

例如在对受力分析图中相等的两个力模型中,我精心设计例题以及变形,引导学生进行以下分析:

现象分析一:如图所示,两竖直杆 MN、PQ 相距 4 m,一根长 5 m 的细绳的两端拴在两杆上,第一次令两拴点等高,第二次两拴点不等高,用一光滑的钩子把一重物 $G=12$ N 挂在绳子上。问题:第一次时绳子上拉力为多大,第二次稳定后拉力如何变化?

现象分析二:把左侧 A 点固定,右侧固定点上移到 B、C,或者外移到 D 点,稳定后。问题:拉力如何变化?

现象分析三:如图所示,一根不可伸长的细绳两端分别连接在固定框架上的 A、B 两点,细绳绕过光滑的轻小滑轮,重物悬挂于滑轮下,处于静止状态。若缓慢移动细绳的端点,问题:

(1)只将绳的左端移向 A' 点,则绳中拉力大小的如何变化?

(2)只将绳的右端移向 B' 点,则绳中拉力大小的如何变化?

从现象分析一到现象分析三,以问题链的形式,通过力大小的变化感受不变的力学模型。同中求异,动中寻静,从而使学生分析问题的科学思维水平不断提升。

三、 证据意识,敢于质疑创新

证据意识是科学思维的重要特征,是指具有手记实验数据、图像图表、生活实例和故事、学生活动与操作记录、语言和文字表达等证据的良好习惯,据此得出初步结论并能清晰表达自己的观点。学生在现象分析一中,通过自己的直观感受,很容易得出向上移动夹角变小,力变小,向下移动夹角变大,力变大的初步结论。这时教师及时抛出问题:力真的是这样变化吗?学生对自己的初步结论就会有所质疑。尤其在教师理论推导的引导下,发现自己的结论是错误的。学生的认知冲突,才会引起学生的质疑,激发学生更想找到解决问题的方法。

质疑和创新是科学发展的动力,也是科学思维的重要特征。这时教师可以为学生提供实验器材,让他们真实感受力的变化过程。从设疑到质疑再到释疑,从感性到理性,从理论到实践,研究的问题不断深化,学生解决问题的科学思维水平也不断提高。在整个过程中,学生对力的动态变化,模型的本质有了进一步的理解,享受到了科学思维的乐趣,体验到了物理学科的独特魅力,通过应用体验增强了创新意识。

劳厄说过,教育重要的不是获取知识,而是发展思维能力,教育无非是将一切已经学过的东西都忘记时所剩下的东西。高三物理复习课教学应该更多地站在学生视角进行设计,创设学生认知冲突的问题,少一些"告诉""记住""应该",注重学生的"生成",重视概念规律的建构过程,凸显规律形成过程中的科学思维,渗透规律形成过程中的科学精神,充分发挥教学中育人价值,切实提高学生的物理学科核心素养。

机械能守恒的探究之旅

——机械能守恒定律

1. 教师姓名：方建放
2. 所在单位：上海戏剧学院附属高级中学
3. 学科类别：高中物理
4. 公开展示：市级教学比赛课

创新之处

1. 探究突破点：在释放一次摆锤的情况下，通过 Excel 自编公式求出摆锤在四个位置的机械能，通过折线图直观看出摆锤在四个位置的机械能关系。

2. 课堂立意点：本设计针对三种运动采用三种不同的证明方式，学生可以感受到物理学习和研究的一般方法——理论演绎和实验探究，同时经历归纳机械能守恒条件的过程，培养学生的科学思维。

教学路径

本设计从提桶会不会碰鼻的实验引入→发现动能和重力势能可以相互转化→引出探究的主题：在转化过程中动能和重力势能的变化量是否相等→通过对三种运动

的过程中机械能是否守恒的研究得出机械能守恒定律及其条件→小结和作业。

知识体系

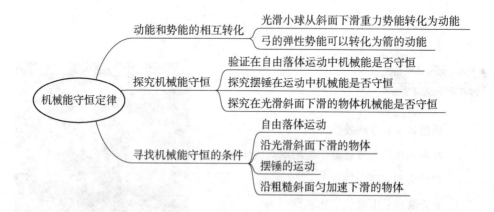

五元评价雷达图

分值：37/40

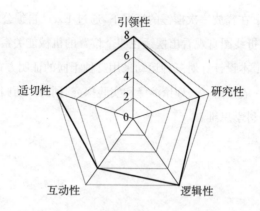

专家点评

方老师在课前首先做了一个碰鼻的实验,在这个实验中学生由于害怕桶会碰到自己鼻子往后退了一下,然后老师做的时候没碰到鼻子,这个明显的对比让学生心中产生了疑惑,学生的思维很快进入了物理课堂。

其次,方老师打破了传统的用 DIS 研究机械能守恒定律实验。传统的 DIS 研究机械能守恒定律实验是分三次实验验证机械能守恒定律,而方老师设计了新的 DIS 研究机械能守恒定律实验器材,在一次释放摆锤的情况下测量出 A、B、C、D 四点的机械能。在 Excel 中把摆锤通过三个通道的时间分别输入自己编写的公式中,求出 A、B、C、D 四点的机械能,在误差范围内得出机械能守恒定律,并在 Excel 表格中画出四个点机械能的柱状图,形象地看出四个点机械能之间关系。改进后的实验能够减小实验误差,柱状图也能形象的看出四个点机械能之间的关系。

最后,方老师“化曲为直”的实验方案也给本节课增添了多样性,教材上 DIS 研究机械能守恒定律实验是研究摆锤在做圆周运动时机械能是否守恒,方老师又自制器材研究小球在做自由落体运动时机械能是否守恒。

(点评专家:尹宝岩,静安区高中物理教研员。)

教学设计

1. 教材及学情分析

《机械能守恒定律》是沪教版高级中学课本《物理》(基础型课程)第五章《机械能》第六节。机械能守恒定律是中学物理学习中重要且要求较高的几个学习内容之一,同时也是以后学习能量守恒的基础;本节课的学生实验——用 DIS 研究机械能守恒定律是新课标规定的学生实验,也是本教材 12 个重点探究内容之一。

学习本节课需要以本单元的动能、势能、功和能的关系等知识为基础,以 DIS 实验系统的熟练使用为实验基础。本单元是机械运动篇的重点内容,包含功和功率、机械能以及功与能的关系、机械能守恒定律三大部分。功和机械能是核心概念,功、能之间的关系——功是能量变化的量度,机械能守恒定律是核心规律。

学生已经学习过功、动能、重力势能、功和能量变化的关系;学生已经学习过用 DIS 测瞬时速度的实验。

2. 设计思路

本设计从提桶会不会碰鼻的实验引入,在发现动能和重力势能可以相互转化之后,引出探究的主题:在转化过程中动能和重力势能的变化量是否相等。通过对三种运动的过程中机械能是否守恒的研究,得出机械能守恒定律及其条件。

本设计注重知识内容的探究过程,并且强调学生的参与。在逐步形成概念规律的过程中,学生经历了研究物理的一般方法。

3. 教学目标

(1) 掌握机械能守恒定律,知道它的由来,理解机械能守恒的条件,能用机械能守恒定律解决力学问题;

(2) 通过对机械能守恒定律的实验探究和理论计算,感受学习和研究物理的科学方法,认识 DIS 实验是现代实验研究的重要途径;

(3) 通过运用机械能守恒定律解决实际问题,感悟正确认识和运用科学规律的巨大力量。

4. 教学重点、难点

(1) 教学重点及突破

教学重点:掌握验证机械能守恒定律的实验原理。

突破办法:探究在某些运动中机械能是否守恒。方法是:教师用自制实验证明在自由落体运动中机械能守恒;学生通过自制 DIS 实验证明摆锤的运动过程机械能守恒;学生自行证明在光滑斜面上下滑的物体机械能守恒。

(2) 教学难点及化解

教学难点:如何减小多次释放造成的实验误差。

化解办法:在一次释放摆锤的情况下,通过 Excel 自编公式求出摆锤在四个位置的机械能,通过折线图直观看出摆锤在四个位置的机械能关系。

5. 教学过程

任务 1:建立机械能的概念

实验引入新课：在一个提桶内放一些重物，用绳子将它悬挂在门框下。你自己站在门的里边，将提桶拉离竖直方向，使它凑近自己的鼻子，然后轻轻放手，提桶将向前摆去，接着又反向摆回来。当摆动很快的提桶再一次接近你的鼻子时，你敢不敢镇定自若地站在那里不动？

（设计意图：创设情境，激发思考，引入主题。）

问题1：请刚做提桶会不会碰鼻实验的同学谈谈你的感受。

问题2：如果从能量的角度来看，在桶向下和向上运动的过程中，桶具有哪些能？它们分别在发生怎样的变化？

结论一：在这类运动中，物体因为质量、速度、位置等力学量而具有的动能、势能统称为机械能。

结论二：在机械运动中，动能和势能可以相互转化。

任务2：探究机械能守恒的规律

请再列举一些在物体运动过程中动能和重力势能相互转化的例子。（列在黑板上）

问题1：在这些运动中，物体的动能和重力势能相互转化，可能会遵循怎样的规律？

学生猜测：动能与势能的总和即机械能可能不变。

（1）探究一些常见运动中，机械能是否守恒。

我们从较为简单运动中入手，看看是否存在这样的规律。

活动1：验证在自由落体运动中机械能是否守恒。

教师示范，通过演示实验的方法证明自由落体运动的物体在运动过程中任意两点的机械能相等。

活动2：验证摆锤在运动中机械能是否守恒。

DIS实验一：观察摆锤摆到另一侧的最高位置与开始释放位置的高度关系。

结论：摆锤在两侧最高位置时的机械能是相等的。

问题2：要证明摆锤在运动过程中的机械能总是不变的，还必须怎样做实验？

DIS实验二：验证在摆锤运动的过程中机械能是不变的。

实验方案：在一次释放摆锤的情况下测量出 A、B、C、D 四点的机械能。在 Excel 中把摆锤通过三个通道的时间分别输入自己编写的公式中求出 A、B、C、D 四点的机械能，在误差范围内得出机械能守恒定律，并在 Excel 表格中画出四个点机械能的折现图，直观地看出四个点机械能之间关系。比较不同位置的机械能，看其是否相等。

（设计意图：该方案在老师启发、提问，学生讨论、交流的过程中逐步形成。）

结论：摆锤在运动过程中的机械能守恒。

活动 3：验证在光滑斜面下滑的物体机械能是否守恒。

学生利用教材 P59 的自主活动，通过数学演绎的方法验证沿光滑斜面匀加速下滑的物体在运动过程中任意两点的机械能相等。

问题 3：是否所有的运动中物体的机械能都是守恒的呢？

活动 4：验证在粗糙斜面上匀加速下滑物体的机械能是否守恒。

经过数学演绎，发现在粗糙斜面上匀加速下滑物体的机械能不守恒。

(2) 寻找机械能守恒的条件

通过对上述几种运动的研究，我们发现，有些运动机械能是守恒的，有些运动机械能是不守恒的，由此我们想到机械能守恒可能是要满足一定的条件的。下面我们就来看看这些机械能守恒的运动中，有什么共同的特征，而这些特征又恰恰是那些机械能不守恒的运动中不具备的。

同学们从能量的变化是与力做功的关系出发，仔细分析一下在这几种运动中，物体所受力做功的情况，看看会不会有什么发现。

表1　物体受力做功情况表

运动类型	受力情况	做功的力
自由落体运动	重力	重力
沿光滑斜面下滑的物体	重力、支持力	重力
摆锤的运动	重力、绳子拉力	重力
沿粗糙斜面匀加速下滑的物体	重力、支持力、摩擦力	重力、摩擦力

我们发现,在机械能守恒的几种运动中,受力情况各不相同,但是做功情况相同,都是只有重力做功,在机械能不守恒的运动中,除了重力之外,还有别的力做功。我们初步可以得出这样的结论:机械能守恒的条件可能是只有重力做功。

(设计意图:通过对不同类型运动的分析得到相同的物理规律,让学生掌握分析问题的一般方法。)

(3) 小结

请学生谈谈通过本节课的学习,对机械能守恒定律从理论到现实生活的认识。

(4) 作业

学生回家找出生活中机械能守恒的事例和应用,回校后与同学分享。

教学后记

机械能守恒定律教学的再创新

机械能守恒定律实验是中学物理教学中的一个重点和难点,现有的各种版本的高中物理教材几乎都是用打点计时器研究自由落体运动来验证机械能守恒的。笔者利用现有的实验器材大胆创新设计,取得了较好的实验效果。

一、 求异思维的培养

本设计从提桶会不会碰鼻的实验引入,在发现动能和重力势能可以相互转化之后,引出探究的主题:在转化过程中动能和重力势能的变化量是否相等。因一次释放摆锤可以求出 A、B、C、D 四点的机械能,所以可以减小因摆锤位置的改变给实验带来的误差,课后的再思考培养了学生的求异思维。所谓求异思维指的是不受习惯的影响,思路宽广,从不同的角度、不同的方面提出问题,探求解决问题的多种可能性的思维方式。它能够揭示客观事物的本质和内在联系,创造出超常的思维成果。同时,思维是人类特有的一种脑力劳动,歌德曾说:"经验丰富的人读书用两只眼睛,一只眼睛看到纸面上的话,另一只眼睛看到纸背面的话。"纸背面的话就是指思维,指要思要想、多思多想。在解决问题的过程中,求异思维有利于学生跳出常规思维的框框,以新颖、独特、巧妙的思维方式,迅速触及问题的本质,找到解决问题的突破口。我们在进行物理教学时,要认真培养学生的求异思维,不断开启学生心扉,激发学生潜能,提高物理素养。

二、 任务驱动教学

本节课设计以任务驱动为载体,每个任务包含若干活动,体现学生的主体性。"任务驱动"教学法,就是教师或者学生根据教学要求提出有实际意义的、符合学生认知水平的"任务",以完成一个个具体的"任务"为线索,把教学内容巧妙地隐含在每个"任务"之中,学生自己或者在教师的指导下提出解决问题的思路和方法,然后进行具体的操作,教师引导学生边学边做完成相应的"任务"。当学生完成这个任务后也就建构了本节课所学的新知识。任务驱动教学法具有以下特点:(1)任务驱动,以工作任务为中心引领知识、技能和态度,让学生在完成工作任务的过程中学习相关理论知识,发展学生的综合能力;(2)目标具体,内容实用,任务驱动教学法的教学目标清楚明确,能更好地指导教学过程,也可以更好地评价教学效果;教学内容的选择要紧紧围绕工作任务完成的需要,不求理论的系统性,只求内容的实用性;(3)做学一体,任务驱动教学法打破长期以来的理论与实践二元分离的局面,以工作任务为中心,实现理论与实践的一体化教学;(4)培养学生发现问题、解决问题和综合应用的能力;(5)提高学生学习的主动参与意识,激发学生的学习兴趣。

三、 同屏技术的应用

本节课利用 apowermirror 的同屏技术实时把做实验过程中遇到的问题投放到大屏幕上,提高课堂效率。本实验对传统的用 DIS 研究机械能守恒定律进行了较大的改进创新,为学生创设了更丰富、科学的实验情景,呈现更直观清晰的实验现象。小组讨论实验方案增强了学生的学习的主动性,体现了学生的主体地位。

四、 实验的再创新

传统的实验是释放三次摆锤,由于每次释放摆锤时很容易造成摆锤位置的变动,这样会导致实验的误差较大。本设计的创新之处是在 B、C、D 三个位置分别放置一个光电门传感器,这样可以做到释放一次摆锤可以求出 A、B、C、D 四点的动能,进一步可以求出 A、B、C、D 四点的机械能,因为只需要释放一次摆锤就可以求出 A、B、C、D 四点的机械能,所以可以做到减小因摆锤位置的改变给实验带来的误差。多组实验、图像处理、取平均值的方法培养了学生的科学方法,图像处理的创新之处是采用了柱状图的方法,通过柱状图能够直观的看出摆锤在 A、B、C、D 四点机械能的大小关系。

五、 动能与势能之间的相互转化

简化碰鼻实验,引导学生观察并思考,了解到动能和重力势能之间可以通过重力做功实现相互转化,并做了适当的拓展。另外,还利用弯弓射箭的实验,引导学生观察实验并细致分析,得出动能和弹性势能之间也可以通过弹力做功来实现相互转化的结论。这样的教学设计既体现了物理教学提倡实验、观察、思考的特点,又重视学生独立思考能力的培养。通过实例的分析,使学生了解势能和动能相互转化的定性关系,知道一种能量减少,必然导致另一种能量的增加;然后提出动能和势能转化有定量关系,让学生进行讨论与交流并提出猜想,调动学生的积极性。不足之处在于,由于担心时间进度,处理不是很细致,不敢放开让学生讨论。

从学生的学习情况来看,这部分内容的处理基本达到了教学设计的要求,学生能够判断一些简单情景中机械能是否守恒。不足之处在于,所举的实例难以涵盖所有的情景,课堂时间有限,难以展开讲解。所以,在今后教学中,笔者应该注重基本方法和基本思路的形成,培养学生独立分析的能力。只有让学生掌握了最基本和最朴实的物理思想方法,才能以不变应万变,真正做到举一反三。

电路的分析与应用
——利用信息化平台开展问题研究

基本信息

1. 教师姓名：张亮
2. 所在单位：华东理工大学附属闵行科技
   高级中学
3. 学科类别：高中物理
4. 公开展示：区级公开课

创新之处

1. **探究突破点**：利用虚拟软件模拟电路中灯泡的亮暗变化情况，从虚拟到理论到现实的研究过程。

2. **课堂立意点**：从动态分析电路中小灯泡的亮度变化情况，由简单电路到逐渐增加小灯泡变成复杂电路，感受人类对未知事物循序渐进、由浅入深的认知过程。在探究、总结动态分析电路规律的过程中，从严密逻辑思维得出的已知问题的结果，到规律的发现，让学生感受到研究事物不能仅凭感官，还需依靠逻辑推理、分析判断、验证等多种方法，从而建立辩证唯物主义的物质观。

教学路径

　　课前思维导图展示学生作品→根据学生的情况任务单一→分析讨论哪个方案更省电→变形动态分析任务单二→虚拟软件模拟电路的动态分析→理论分析与实际结合→课堂在线测试反馈→小结和作业。

知识体系

```
                              任务分析设计电路图
                              讨论各电路图的实际功率
              电路的分析与应用   虚拟演示电路的动态变化
                              理论演绎电路的动态分析
                              在线测试反馈对电路的理解
```

五元评价雷达图

分值：36/40

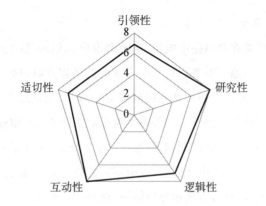

专家点评

张老师的这堂课针对电路的动态分析问题,引导学生运用电路的基本理论分析较为复杂的电路问题,有力促进了学生分析问题能力的提升。

在教学中,张老师将物理学科教学与数字化环境课堂深度融合,有效发挥了信息技术的辅助作用。课前,通过微视频的自我学习和知识框架的梳理实现局部的课堂翻转。课中,以虚拟实验平台为依托,展开教学,辅助学生提供感性认识。课尾,通过在线测试可以直接快捷反馈学生的学习情况,为老师的下一次备课提供了充足的大数据基础。

在教学过程中,张老师将直观的实验平台与严密的任务单有机结合,让同学们通过合作、交流、探究来解决重难点问题,提升了协作意识,提升了解决问题的能力。全课充分体现了自主学习、合作学习和探究学习的新教学理念,能够促进学生学科素养和信息技能素养的提升。

(点评专家:汤凤君,七宝中学,高级教师。)

教学设计

1. 教材及学情分析

"电功　电功率"是在对电路中电压、电流和电阻认识的基础上,从做功和能量转化的角度进一步认识电路。本节课是学生完成电路的串并联电路的特点和电功率学习后的第一课时,对串并联电路的特点已经能够掌握,但应用还不够熟练。特别是对电路中常见的电路设计和电路动态分析两个难点学生理解比较困难。

由于处在新冠肺炎的特殊时期,教师通过网上教学,学生在家中学习,均受器材限制并出于安全考虑,不便于做电学实验,虚拟实验虽有其不足,但有其有利的一面。本课借助虚拟实验平台,能够直观展示分析结果,提升学习效果。

2. 设计思路

以信息技术为载体,深入融合物理课堂,解决学生的重难点问题,是我设计这节课的初衷。希望借助课前观看微视频强化对串并联电路的特点和规律的理解,制作思维导图形成电路知识框架,课中通过多屏互动展示多位学生的成果,以及学生分析讨论和虚拟平台演示以及教师的引导来突破教学重难点,在线测试及时反馈学习效果,课后通过针对性的作业设计检测学生的学习效果,为下节课做好铺垫。课后微视频的简单讲解为学生个性化学习起到辅导作用,实现课堂空间时间的延续!

3. 教学目标

(1)知道混联电路中电阻、电流、电压、电功率的关系以及小灯泡额定功率与实际功率关系;

(2)学会用等效替代思想分析混联电路;

(3)学会用举一反三的方法,逐步形成发散的物理思维方式;

(4)通过虚拟实验平台演示电灯的亮暗变化情况,有助于理解电路的动态变化情况,解决生活中的实际问题。

4. 教学重点、难点

(1)教学重点及突破

教学重点:学会混联电路的综合应用。

突破办法:从基本简单串并联电路特点到逐步设计应用,层层设置难度,符合学生的认知规律,最后的在线测试和微视频个性化辅导可以解决学生的重点掌握。

(2)教学难点及化解

教学难点:利用串并联电路特点设计合理电路图;利用滑动变阻器的阻值变化分析电路中用电器的电流、电压和功率。

化解办法:利用虚拟实验平台动态演示小灯泡的亮度变化情况,直观反映出动态变化的结果,再通过理论演绎,解决教学中的重点。

5. 教学过程

(1)展示学生课前利用思维导图梳理的电路基本知识框架。

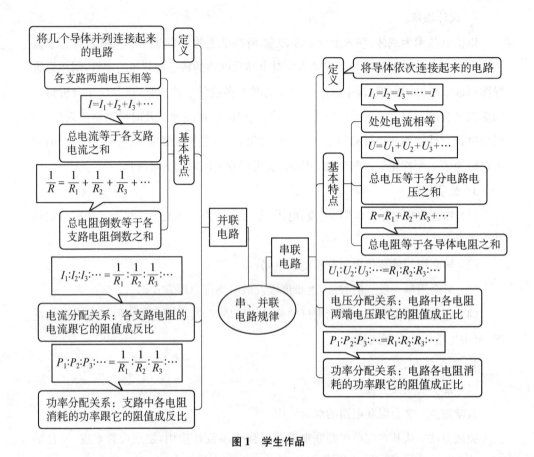

图1 学生作品

（设计意图：希望利用老师导学案和微视频讲解，引导学生自主学习，梳理知识框架。选择学生作品展示，激发学生的学习积极性和体验学习的成就感。）

（2）在评价学生梳理的串并联电路特点和规律作品后完成【任务单一】。

【任务单一】讨论，设计电路

有两个小灯泡 L_1、L_2 灯泡 L_1 标有"8 V、1 A"、灯泡 L_2 标有"4 V、0.5 A"，现将 L_1、L_2 两灯接在电源电压恒为12 V的电路上，要使两灯均正常发光，设计你的电路图（电阻的个数和阻值任意选择）。

问题：如何利用串并联电路的特点设计电路？

问题：思考设计电路的合理性？并分析哪个电路最省电？

（设计意图：设计电路这种开放性的问题，可以让学生的思维发散开的同时聚焦，多屏互动教学呈现学生的成果，激发学生的兴趣，营造良好的课堂环境。）

（3）基于最优电路图，各用电器正常工作，调节滑动变阻器滑片 P 的位置，使 L_1，L_2 灯发光，若将 P 稍向左移动，则两灯亮度变化情况如何？完成【任务单二】。

【任务单二】如图所示，各用电器正常工作，电源电压 U 不变，调节滑动变阻器滑片 P 的位置，使 L_1、L_2 灯发光，若将 P 稍向左移动，则两灯亮度变化情况会怎样？

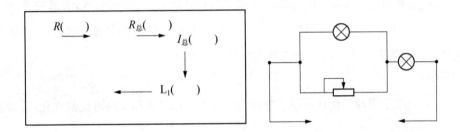

图 2　电路图

（设计意图：通过滑动变阻器电阻变化，分析简单的动态变化，借助思维逻辑图，形成较强的逻辑思维能力。）

【任务单二】变形

讨论：若在滑动变阻器支路上，串联灯泡 L_3，改变滑动变阻器阻值，则 L_3 的亮度变化情况如何？

（设计意图：学生按照逻辑进行分析，发现滑动变阻器支路的两端电压变化，支路的总电阻也变化，对于比值电流大小如何变化，从数学的角度都有可能发生。但电路的变化一定是唯一的，这样引起学生认知的冲突，激起学生探究的欲望。）

（4）利用 NB 虚拟实验平台演示该电路，随滑动变阻器阻值变化，在电压和电阻都

变化的情况下 L_3 灯泡的亮度变化情况。

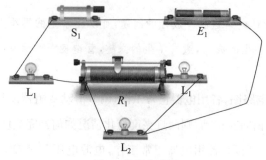

图 3 虚拟实验图

（设计意图：如果通过实际电路连接的实验演示，花费时间较大，而且效果不明显。利用虚拟平台演示，可以快速显示 L_3 灯泡的亮度变化，视觉冲击较大，从理论的茫然到实验的真实演示，能够激发学生探究的欲望。）

（5）问题：引导学生从电压电阻的变化到关注总电路和支路电流的变化，看看能否得出结论？

（设计意图：学生一直往死胡同里钻，解决不了问题，发现换个角度看问题，就柳暗花明，让学生从理论上解决问题，产生顿悟，解决学生的困惑，极大地增强学生的成就感。）

（6）追问：若在该电路中再串联或者并联电阻等电路如何分析？

（设计意图：发散学生的问题，从特殊到一般拓展，引导学生利用等效替代思想方法来分析问题，由简到难，逐层深入。帮助学生发现规律，可以快速完成电路的动态分析，增强学生学习的自豪感。）

（7）在线测试：完成本节课相关知识点的试题。先完成测试的同学，可以参考答案和教师提供每个题的视频讲解，进行个性化学习，教师通过数据分析，针对学生的共性问题进行有效讲解。

（设计意图：快速检测，及时完成课堂反馈，检测知识点的落实和培养学生发现问题、自主解决问题以及对问题的深入思考和表述能力。课堂没有理解的学生课后可以通过微视频继续学习，延伸了学生的学习时空。）

（8）反馈和小结：动态分析电路——动中找静，静中寻变。

（设计意图：通过总结动态分析电路的思路，引导学生从变化中寻找不变，再从不变中寻找变化的哲学辩证思想。）

教学后记

利用现代技术与物理课堂的融合培养学生物理思维能力

现代技术在教学中的应用越来越广泛，这不仅为课堂教学带来了丰富的资源，更改变了传统课堂教学模式，因此，越来越多的教育工作者开始研究教育技术在课堂教学中的应用，使其不断优化教学过程，提高教学效率。基于物理的学科特点，希望通过现代技术与物理课堂的融合的实践探索，在培养学生的物理思维能力方面，课堂的时效性方面，形成可示范性的课堂教学模式。

一、"一个主题"

对于技术与物理课堂的融合，其主题一定是以学生发展为本，关注学生思维方式的呈现和掌握解决问题的能力，立足于学生综合素养的提升。在课程设计过程，注重技术解决教学中的重难点或者利用技术实现课程实施方式的转变，学生学习方式的转变，达到提升学生自主学习的能力的目的。

二、"两个平台"

虚拟实验平台和在线测试平台在本节课中发挥了非常重要的作用。如果通过实际电路连接的实验演示，花费时间较大，而且效果不明显。利用虚拟平台演示，可以快速显示 L_3 灯泡的亮度变化。视觉冲击较大，从理论的茫然到实验的真实演示，更加激发学生探究的欲望。在线测试平台可以快速检测，及时完成课堂反馈，检测知识点的落实。教师通过数据分析，针对学生的共性问题进行有效讲解。对于先完成测试的同学，可以参考答案和教师提供的每个题的视频讲解，进行个性化学习，培养学生发现问题，自主解决问题以及对问题的深入思考和表述能力。课堂没有理解的学生课后可以通过微视频继续学习，延伸了学生的学习时空。

三、"三种模式"

物理课中常见的课型包括新授课、复习课、实验课。技术与物理课堂融合在不同课型中应该有所侧重。新授课中，更强调物理观念和物理思维的形成过程，我们在选择教学资源和工具时具有较强的针对性。对于复习课我们注重学生规律发现和应用，特别是方法和观念的形成，所以会选择思维导图、在线测试等技术和工具，培养学生的自主学习能力，发现问题和解决问题的能力。在实验课中，我们注重学生探究能力和合作分享能力的培养，选择合适的资源开展教学。

四、"四种保障"

在课堂上，学生的思维方式如何呈现？学生的成果如何分享？学生的成果如何及时检测？学生的合作探究如何展开？我们可以借助教室周围的电子屏幕和教师机互动，呈现多位学生的作品，教师可以同时观察多位学生的做题情况，实时了解学生的思维形成过程以及他们的疑惑点。我们可以借助在线测试分析系统，及时反馈学生的共性问题，以及特性问题，有的放矢，提高课堂的有效性。学生可以随时组合成不同小组，讨论、分享，为学生的小组合作学习提供了有力保障。

五、"五环落实"

无论是常规物理课堂还是融入现代技术的物理课堂,学问思辨行五环在课堂中还是需要有机地进行渗透融合。本节课通过学生自主学习,形成思维导图;在教师的提问引导中设计合适的电路,思辨动态变化中的物理规律;在多种方式呈现学生成果的过程中,课堂的资源在不断挖掘,学生的思维能力在发散、质疑、顿悟中不断提高。

六、"六个注意"

我们在设计利用信息技术与物理课堂深度融合过程中,有六个点需要关注。

1. 学生学习的自主性,也就是我们设计的学生自学内容符合学生的就近发展区,通过自己的梳理可以完成的任务,才能激发学生自主学习。本节课学生学完串并联电路的特点,根据自己的认知规律,设计思维导图梳理规律,就是希望引导学生学会梳理,培养自主学习能力。

2. 资源的有效性:什么样的资源可以有效地解决学生的认知障碍,什么样的资源可以激发学生的认知冲突等,这些都是我们设计课程中需要注意的。本节课的任务单一和任务单二,就是精心选择的,由简到难,由静到动,符合学生的认知规律。

3. 知识与技术的融合性:知识是本体,技术是为学生知识能力形成的载体。技术是为物理课堂服务的,不是为了技术而技术。本节课虚拟技术就是为了让学生从理论认知盲区到实验演示呈现,到最后理论演绎的重要工具。

4. 问题的多样性:对于可以呈现学生思维过程的屏幕来说,我们的问题一定要有发散性,这样学生的答案才会呈现出多样性。本节课设计电路就可以让学生发散开,呈现出多种电路图,这样才能把学生的问题暴露出来,在课堂上利用好这些资源,才能让课堂落实到实处。

5. 环节的流畅性:传统物理课堂,不会涉及很多平台和软件的切换等,所以我们在利用技术呈现时一定要注意课堂中各个环节衔接,各个平台的切换自如,只有这样,我们才能让学生沉浸在物理课堂中。

6. 分组协作的同质性：在小组合作学习过程中，如何利用学生的特点进行分组，如何利用小组活动调动每一个学生的积极性，又要锻炼学生的领导力和执行力等，这些都需要我们在设计课程前做好各项准备工作。

惯性定律的发现

基本信息

1. 教师姓名：方建放
2. 所在单位：上海戏剧学院附属高级中学
3. 学科类别：高中物理
4. 公开展示：区级公开课

创新之处

1. **探究突破点**：伽利略斜面理想实验的推理过程以及对斜面理想实验的认识。方法是结合教师演示实验和逻辑推理，重现伽利略的推理过程。利用伽利略理想实验演示装置，将抽象的斜面理想实验具体化，帮助学生理解斜面理想实验的观察、思考和推理过程。

2. **课堂立意点**：本设计强调学生的主动参与，深入生活中与人沟通，归纳演绎，以及解释具体现象，重视概念的形成过程，重视理论与生活实际的联系，认识知识的实用价值。

教学路径

以人类认识运动与力的关系的历史过程为主线→亚里士多德提出问题→伽利略的质疑→笛卡尔的补充→牛顿总结规律形成体系→学生了解科学的发现和发展→学生调查生活中对惯性的利用和避免惯性造成的危害实例→课堂小结。

知识体系

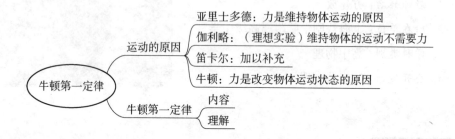

牛顿第一定律
- 运动的原因
  - 亚里士多德：力是维持物体运动的原因
  - 伽利略：（理想实验）维持物体的运动不需要力
  - 笛卡尔：加以补充
  - 牛顿：力是改变物体运动状态的原因
- 牛顿第一定律
  - 内容
  - 理解

五元评价雷达图

分值：37/40

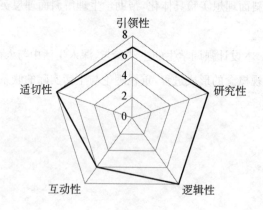

专家点评

　　方建放老师的这节公开课有几点难能可贵。1. 素养培育：在学习本节内容的过程中，学生经历了完整的课题实践过程，查找资料、设计实验、采访调研、汇报展示，学生能运用物理观念解释生活中的惯性现象，能利用惯性解决生活实际问题，知道如何避免惯性的危害，培养了学生的科学态度，树立了科学责任观。2. 自制实验：这节课的实验精彩纷呈，很多是方建放老师自己设计和制作的。有趣直观的实验激发了学生学习的热情，较好地调动了课堂气氛，使学生融入到教学情境中，教学效果显著。3. 认知递进：《牛顿第一定律　惯性》这一教学内容，学生在初中物理课就学过，初中物理课程立足大量的实验演示，让学生体会惯性的特点，到高中再学习这个内容，如何体现思维的螺旋递进提升？方建放老师对物理学史进行深挖，呈现了物理学发展过程中对物体运动的认识发展，使学生对这一物理观念的认识得到提升。

（点评专家：周晓东，静安区高中物理教研员。）

教学设计

1. 教材及学情分析

　　《牛顿第一定律　惯性》是沪教版高级中学课本《物理》（基础型课程）第三章《牛顿运动定律》第一节。本节是在前三章的基础上进一步研究运动和力的关系，这是质点动力学的内容，旨在研究力与运动之间的关系，只有懂得了动力学的知识才能根据物体所受的力确定物体的位置，速度变化的规律，才能够创造条件来控制物体的运动。牛顿三大运动定律是动力学的核心内容，而本节课的教学内容牛顿第一运动定律则是牛顿物理学的基石，首先对人类认识运动和力的关系做了历史的回顾，着重介绍了伽利略研究运动和力的关系的思想方法及卓越贡献，而后讲述了牛顿第一定律的内容和物体惯性的概念，为后续的牛顿运动定律的学习打下好的基础。

　　在此之前，学生已经学习了运动学和力学的相关知识，而"牛顿第一定律"这一节属于运动学和力学的结合点,在承接前面的知识的同时,也为整个动力学的学习奠定了基础。

在初中阶段的学习中,学生对于本节知识已有初步的了解。进入高中阶段的学习,教师首先应该在学生已有认识的基础上,纠正学生一些片面或不恰当的认识,进一步深化和提高他们对相关问题的认识。

2. 设计思路

本设计着重介绍牛顿第一定律的形成过程,即牛顿如何在前人研究的基础上,利用理性思维,通过归纳、总结,一步步得出牛顿第一定律,以此培养学生严谨的科学态度。通过调查生活中对惯性的利用和避免惯性造成的危害实例,培养学生团队合作能力,锻炼学生沟通和表达能力,培养学生的社会责任感。通过对物理学史的介绍,突出伽利略斜面理想实验的思考过程,感受理想实验这一科学研究方法。

3. 教学目标

(1)理解牛顿第一定律,理解惯性,知道惯性是物体的固有属性;

(2)经历牛顿第一定律得出的过程,在观察实验的过程中体验伽利略斜面理想实验的思维方法与过程,并认识到理想实验在研究中的重要作用;

(3)通过科学史的简介,了解人类认识事物本质的曲折性,感悟勇于质疑、去伪存真的科学态度。通过学生调查生活中对惯性的利用和避免惯性造成的危害实例,培养学生团队合作能力,锻炼学生沟通和表达能力,培养学生的社会责任感。

4. 教学重点、难点

(1)教学重点及突破

教学重点:牛顿第一定律及惯性。

突破办法:借助演示实验进行合理外推,得出"物体运动不需要力维持"这一结论,进而介绍牛顿第一定律。通过对牛顿第一定律的分析,展现牛顿第一定律包含的重要内容;结合学生日常生活经验和课堂演示实验,巩固对牛顿第一定律的理解,并且认识惯性是物体的固有属性。

(2)教学难点及化解

教学难点:伽利略斜面理想实验的推理过程以及对斜面理想实验的认识。

化解办法:结合教师演示实验和逻辑推理,重现伽利略的推理过程。利用伽利略理想实验演示装置,将抽象的斜面理想实验具体化,帮助学生理解斜面理想实验的观察、思考和推理过程。

5. 教学过程

（1）引入

情景Ⅰ：学生表演推前面头上放物理书的同学身体，通过对各种"为什么"的问题思考，提出问题：运动的原因是什么？

（设计意图：通过教师提出的一些问题，唤起学生关于运动和力的关系的认知。）

（2）亚里士多德的观点

① 情景：演示空气炮的实验，通过对各种"为什么"的问题思考，引出"运动的原因"话题和亚里士多德的观点。

（设计意图：通过实验和史料的剪裁，唤起学生去寻找质疑亚里士多德观点的切入点。）

② 活动Ⅰ：演示实验1

演示实验，探究阻力对物体速度变化快慢的影响。

得出初步结论：平面越光滑，阻力越小，小球速度变化越慢。

③ 活动Ⅱ：演示实验2

利用气垫导轨和DIS光电门测量瞬时速度，观察速度变化情况。借助现代先进的实验仪器，实现阻力很小的环境，得出速度变化非常小。

进而引发学生推理，在阻力为零的情况下，物体做匀速直线运动，速度不变。由此彻底推翻亚里士多德的观点，引出伽利略的观点。

（3）伽利略的观点

活动Ⅲ：演示实验3

演示伽利略斜面理想实验的设计思路，感受理想实验方法。

（4）牛顿第一定律

① 活动Ⅳ：比较、讨论

将笛卡尔补充的观点与伽利略的观点进行比较，交流讨论。

② 活动Ⅴ：交流讨论

交流讨论,举例分析生活中有关惯性的现象。

③ 活动Ⅵ:播放视频、演示实验 4

通过播放"小狗跳水"视频和"小狗抖身上的水花"图片,说明运动物体具有惯性、液体具有惯性;通过演示"空气大炮"实验和播放"空气大炮原理"视频,说明气体具有惯性。

④ 活动Ⅶ:通过学生展示调查报告,感受生活中市民如何利用惯性和避免惯性带来的伤害。

(设计意图:通过学生对实地的调查,锻炼学生的沟通能力和表达能力。)

6. 课堂小结及布置作业

(1) 亚里士多德:力是维持物体运动的原因

(2) 伽利略:(理想实验)维持物体的运动不需要力

(3) 笛卡尔:加以补充

(4) 牛顿第一定律

① 内容

② 理解

课后作业:推荐阅读《牛顿》。

教学后记

关于牛顿第一定律的教学思考

在牛顿第一定律的教学实践中,我们发现学生在表面上能对定律的内容倒背如流,但应用定律解决问题时,就会出现不同程度的错误。例如:飞机投掷炸弹时,是在目标的正上方开始投掷,还是在未到达目标的正上方之前开始投掷? 有的学生由于受平时生活经验的影响,会错误地认为在目标的正上方开始投掷。值得我们思考的是学生为什么会出现错误的判断? 这促使我们对牛顿第一定律的教学进行深层次的理性思考,需要从学生的认知心理上,对这一规律的教学进行深入的研究。

一、 团队意识的培养

本节课以人类认识运动与力的关系的历史过程为主线,从亚里士多德提出问题,到伽利略的质疑,再到笛卡尔的补充,最后到牛顿总结规律形成体系,使学生了解科学的发现和发展。科学家自身的创造性思维品质和敢于质疑,坚持真理的献身精神是对学生情感态度价值观教育的好素材。学生调查生活中对惯性的利用和避免惯性造成的危害实例,培养学生团队合作能力,锻炼学生沟通和表达能力。调查报告可以使学生亲身体会到团队合作的巨大作用,个人的能力毕竟有限,难有以团队形式进行配合的事半功倍。本次活动前期以团队形式开展,每次问卷调查都分工明确,有采访的,记录的,拍照的。大家密切配合,使调查活动能成功地完成并趋于完善,使学生亲身感受到团队精神和魅力所在,提高自己适应团队的能力。

二、 伽利略理想斜面实验

本节课借助演示实验进行合理外推,得出"物体运动不需要力维持"这一结论,进而介绍牛顿第一定律。伽利略的这个"实验"与一般的实验是不同的,可以说它有实验的特点,虽然不是真实的实验,但是经过合理的理想化处理,合乎规律,合乎逻辑,结果又是十分正确的实验。理想实验是以可靠的事实为基础的(本实验的基础是:小球总能滚上另一个斜面,高度几乎与原来的相同),经过抽象思维,得出的结论是正确的(这里的抽象是假设没有摩擦,斜面变成水平面,正确的结论是:小球将永远运动下去),因此理想实验是事实与思维相结合的产物,爱因斯坦曾经用一列接近光速的列车来做理想实验,非常有说服力地说明了相对论的概念。通过对牛顿第一定律的分析,展现牛顿第一定律包含的重要内容;结合学生日常生活经验和课堂演示实验,巩固对牛顿第一定律的理解,并且认识到惯性是物体的固有属性。本节课的难点是伽利略斜面理想实验的推理过程以及对斜面理想实验的认识。方法是结合教师演示实验和逻辑推理,重现伽利略的推理过程。利用伽利略理想实验演示装置,将抽象的斜面理想实验具体化,帮助学生理解斜面理想实验的观察、思考和推理过程。

三、 尊重学生

本设计强调学生的主动参与,深入生活中与人沟通,归纳演绎,以及解释具体现象,重视概念的形成过程。交流不是静态的主体之间的关系总和,而是主体之间相互作用的动态表现。教学过程的主体——教师与学生,在人格上是完全平等的,没有高低贵贱强弱之分,新型的师生关系是理解、尊重、宽容、平等的双向的人与人的关系,这种关系得以建立和表现的最基本的形式和途径便是交流沟通,离开了交流,师生关系就只是外在的,而不能成为教育力量的真正源泉,通过交流,可以构建人道的、和谐的、民主的、平等的师生关系,而孩子的心灵深处,需要的正是一种祥和与宁静,亲切与和谐、活泼开朗的教育情感和精神氛围。对学生而言,交流意味着心态的开放,主体的突现,个性的张扬,创造的诞生;对教师而言,交流不仅仅是课堂上的传授知识,而且是一起分享理解生命活动、专业成就和实现自我价值的过程。交流既是师生之间的交流,也是生生之间的交流。

四、 素养培育

在学习本节内容的过程中,学生经历了完整的课题实践过程,查找资料、设计实验、采访调研、汇报展示,学生能运用物理观念解释生活中的惯性现象,能利用惯性解决生活实际问题,知道如何避免惯性的危害,培养了科学态度,树立了科学责任观。

五、 从生活走向物理、从物理走向生活

本堂课的教学,我采用演示实验为主,学生思考、分析讨论的教学方法,让学生知道力不是维持物体运动状态的原因,而是改变物体运动状态的原因。在讲解牛顿第一定律的内容时,通过学生分析和讨论、教师指导的教学方法,大部分学生知道牛顿第一定律的内容。本节课的重点是给学生提供大量、丰富的感性认识,让学生从身边发现物理问题,很好地渗透了"从生活走向物理、从物理走向生活"的理念。

本设计符合学生的认知规律,建立了平等的师生关系,培养了学生的科学态度。

本设计存在的不足：一是对学生不放心，怕学生出错，所以留给学生思考的时间和空间不足，不利于学生发现问题、解决问题能力的培养。二是对教学过程的设计，还可以进一步完善，使知识变得更生动，提高学生的学习兴趣。

认识物体间的相互作用

——受力分析(一)

基本信息

1. 教师姓名：刘伟
2. 所在单位：上海大学附属中学
3. 学科类别：物理
4. 公开展示：市级公开课

创新之处

1. 探究突破点：自制简易的实验装置对复杂的物理情景进行模拟，通过实验现象明确物体受力情况，进而增强学生物理情景的感知能力。

2. 课堂立意点：结合学生学习的一般认知规律，采用四环节的教学方式，教师示范、学生模仿、学生反思及迁移应用，循序渐进，达成学习目标。

教学路径

引入课堂→教师示范→学生模仿→反思总结→迁移应用→课堂总结。

知识体系

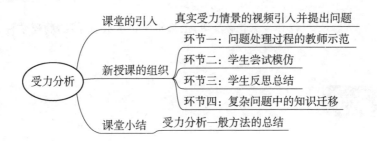

受力分析
- 课堂的引入 —— 真实受力情景的视频引入并提出问题
- 新授课的组织
  - 环节一：问题处理过程的教师示范
  - 环节二：学生尝试模仿
  - 环节三：学生反思总结
  - 环节四：复杂问题中的知识迁移
- 课堂小结 —— 受力分析一般方法的总结

五元评价雷达图

分值：36/40

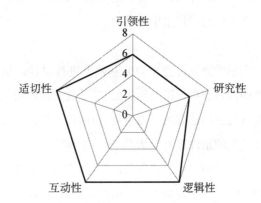

专家点评

本堂课用一段教师自己拍摄的 30 秒短视频引入，引起了学生们课前的极大兴趣，为课堂教学的顺利进行做了很好的铺垫，过程中采用了四环节的教学模式，教师的引导示范、学生的尝试模仿与反思、方法的应用与迁移，各环节之间联系紧密，教学逻辑性强，从认知策略的角度来看，与当时授课班级学生的情况是契合的。在四个环节进行的过程中,不乏师生、生生之间的互动交流,还利用生活中的物品自制实验教具,对非常规物体受力情况进行实物模拟,现象明显且有说服力,给同学们留下了深刻的印象,促进了其对知识点的理解掌握。

（点评专家：唐黎明,上海市宝山区教育学院,物理学科教研员。）

教学设计

1. 教材及学情分析

受力分析作为解决共点力平衡问题和牛顿第二定律应用问题的基础,有着极其重要的作用,教材中要求学生知道受力分析的一般步骤。会分析物体受重力、弹力和摩擦力等常见力的情况,能正确画出受力示意图。在学生刚学完三种性质力的情况下,对于弹力和摩擦力是否存在、方向如何,还有吃不准的情况。通过这次课的讲解,同学们进一步认识了物体在不同物理情景中的受力。

2. 设计思路

本节课在高一学生刚学完三种性质力的基础上进行设计。学生还不具备一般情况下共点力平衡条件的知识和牛顿第二定律的知识,这是现阶段只能进行初步受力分析的原因。目前学生只能利用已有的二力平衡、力能改变物体的运动状态和惯性的知识,结合弹力、摩擦力产生的条件进行受力分析。由于在进行受力分析时多数情况下物体的形变是不能被观察到的,只能用"假设法"进行推断弹力是否存在。摩擦力的判断在相对运动(或相对运动趋势)容易识别的情况下进行,以体现学习的阶段性。学生往往会在物体的运动方向上"添加力",这说明"力只是改变运动状态"的观念并没有深入人心,为了在一定程度上纠正学生的"力维持运动"的前概念,为此设计了"自动扶梯"问题,本问题源于实际生活,体现了物理教学与实际生活相结合的理念。课堂教学主要有四个环节:第一环节,通过两个物理情景下受力情况的分析,教师给学生做出示范;第二环节,学生在三个物理情景中进行实践,模仿教师分析过程;第三环节,学生就学习过程进行反思,教师引导学生总结出受力分析的步骤;第四环节,加大受力分析难度,将受力分析技能进行迁移。

3. 教学目标

（1）知道受力分析。在弹力和摩擦力容易判定的情况下会执行受力分析的步骤；

（2）通过总结受力分析的步骤，经历反思，积累经验；

（3）感受受力分析在实际生活中的运用，感悟生活中的物理。

4. 教学重点、难点

（1）教学重点及突破

教学重点：受力分析一般步骤的建立为教学重点。

突破办法：在教师"示范"的环节中，引导同学们一起完成不同情景中物体的受力分析，过程中同学们体会受力分析的一般步骤，在接下来的"模仿"环节，同学们参与体验不同情景中物体的受力分析过程，通过实践过程总结受力分析一般步骤和心得方法。

（2）教学难点及化解

教学难点：复杂物理情景下的受力分析为教学难点。

化解办法：授课过程中采用了"不同情景对比"的方法，在此过程中增强同学们对不同条件下物体受力特点的感知力和逻辑分析能力，充分利用"力产生的条件"以及"假设法"达到准确受力分析的目的。

5. 教学过程

（1）新课引入

呈现：播放自动扶梯载人上移的视频

设问：在自动扶梯载人匀速上升的过程中，此人都受到哪些力的作用？

讲述：要解决这个问题，我们这节课就来学习受力分析

板书："受力分析"

（设计意图：播放一段授课教师站在自动扶梯上随着扶梯上行的短视频，引起同学们的学习兴趣的同时提出受力分析的问题，初步意见出现分歧，进一步提升了同学们的学习欲望。）

（2）新课讲授

环节一：示范

【例题1】对 A 受力分析

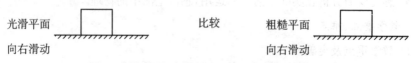

光滑平面　　　　　　　　　比较　　　　　　粗糙平面

向右滑动　　　　　　　　　　　　　　　　　向右滑动

图1　光滑水平面与粗糙水平面上运动物体的受力

【例题2】对匀质木棒受力分析

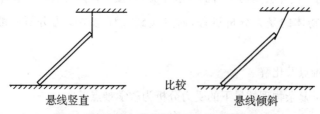

悬线竖直　　　　　　　　比较　　　　　　悬线倾斜

图2　悬线竖直与悬线倾斜时木棒受力的区别

（设计意图：通过两个不同物理情景下物体受力情况的对比与分析，教师给学生做出示范，问题处理的过程中结合生活物品自制简易实验器材进行物理情景的实际模拟，让同学们通过实验现象观察，结合自己的亲身感受去领悟其中的道理。）

环节二：模仿

【练习1】在粗糙水平面上的物体

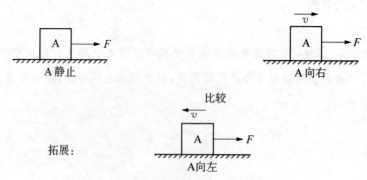

A静止　　　　　　　　　　　　　　　　A向右

比较

拓展：　　　　　　　　　A向左

图3　外力作用下水平面上运动物体的受力

【练习2】在粗糙竖直平面上的物体

图4　竖直平面上静止物体和运动物体的受力

【练习3】在粗糙的倾斜平面上的物体

图5　斜面上静止与滑动物体的受力

（设计意图：学生在三个物理情景中进行实践，模仿老师分析过程。在此期间存在学生们的分析、讨论，存在老师与同学之间的互动，存在老师引导和总结，通过上面的一系列的动作完成分析问题方法的自我渗透与理解。）

环节三：反思

同学们通过小组讨论，归纳总结受力分析的步骤，老师通过两组或三组同学的回答得到以下几点。

分析受力的顺序：（1）先分析已知力和重力（重力方向竖直向下）；

（2）接着分析弹力（用假设法判断）；

（3）再分析摩擦力（用摩擦力产生的条件或假设法判断）。

（设计意图：学生就受力分析的过程进行探讨与反思后，教师引导学生总结受力分析的一般步骤，帮助同学们完善受力分析一般方法，所得的结论用于指导同学们初步的受力分析。）

环节四：迁移

分析自动扶梯上的物体所受力

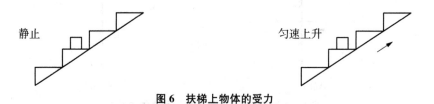

静止　　　　　　　　　　　　　　　　匀速上升

图6　扶梯上物体的受力

（设计意图：与课堂引入呼应，解决视频引入后提出的问题，加大受力分析的难度，将受力分析技能进行迁移，从而得到进一步提升。与生活实例结合，既能将所学知识在难度更上一层的题目中进行检验，又能让同学们更好地将物理知识和生活情景联系起来，更好地去感悟生活中的物理。）

（3）课堂小结

强调受力分析的关键环节：先画重力，后找面或点，再判定弹力、摩擦力。

（4）布置作业

学案　课后练习

（5）板书设计

受力分析

1. 受力分析：（1）找到物体受到的每一个力

　　　　　　　（2）画出力的示意图

2. 分析力的顺序：（1）先分析已知力和重力

　　　　　　　　（2）接着分析弹力（用假设法判断）

　　　　　　　　（3）再分析摩擦力（用摩擦力产生的条件或假设法判断）

教学后记

"四环节"教学模式的课堂实践

一、 受力分析的重要性

受力分析是解决动力学问题的基础，一个动力学问题处理过程中没有准确的受力分析，就像是一把锁丢失了钥匙一般，问题也就成为了一把打不开的锁。当然，受力分析在功能关系问题的处理方面也有着重要的作用。

二、 课题特点分析

受力分析一般步骤的建立是受力分析这一节课的教学重点，复杂物理情景下受力分析的准确性，不多力、不少力，是本节课的教学难点，受力分析的一般步骤是受力分析过程的经验性总结，在受力分析的过程中要求不多力、不少力，实际是对受力分析者推理能力、综合分析能力的一个考验，需要受力分析者具备这样能力，从而掌握准确受力分析的技能。

三、 课堂模式的选取

针对不同课题内容的物理课堂，应当选择不同的教学模式和教学方法，课前结合本课题特点分析、思考，准确的受力分析经验从哪里来？选择什么样的教学方法帮助同学们获得受力分析经验，提高准确受力分析的能力？最后选定了用"四环节"的教学模式来进行。在第一个教学活动环节，教师引领学生们一起受力分析，做出示范，输出经验，教师就是受力分析经验的源泉、方法的传授者。从课堂上学生们的表现来看，这堂课进行得很流畅，教师的引导、师生的互动、学生间的探讨相得益彰。从课后同学们的反馈来看，包括调查问卷和课后作业正确率方面，都得到了效果良好的反馈，说明这种教学模式适合这一种课题类型。

四、授课过程简述

本节课笔者采用一段自己录制的小视频引入,通过小视频描述了一个生活中常见的物理情景,站立在扶梯上的人随着扶梯匀速向上移动的过程。笔者作为视频中的电梯乘坐者,引起所有学生的围观,达到了有效引入课程的目的,成功地将学生们的思维带到了"受力分析"的问题上来,在对笔者受力分析的过程中,出现了两种不同观点,一部分学生认为,笔者受重力、弹力两个力,另一部分学生认为笔者除了重力、弹力,还受到摩擦力的作用,带着"笔者随电梯上移过程中受不受摩擦力?"这个问题进入了教学"示范"环节。

在"示范"环节,笔者采用"启发式"教学方式,以及"比较法"的教学方法,引导学生们进行实际问题中物体的受力情况分析,例题1相对比较简单,同学们比较轻松地完成受力分析任务,在例题2的受力分析过程中,同学们出现了意见上的不一致,为了能让同学们更深入地体会两种情景的不同,笔者自制教学辅助工具,将物理情景中的模型实物化,学生们通过观察、对比、思考,找到答案,本环节教学过程中,笔者出现了一个课堂教学不恰当的地方,有一名学生在回答问题的过程中,出现了一个摩擦力分析错误问题,将摩擦力分析在细绳与木棒的连接处,是一个很明显的摩擦力产生条件混乱的问题,笔者在课堂上没有及时地纠正,这是教学上的失误。

在"模仿"环节中,笔者设置了三种不同的物理情景,水平面、斜面和竖直面上物体的运动,结合着光滑面和粗糙面的对比让学生们展开实践,模仿教师分析过程。在此期间存在学生们的分析、讨论,存在老师与学生之间的互动,存在老师引导和总结,通过上面的一系列的动作完成分析问题方法的自我渗透与理解,很好地完成教学任务。

在课堂"反思"环节,结合以上的两个教学过程,学生们思考、讨论、总结,将受力分析的一般步骤以及分析过程中要注意的问题进行总结,形成总结性的结论,为以后的受力分析提供指导依据。

在"迁移"的教学环节中,笔者将问题重新引回到课堂引入的情景当中,分析站立在静止扶梯上的人、匀速运动扶梯上的人的受力情况,解决课堂初始留在心中的疑问,增强学生们的课堂学习成就感。

五、 教学反思

结合笔者课后同与课教师们的研讨情况,笔者做了一个整体教学上的反思与总结:第一,在课堂授课过程中,问题的设置密度有点大,问题中间留给同学们思考的时间不够充裕,学生会有种被赶着往前跑的感觉,所谓容易产生课堂上的学习紧迫感,这个问题还是值得每一位教师去注意的;第二,笔者语言表达不够精炼,担心学生们听不清,出现一些意思重复性的描述,这给学生们"听"的方面带来一定压力,在一定程度上分散了注意力,对课堂效率产生一定的影响;第三,在课堂授课过程中,笔者板书时没有注意符号应用的标准化,这也是在今后的教学过程中应该注意并改正的;第四,在授课的过程中,需要适当地增加同学们的表达机会,锻炼他们科学的物理思维能力和语言表达能力。针对《受力分析》这堂课,笔者结合课堂上实际的教学情况、自身的感受、同仁们的意见和建议,写下了这样一篇教学后记,希望他在以后的教学过程中能够时时提醒、鞭策自己,促使自己进步,也希望与同在三尺讲台上的你共勉。

摩擦力

1. 教师姓名：潘祎文
2. 所在单位：华东师范大学附属东昌中学
3. 学科类别：高中物理
4. 公开展示：集团比赛课

创新之处

1. 探究突破点：注重实验，将教师演示实验改为四人一组的学生传统实验和教师 DIS 演示实验相结合，并增加了探究静摩擦力大小的学生实验。在实验过程中，引导学生运用控制变量等研究方法设计实验方案，学会分析和处理实验数据的方法，提高科学探究能力，使其学习方式从被动接受，转变为有明确内部动机指导下的主动建构和探索。

2. 课堂立意点：根据《课程标准》中的内容要求、活动建议、教学提示，结合教材与学情分析，制定核心素养目标，确定教学顺序，选择教学策略，设计和开发教学事件，组织和开展课堂活动，实现教学过程的优化，在教育和教学实践中彰显物理学科的育人价值。

教学路径

两种摩擦力的体验→滑动摩擦力的概念→实验方案的设计→实验方案的优化→DIS实验的操作→滑动摩擦力的公式→静摩擦力的概念→静摩擦力的大小→小结和作业。

知识体系

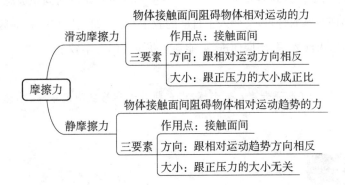

五元评价雷达图

分值：36/40

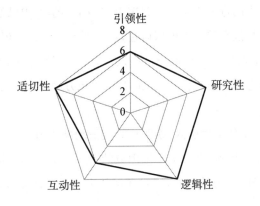

专家点评

本节课的教学目标全面、具体、适切。教师能够突出重点,突破难点,有效落实目标,重视学生的合作探究和亲身感受,重视概念、规律的形成过程以及伴随这一过程的科学方法的教育,重视学生物理观念、科学思维、科学探究、科学态度与责任四个方面的核心素养的培育。本节课的设计以形象生动的实验引入,让所有学生体验摩擦力,借此情境为学生提供建立概念和规律的感性材料,以问题的形式激起学生研究摩擦力的内在动机,然后让学生通过实验探究找到规律,并解释生活中的实际问题。教师在整个过程中运用多种方式激发学生的学习兴趣,给学生充足的时间积极思考和进行探索,既符合物理学科的特点,又融入了自己的教学特色。如能增加问题的区分度,更合理地设置问题,由浅入深,层层递进,可能会收获更好的教学效果。

(点评专家:范小辉,华东师范大学第二附属中学,物理特级教师。)

教学设计

1. 教材及学情分析

教材使用的是上海华东师范大学出版社出版的拓展型教材(试用本)。

本节是拓展型课程第二章的 A 节,是在学习了力的分类和重力、弹力各自的特点后,对生活中常见的力的进一步学习。摩擦力在初中的学习中已经涉及,高中基础型课程中也有介绍,但都没有较深入地探讨过,本节课是在原有知识基础上的拓展和延伸。摩擦力的概念建立有一个逐步深化的过程,为后续对物体进行受力分析做了充分的铺垫,而其物理概念形成的过程和涉及的科学思想方法也是以后学习牛顿运动定律等内容的重要基础。

本节教材用生活中的实例引入,说明什么是滑动摩擦力,然后通过实验定量研究影响滑动摩擦力大小的因素,介绍动摩擦因数的物理意义,并运用滑动摩擦力公式进行计算。接着介绍静摩擦力的概念,以及如何从力的平衡的角度求解静摩擦力的大小,并指出最大静摩擦力与正压力是有关的。最后回归生活,对引入部分的实例进行简要的分析。整节教材的安排体现了"情景—问题—探究—应用"的设计思路。

本次课为借班上课,授课对象为华东师范大学第二附属中学的高一学生。该校学生思维能力强,对生活实例和物理实验的热情高,语言表达、方法迁移、建立模型、设计方案、解决问题等方面的能力在同龄人中均处于高水平。在学习本节内容之前,学生已经学过运动学、两种常见的力、力的三要素、二力平衡条件等内容,对于摩擦力也有来源于生活的丰富感知。

2. 设计思路

把握好学生的特点和起点能力,促使他们充分发挥主观能动性。通过情境引出问题,让学生感受物理与日常生活的联系,培养他们观察生活现象的习惯。尽可能让学生通过自主探究和协作交流来正确把握摩擦力的概念,感悟观察、实验对形成概念和发现规律的重要作用。引导学生从物理实验中获得感性认识,再上升到理性分析,给他们发现问题和表达想法的机会,从而提高他们科学推理、科学论证、质疑创新、解释交流等核心素养。

3. 教学目标

(1)能从物理学相互作用的视角形成关于滑动摩擦力和静摩擦力的基本认识;

(2)经历在生活情景中建构滑动摩擦力、静摩擦力概念的过程,了解测量力的方法,学习定量描述生活中物体相互作用的方法;

(3)经历"提出问题—猜想与假设—制定计划—分析与推理—交流与合作"的过程,感受科学探究的方法;

(4)通过了解摩擦力在生活中的实际应用,认识物理来源于生活又服务于生活的科学本质,认识科学、技术、社会、环境的关系;

(5)通过摩擦力的学习,认识到物理概念和规律是建立在实验研究基础上的,养成严谨认真、尊重事实的科学态度。

4. 教学重点、难点

(1)教学重点及突破

教学重点:影响滑动摩擦力大小的因素、影响静摩擦力大小的因素。

突破办法:提出滑动摩擦力的大小与哪些因素有关的问题,学生在此基础上猜想和假设,以小组为单位对实验的方案进行讨论,教师引导学生对设计的方案进行优化,让他们通过"提出问题—猜想与假设—制定计划—分析与推理—交流与合作"的过程获得切身体验,通过科学探究找到关系式 $F_f = \mu F_N$;请学生用弹簧测力计缓慢地拉木块,逐步增大拉力,体验木块由静到动的过程,引导学生找出静摩擦力和最大静摩擦力的大小分别与哪些因素有关。

(2) 教学难点及化解

教学难点:滑动摩擦力与静摩擦力大小的影响因素的区别,跟相对运动、相对运动趋势相反的摩擦力方向的判定。

化解办法:请学生体验生活中与摩擦力有关的情景,借此引入课题,建立滑动摩擦力的概念。给学生多思考、多交流、多动手的机会,让学生通过探究找到影响滑动摩擦力大小的因素,在与滑动摩擦力进行比较的过程中理解静摩擦力的概念,学会如何从二力平衡的角度求解静摩擦力的大小,最后建立最大静摩擦力的概念。关于方向,同样是让学生在实际情景中体验,在体验中感悟相对运动与运动的区别,体会"趋势"的含义,进而学会判断方向。

5. 教学过程

(1)情境创设,新课引入

① 组织学生体验摩擦力

请全班学生站立,将双手平放在桌面上。第一次,用双手轻压桌面,让手沿着桌面向前移动;第二次,用双手重压桌面,再试着让手沿桌面向前移动。

【学生活动】人人参与,体验两种摩擦力。

(设计意图:形象、生动的体验,对学生有很强的吸引力,能引起他们的关注,使其带着强烈的求知欲主动参与课堂。)

② 由学生体验导入新课

提问学生:当手向前移动时,有没有感受到桌面对手的阻碍作用? 当手想向前移动却未动时,有没有感受到桌面对手的阻碍作用? 前后两次有什么不同? 由此引出本课要学习的内容:滑动摩擦力和静摩擦力。

【学生活动】交流感受。

（设计意图：两次体验能为学生提供建立概念和规律的感性材料，让他们亲身感受到两种摩擦力的存在，也为研究影响滑动摩擦力大小的因素、最大静摩擦力等做铺垫，教师由此导入新课。）

（2）概念建立，规律探究

① 建立滑动摩擦力概念

结合学生的体验，指出滑动摩擦力产生的条件：两物体间必须接触并挤压（有弹力）；接触面粗糙；两物体间存在着相对运动。

给出滑动摩擦力的定义：物体接触面间阻碍物体相对运动的力，叫做滑动摩擦力。作用点在接触面间。

提问学生：滑动摩擦力的方向跟相对运动方向相反，可否说成跟运动方向相反？

【学生活动】学习滑动摩擦力的产生条件、定义、作用点和方向，明确相对运动与运动的区别。

（设计意图：学生比较容易理解滑动摩擦力的产生条件、定义、作用点，但对方向的理解容易出现偏差，故重点放在引导学生结合实际情景体会并明确相对运动与运动的区别上。）

② 布置方案设计的任务

提出问题：滑动摩擦力的大小与哪些因素有关？

引导学生进行猜想与假设：滑动摩擦力的大小可能与正压力、接触面的材料和粗糙程度、接触面积、滑动快慢等有关。并布置方案设计的任务：如何利用弹簧测力计、木块、木板、砝码等器材研究木块与木板间的滑动摩擦力的大小与正压力间的关系？

【学生活动】猜想滑动摩擦力的大小与哪些因素有关，并以二人一组为单位，设计实验方案。

（设计意图：如果只是让学生按部就班地完成操作任务，他们获得能力提高的机会不多。方案设计是科学探究中的重要一环，学生在设计方案的过程中，能更好地锻炼思维能力。）

③ 优化实验方案的设计

请学生交流实验方案,特别指出弹簧测力计的示数是否一定等于木块所受滑动摩擦力的大小?引导学生从二力平衡的角度优化实验方案。

【学生活动】交流方案,优化方案。

(设计意图:交流和优化方案的过程,是提升科学推理、科学论证、质疑创新、解释交流等核心素养的过程。)

④ 介绍 DIS 实验的装置

将力传感器固定在轨道一端,代替弹簧测力计,使读数更为精确。用电动机拉动板,代替用手拉动板,使板的运动更加平稳。请学生观察铺在板上的材料。

【学生活动】观察 DIS 实验的装置。

(设计意图:教师对照学生设计的方案,在进行定量探究实验前对实验原理、器材、方法等做简明扼要的讲解,能为学生更好地理解科学本质奠定基础。)

⑤ 演示 DIS 实验的过程

边演示,边讲解实验注意事项:细线松弛状态下进行传感器调零;操作过程中保持细线拉直、水平;在 $F_f - t$ 图像上选择合适区域得出 F_f;逐个增加砝码,增大 F_N,重复实验;绘制 $F_f - F_N$ 图像,进行直线拟合,请学生观察图像,并结合图像表述规律;改变板的材料,请学生观察并用手感觉两种材料粗糙程度的不同,保持 F_N 相同做实验,得出改变材料后的 F_f。

【学生活动】观察 DIS 实验的过程,结合图像表述规律。

(设计意图:在过程中让学生认识到实验存在误差,认识到物理学是基于人类有意识的探究而形成的对自然现象的描述与解释,懂得力学概念和规律需要接受实践的检验,认识到物理概念和规律是建立在实验研究基础上的,养成严谨认真、尊重事实的科学态度。)

⑥ 得出滑动摩擦力公式

对本次实验数据进行分析和处理,在此基础上得出结论,并指出大量实验均表明:在接触面性质确定的情况下,滑动摩擦力的大小与接触面间的压力成正比。而通常情况下,滑动摩擦力与接触面积的大小无关;在滑动速度不太大时,滑动摩擦力与滑动速度也无关。

用公式表示为:$F_f = \mu F_N$,μ 为动摩擦因数,是摩擦力和压力的比值,由接触面的材料和粗糙程度决定。

【学生活动】学习实验数据处理方法和滑动摩擦力公式。

(设计意图:学生虽然没有操作 DIS 实验,但能在教师引导下学会分析和处理实验数据的方法,提高科学探究能力,认识实验探究和科学思维结合的重要作用。)

⑦ 建立静摩擦力的概念

由滑动摩擦力过渡到静摩擦力,请学生对两种摩擦力进行比较,归纳出产生静摩擦力的条件及静摩擦力的定义。引导学生重点关注静摩擦力的方向,思考"跟相对运动趋势方向相反"的含义。

【学生活动】在与滑动摩擦力进行比较的过程中学习静摩擦力,明确"跟相对运动趋势方向相反"。

(设计意图:使学生通过两种摩擦力的异同点比较,认识分析、比较的科学方法,并结合实际情景理解相对运动趋势的含义。)

⑧ 研究静摩擦力的大小

请学生用弹簧测力计缓慢地拉木块,逐步增大拉力,观察木块由静到动的过程。

用 DIS 呈现变化过程中的图像,结合学生实验,引导学生说出:根据二力平衡,随着拉力的增大,静摩擦力也增大,静摩擦力总是与拉力的大小相等。物体刚要运动时,静摩擦力达到最大值,叫做最大静摩擦力。物体运动以后,受滑动摩擦力作用。强调最大静摩擦力和静摩擦力的联系和区别。

【学生活动】动手体验,观察图像,归纳出静摩擦力的大小与什么因素有关,体会静摩擦力和最大静摩擦力的联系与区别。

（设计意图：学生继续体会分析、比较、观察、实验等科学方法，最终能从物理学的视角形成关于静摩擦力、最大静摩擦力、滑动摩擦力的正确认识，达成物理观念、科学思维、科学探究等方面的目标。）

（3）实际运用，课堂小结

请学生举例说明：假如没有摩擦力，这个世界会怎样？引导学生分析自己举的例子，体会摩擦力的利与弊，在学生举例基础上，小结课堂。

【学生活动】列举、分析一些生活中与摩擦力有关的简单实际问题。

（设计意图：学生通过了解摩擦力的应用，认识物理来源于生活又服务于生活的科学本质，逐步达成科学态度与责任方面的目标。）

（4）作业布置，课后分析

请学生调查生产生活中利用或尽量避免摩擦的实例，并对实例进行分析。

【学生活动】完成作业。

（设计意图：让学生在此过程中，了解物理研究和物理成果的应用应遵循道德规范，认识科学、技术、社会、环境的关系，逐步达成科学态度与责任方面的目标。）

教学后记

基于物理学科核心素养的教学探索

在教育部 2014 年印发的《关于全面深化课程改革落实立德树人根本任务的意见》中，首次提出"核心素养体系"概念。2016 年 9 月，《中国学生发展核心素养》研究成果在京发布。2018 年初，由教育部制定的《普通高中课程标准》出炉，各学科基于学科本质凝练了本学科的核心素养,明确了学生学习该学科课程后应达成的正确价值观念、必备品格和关键能力,对知识与技能、过程与方法、情感态度与价值观三维目标进行了整合。课程标准还围绕核心素养的落实,精选、重组、更新了课程内容,研制了学业质量标准,增强了指导性。

一线教师应当如何在高中物理教学中体现学科本质,促进学生核心素养的发展和达成呢? 为解答上述问题,笔者自 2016 年 9 月起,开展了大量的教学实践研究。《摩擦力》这节课正是基于物理学科核心素养的又一次教学探索,现就三个方面对本节课进行反思。

一、 本节课的特色

(一) 基于核心素养制订教学目标,落实学科德育

本节课的出发点和落脚点都是物理学科核心素养。

物理学科核心素养是学生发展核心素养在特定学科的具体化,是学生在接受物理教育过程中逐步形成的适应个人终身发展和社会发展需要的必备品格和关键能力,是学生通过物理学习内化的带有物理学科特性的品质,是科学素养的关键成分,主要包括物理观念、科学思维、科学探究、科学态度与责任四个方面。核心素养着眼于学生终身发展所需要的品格养成和能力提升,将其由理念变为现实的方式,是将其细化为学科或领域的课程目标,并进一步转化为在教育实践中可操作、可评价的具体教学目标,由目标导向教学。

教师根据《课程标准》中的内容要求、活动建议、教学提示,结合教材与学情分析,制定核心素养目标,确定教学顺序,选择教学策略,设计和开发教学事件,组织和开展课堂活动,实现教学过程的优化。把人类社会积累的知识转化为学生的个体知识和观念,把前人从事智力活动的思想、方法转化为学生的认知能力和思维方式,把蕴含在知识载体中的观念、态度转化为学生的行为准则,在教育和教学实践中彰显物理学科的育人价值。

(二) 基于物理实验开展教学活动,还原学科本质

本节课的重点和难点都通过物理实验来突出与突破。

在物理学科核心素养的四个方面中,实验占据了很重要的地位。物理学是基于人类有意识的探究而形成的对自然现象的描述与解释,物理概念和规律都是建立在实验研究基础上的,需要接受实践的检验。形象、生动、惊奇的演示实验,对学生有很强的吸引力,能引发他们的思考。同时,实验情境能为学生提供建立概念和规律的感性材料,让他们直观感受到物理过程。教师结合学生目睹的实验情景,创设良好的问题情境,可以引导他们主动思考和参与对话,从感性体会上升到理性分析。学生探究实验更是促进核心素养达成的必不可少的因素。

本节课在物理实验改进方面进行了有益的尝试。

一是变"演示实验"为"学生实验"。"滑动摩擦力的大小与哪些因素有关"原本是教师演示实验,本节课将其改为四人一组的学生传统实验和教师 DIS 演示实验相结合。另外还增加了研究静摩擦力大小的学生实验。

二是变"按要求做实验"为"合作设计方案"。不是让学生按部就班完成实验操作,简单地得到一些数据。而是引导学生运用控制变量等研究方法设计实验方案,学会分析和处理实验数据的方法,提高科学探究能力,使其学习方式从被动接受,转变为有明确内部动机指导下的主动建构和探索,达到还原学科本质的目的。

二、 本节课的不足

教师希望学生经历"提出问题—猜想与假设—制定计划—分析与推理—交流与合作"的过程,感受科学探究的方法。但在"提出问题"这一环节上,并非由学生通过观察物理现象提出物理问题,而是由教师代替学生提出了问题,对于学生而言,他们只能回答问题,缺少深入思考、自己提问的机会。

另外,教师的设问也未能很好地激发出学生的质疑或创新意识。学生虽然进行了猜想与假设,并且设计了实验方案,较传统课堂有所改善,但绝大部分学生并没有对一些能引发认知冲突的现象进行质疑,也没有在设计科学探究方案时有所创新。只有极个别学生意识到了常规实验方案的欠缺,并提出了与众不同的改进方法,这可能和教师的引导不到位有关。

三、 待改进的方向

要全面培育核心素养,让全体学生在质疑创新等要素上达成目标,任重而道远。

首先,教师要创设具有一定复杂性、综合性、挑战性的真实生活情景,设置具有开放性、探究性、有一定思维深度与学科意义的学习问题,提供具有丰富内涵、有较高学科价值的学习材料及资源,注重实践与目标相统一,注重学科与生活相联系,引导学生进行深度学习和科学实践。

其次,教师在设计教学活动时,应努力使每一项活动和每一个问题都对学生的学习产生激励和促进作用,调动他们的积极性,使他们在讨论、交流、共享的过程中,成为建构知识的主体。通过搭建平台,为学生提供更广阔的探究空间,使他们在设计科学探究方案等过程中,能更好地表达有依据的质疑和有创造性的想法。最终达到有效提升学生质疑创新、合作交流等核心素养的目的。

探究发现闭合电路的秘密

——闭合电路欧姆定律

基本信息

1. 教师姓名：刘伟
2. 所在单位：上海大学附属中学
3. 学科类别：物理
4. 公开展示：2018 教育部优课

创新之处

1. **探究突破点**：通过环环相扣的三个阶段实验探究，在实践中发现闭合电路的路端电压并不等于电源电动势的事实，从而提出猜想，进一步通过实验探究验证猜想，得到外电压加内电压等于电源电动势的结论。

2. **课堂立意点**："问题引领，任务驱动"为核心设计本节课，意在培养同学们实事求是的科学态度，形成科学的物理思维。

教学路径

承上启下，引入课堂→发现问题，提出猜想→设计实验，验证猜想→练习推导，公式演变→数形结合，外延拓展→应用规律，解释现象。

知识路径

```
                                    学生实验：探测电源电动势
                  结合问题设计实验并探究   学生实验：探测闭合电路电源两端电压
                                    演示实验：探究电源两端电压的相关因素
  闭合电路欧姆定律
                                    教师引领推导确定物理量之间的关系
                  总结规律并迁移应用   学生仿真实验：闭合电路特点的深入认识
                                    应用数学知识将函数关系向图像转化并应用
```

五元评价雷达图

分值：36/40

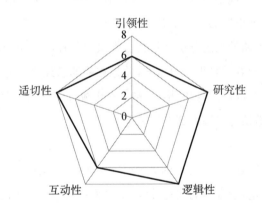

专家点评

　　本节课教学设计逻辑性非常的强，教学过程包括了四个部分的教学活动，有学生实验探究、教师实验演示、学生模拟实验验证以及教师引领推导归纳等，四个活动的内在联系紧密，一个环节解决一个问题同时，又为下一个问题的处理做了铺垫，整体结构的设计比较符合学生的认知规律。教学过程中刘伟老师通过问题的设置将教学内容的每一个部分串联起来,同学们小组协作,紧跟老师提出的问题,语言探讨、动手实验相结合促成了问题的解决和目标的达成,过程中注重学生物理思维的养成,锻炼了同学们科学探究的能力,增强了同学之间相互倾听、共同协作的团队意识,切实地契合了物理核心素养课堂上的培养要求。

(点评专家:唐黎明,上海市宝山区教育学院,物理学科教研员。)

教学设计

1. 教材及学情分析

教材使用的是上海华东师范大学出版社出版的拓展型教材(试用本)。闭合电路欧姆定律是恒定电流一章的核心,更是高中物理中的四大定律之一,同时也是学习电磁感应定律内容的一个铺垫,在高中的物理教学中有着重要的地位。本节课的探究学习,既能使学生从部分电路的认知上升到闭合电路规律的掌握,又能从静态电路的计算提高到对含电源电路的动态分析及推演。本次课的授课对象为参加物理等级考的学生,他们自身有着较好的物理学习素养,并且在前期已经将电源及其电动势和闭合电路各部分工作原理等内容学习完毕,理解了在电源外部静电力做功与能量之间的转化关系和非静电力做功与电源内部能量转化关系。

2. 设计思路

课程进行采用"问题引领,任务驱动"的方式,教师通过场景设置、问题设置引导同学实验探究、小组讨论,发现新的问题,设计新的实验,解决新的问题,最终得到结论。

3. 教学目标

(1)了解外电路、内电路以及相对应的外电压、内电压的概念,理解电动势、外电压和内电压的关系;

(2)通过探究推导出闭合电路欧姆定律及其公式表达,知道定律成立的条件,并能应用其进行简单的计算;

(3)了解路端电压与电流的 U-I 图像,认识 E 和 r 对 U-I 图像的影响;

(4)通过课堂上演示实验和学生实验,学会运用实验探索物理规律的方法;

（5）通过本节课教学,进一步理解自然界中的各种形式能量之间的相互转化特点,增强同学们的科学热情。

4. 教学重点、难点

（1）教学重点及突破

教学重点：闭合电路欧姆定律的得出及理解是本节课的重点。

突破办法：本节课包含六个部分的教学活动,前面的三个实验探究活动,问题引领学生探究过程,承接上节课的电源电动势的概念,通过自主实验探究,发现断路电源两端的电压与闭合电路两端的电压的不同,提出问题,引发猜想。在接下来教师的演示实验中发现规律,"闭合电路中,电源电动势等于用电器两端电压和电源内电压之和的结论",引导学生分别依据实验结论和闭合电路工作中能量守恒原理推导出闭合电路欧姆定律,将实验结论公式化。此外,在模拟实验的辅助下,达到增强对定律内容的深入理解的目的。

（2）教学难点及化解

教学难点：正确的理解路端电压与电流的 U-I 图像是学习的难点。

化解办法：将闭合电路欧姆定律的表达式变形为 $U=E-Ir$, 在 E 和 r 为定值的情况下, $U=E-Ir$ 这一函数关系同学们是非常熟悉的,很容易就在 U-I 坐标系中将 U-I 关系规律图像化,引导同学们针对图像,分别从交点、截距以及斜率等方面展开讨论学习,之后让同学们思考,闭合电路中电流变化是由什么引起的？通过这个问题探讨,达成将物理规律中的物理量关系与图像完美融合,进而能应用两者处理相应的物理问题。

5. 教学过程

（1）新授课

活动一：承上启下,引入课堂

桌面上方有两种不同的干电池 A 和 B,他们有不同的电动势,分别是 1.5 V 和 9 V,将 9 V 电池的外部标识刮掉。

教师问题：

① A 电池的电动势是多少？

学生从电池的外部标识获得 1.5 V 的答案。

② B 电池的电动势是多少？

图1　活动场景1

B电池的标识被刮掉，没有办法直接读取，各小组根据桌面上的实验器材设计实验，取得B电池的电动势（画出方案的电路图获取具体数值）。

实验结论：电源在没有接入电路时两极间的电压值与电源电动势的数值相等。

（设计意图：承接上节课电源电动势的教学内容，理论联系实际，达到能够直接读取与通过电表测量的方式得到电源电动势的目标，过程中要求画出电路图，训练实际问题处理过程中将问题模型化的方式、方法。）

活动二：发现问题，提出猜想

将电源与其他用电器（10欧姆电阻）通过导线构成闭合回路后，再次去测量电源两极间的电压，画出电路图，并测得电压值。

图2　活动场景2

教师问题：

① 此时的电压值是多少？

② 电压值为什么会比电源电动势要小一些？

③ 猜想：电源电动势、用电器分的电压、内阻分的电压之间有什么关系？

结论：闭合电路中电源两极间的电压小于电源电动势，电源有电阻（内阻）在电路中也要分得一部分电压。

（设计意图：构建闭合电路的基本概念，通过再次的测量，发现闭合回路中电源两端电压不等于电源电动势的事实，激发学生进一步探究的兴趣，并提出猜想。）

活动三：设计实验，验证猜想

用原电池和滑动变阻器构成闭合回路，用两个电压表同时测量电源两极间电压和电源内部的电压，改变滑动变阻器的位置，取得多组数据，分析数据，得到电动势、用电器电压和电源内部电压的关系，教师带领同学们一起来完成演示实验。

图3　实验场景3

结论：

① 闭合电路 $\begin{cases} \text{电源外部} \longrightarrow \text{外电路} \longrightarrow \text{外电阻} \longrightarrow \text{外电压}(U_\text{外}) \\ \text{电源内部} \longrightarrow \text{内电路} \longrightarrow \text{内阻} \longrightarrow \text{内电压}(U_\text{内}) \end{cases}$

② $E = U_\text{外} + U_\text{内}$

（设计意图：依据猜想的内容，结合所提供的实验器材，设计并完成实验探究，处理实验数据，得到实验结论，过程中将初步定性的物理猜想转化为定量的实验验证，证明猜想的正确性，得到普遍的物理规律。）

例题1：判断下面说法中正确的是（　　　）

A. 电源的电动势就是接在电源两极间的电压表测得的电压

B. 同一电源接入不同的电路，电动势就会发生变化

C. 电源的电动势是表示电源把其他形式的能转化为电势能的本领大小的物理量

D. 在闭合电路中，当外电阻变大时，路端电压增大，电源的电动势也增大

活动四：练习推导，公式演变

教师引导学生一起推导闭合电路的欧姆定律（推导结束后在仿真实验中进行模拟，加强结论印象）。得实验结论：

① $E = U_外 + U_内$ 结合全部电路的欧姆定律 $I = \dfrac{U}{R}$ 推得：$I = \dfrac{E}{R+r}$。

② 根据闭合电路的工作能量守恒原理推导闭合电路的欧姆定律。

③ 适用条件：纯电阻电路。

例题2：如图所示电路中，电源的电动势 $E = 9\,\text{V}$，内阻 $r = 3\,\Omega$，$R = 15\,\Omega$，当 S 断开时，$U_{AC} = $ _____ V，当 S 闭合时，$U_{AB} = $ _____ V，$U_{BC} = $ _____。

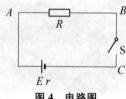

图4　电路图

（设计意图：通过教师的引导，结合部分电路欧姆定律，帮助学生将实验的结论进一步的拓展变形，推导出在纯电阻闭合电路里，电路中电流与电源电动势、外电阻以及电源内阻的关系，得到我们本次课的核心物理规律闭合电路欧姆定律。）

活动五：数形结合，外延拓展

小组合作讨论学习，得到外电路电压与电路中的电流的变化关系：

由闭合电路欧姆定律变形可得：$U = E - Ir$，路端电压随着电路中电流的增大而_____。

① 当电路断路即 $I = 0$ 时，纵坐标的截距为_____。

② 当外电路电压为 $U = 0$ 时，横坐标的截距为_____。

③ 图线的斜率的绝对值为电源的_____。

（设计意图：物理表达的形式包括语言表达、公式表达和图像表达，不同的表达方式有着不同的特点，在取得了路端电压与电路中电流的变化关系后，将函数关系用图像的形式表达出来，更形象直观，也为后面利用图像解决问题做好铺垫。）

例题3：将三个不同的电源的 U - I 图线画在同一坐标中，其中 1 和 2 平行，它们的电动势分别为 E_1、E_2、E_3，它们的内阻分别为 r_1、r_2、r_3，则下列关系正确的是（　　）

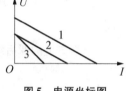

图5　电源坐标图

A. $r_1 = r_2 > r_3$ 　　　　B. $r_1 > r_2 > r_3$

C. $E_1 > E_2 = E_3$ 　　　　D. $E_1 = E_2 < E_3$

活动六：应用规律，解释现象

应用电学元件，构建两个灯泡与一个电阻并联的电路，每条支路都有一个开关控制。

图6　活动情景4

任务：闭合第一个开关，观察电路中小灯泡的亮度，依次闭合第二个和第三个开关，观察第一个小灯泡的亮度变化情况，阐述小灯泡亮度变化的特点，应用所学习的规律进行现象的解释。

（设计意图：在习得物理规律的基础之上，应用其解释身边发生的物理现象，以此给无形的物理规律找到一个实际的落脚点,同时达到加深物理规律理解的目的。)

（2）课堂小结

这节课我们通过实验明确:

① 电源在没有接入电路时两极间的电压值与电源电动势的数值相等。

② 闭合电路中电源两极间的电压小于电源电动势,电源有电阻(内阻)在电路中也要分得一部分电压,且 $E = U_外 + U_内$。

③ 闭合电路的欧姆定律,并通过变形得到了外电压和电流的变化关系及其图像(电源的伏安特性曲线)

（3）课后作业布置

① 开放性作业:用壹角和五角硬币制作一个电源,能够把 LED 小灯点亮(一周带周末)。

② 学案上的课后练习题。

教学后记

修炼"听、说、学、做一体"的课堂教学

在应试教育的大背景下,学校培养出了大批"高分低能"的学生,这在社会上被广泛诟病,产生这种结果的原因是多方面的,其中最主要的原因,是教、学过程中的急功近利。为改变这种现状,《国家中长期教育改革和发展规划纲要（2010—2020 年）》提出,要更新人才培养观念,树立多样化人才观念,尊重个人选择,鼓励个性发展。为了创新人才培养模式,《纲要》提出:注重学思结合,倡导启发式、探究式、讨论式、参与式教学,帮助学生学会学习;注重知行统一。

一、 组织形式

课堂采用的是学习共同体的教学模式,一个团队四个人,团队中的四个人是固定

的,每次以学习共同体的模式上课时,这四人就是一个团队。四人团队在初期组成时,以自由组合为基础,结合个人综合素质水平高、中、低相互搭配的方式进行,基本保证各个小组的学习力水平相当。通过长时间、多频次的尝试,四人组合在课堂上的沟通、互动、协作的效率是最高、最好的。在这里给大家一点建议,你若是班主任,学习共同体团队的建设可以在主题班会课上多使用,建立团队成员之间倾听和被倾听的关系,培养成员之间团队精神,提高团队协作能力,相对比较成熟了以后,再将这一模式用到学科学习中去。

二、 场地准备

　　配合学习共同体的教学模式,教室里的座位安排也要与之对应,四张单人桌拼在一起,学生两两面对面坐,在这里要说明一下,学生们坐下以后,为了能够避免背对黑板的同学经常转动身体,座位安排成侧向黑板放置,这样学生们就能很好地保证讨论、协作时面对面,听老师引导时只需要扭头即可。

三、 过程简述

　　首先在"活动一"中设置了一个小问题,如何得到日常生活中所用电池的电源电动势? 笔者给出了两个不同型号的电池,学生们通过读取电池封皮上的数据,很容易的找到了其中一枚电池的电动势,然而另外一枚电池数据模糊,无法读取,学习小组成员相互讨论,利用电压表等实验器材,动手实验测得电源的电动势,通过这一环节,培养学生们理论联系生活并应用于生活的学习思想。在此基础之上,笔者将学生们在"活动一"中应用到的实验进行变化,给学生们提出了新的实验任务要求,用一个定值电阻与电池构成闭合回路,再用电压表去测量电源两端的电压,在此实验的过程中,学生们发现了新的问题,此时电源两端的电压,即定值电阻两端的电压要比"活动一"中测得的数值小一些,通过前后两个实验的对比,结合学习小组成员之间的相互讨论,学生们找到了根本原因,找到此时电压表的示数不是电源电动势数值的原因,电压表的示数为用电器两端电压,而电源自身在电路中也要分压的基本事实,成功地将本节课的核心问题抛出来"电源电动势与定值电阻两端电压和电源内部分得的电压之间有什么关系?",通过讨论学生们提出了较为合理的猜想。"活动三"笔者引导学生展开实验验证,用两只电压表分别测量路端电压和电源内部电压,提醒学生们观察两只电压表的数值变化特点以及两只表的数值和与电源电动势的关系,得到在实验误差允许的前提下,内、外电压之和等于电源电动势的实验结论,在此笔者要强调的是,这个验证实验的操作需要的实验条件要求相对比较高,分组实验的过程中,出现极大误差的可能性比较大,需要教师在实验前期做大量的准备调试工作。在"活动四"这一过程中,引导学生们通过公式推导的方式,得到本节课的核心规律,落实实验验证理论,理论支撑实验的科学探究思想,形成深刻的物理印象。在"活动五"中,笔者设置的内容为认识函数图像,将物理公式表达与具有物理意义的函数图像相结合、对应,进一步加深学生对物理规律的理解,达到数形一体化的学习目标。在课程的最后,应用自制的一个闭合电路,通过并联电路开关的闭合影响灯泡亮暗变化,引导学生们分析其中原因,检验学生们应用理论知识,合理解释物理现象的能力,从课堂上学生们的分析情况来看,基本能达到有逻辑的推理要求。在授课过程中,团队成员之间有相互的沟通交流,因为有良好的倾听关系,每一个成员发表个人观点的权利是平等的、机会是均等的,学生们之间相互学习,相互帮助,一起探讨,一起实验,完成各项团队任务,课堂中听、说、学、做融合在一起,形成良好的课堂学习氛围。

四、教学反思

从课堂授课的整体来看,教学过程比较流畅,每一个活动环节紧密相扣,逻辑性很强,符合同学们的认知规律,但因课程中涉及到的实验操作较多,课程容量比较大,导致了一个意外的问题出现,本来设计四十分钟的课程,也因此延迟了三分钟结束,所以在此建议读者,在课前准备充分的情况下,此设计适合四十五分钟的教学时长,时长为四十分钟的情况,建议将"数形结合,外延拓展"这一环节移除,放到下一课时,保证充裕的授课活动时间。另外建议读者在用任务驱动课堂时,使用任务单,任务单明确任务内容、要求、时间等信息,有助于提高同学们在课堂上的能动性,增强完成学习任务的执行力。

万物平衡之道探真相

——研究共点力平衡的条件

基本信息

1. 教师姓名：张晓菲
2. 所在单位：上海市川沙中学
3. 学科类别：物理
4. 公开展示：基地展示

创新之处

1. **探究突破点**：本课尝试把实验设计作为突破点，把原先课本上的仅仅静止情况下二维平面内三个力的共点力平衡实验，拓展到更一般的情况，帮助学生体验完整的研究路径。

2. **课堂立意点**：通过引导学生不断地提出猜想和改进实验设计，并实验验证和归纳，同时不断引导学生全面思考问题，把结论从特例推向一般化，提升学生的思维品质，促进学生科学创新精神的培养和科学探究能力和分析能力的进一步提升。

教学路径

神舟飞船返回舱降落→知识回顾平衡状态的含义、二力平衡条件和共点力概念→

引导学生提出猜想并设计实验→学生完成实验并分析归纳总结→引导学生改进实验并思考更一般的共点力平衡情况→通过演示实验验证猜想→引导学生进一步改进实验→总结并要求课后学生完成改进的实验。

知识路径

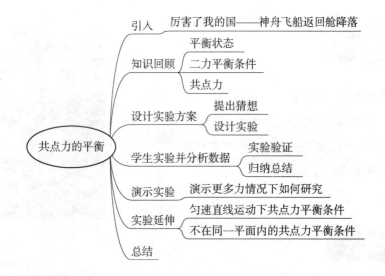

五元评价雷达图

分值：35/40

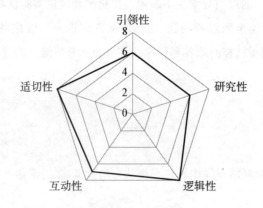

专家点评

教师在教学中设置了很多学生参与的环节,引导学生一步一步从一个特殊的规律,逐步扩展到一般性规律。本课从学生在初中已经学过的二力平衡内容入手,推进到平面上 3 个共点力的作用、4 个共点力的作用,总结归纳出共点力平衡的一般性规律。同时还不满足于静止情况下一个平面内的共点力平衡问题,还设计了拓展研究的任务,鼓励学生利用 AR 技术在课后探究在匀速运动的情况下以及不在一个平面内的共点力平衡条件,很好地延续了课堂上的探究实验,让学生对这个问题的看法得以更加深入和完整。这堂课不仅仅教会学生共点力平衡的条件这一知识本身,更多的是通过学生实际参与和探索,教给了学生一套科学探究的方法,提升了学生的思维品质,培养了学生的学科核心素养。

(点评专家:张艳,上海市川沙中学,正高级教师,上海市浦东新区教育学会物理专业委员会主任。)

教学设计

1. 教材分析

力学问题是生活中经常遇到的问题,而平衡问题又是其中非常常见的一种类型。不论是建设高楼大厦还是桥梁隧道,都离不开力学平衡的问题。《力和力的平衡》是上科版教材中高一第一学期第二章的内容,前接运动学,后接牛顿运动定律,是高中阶段非常重要的一个内容,今后很多内容都建立在力学知识的基础上。而《共点力的平衡》又是这一章的最后一节,之前学生已学习了"力的合成"和"力的分解",并且初中阶段已经初步学习了物体平衡的基本知识。在此基础上,本课引导学生进一步理解物体平衡的概念和研究物体平衡的条件。

2. 设计理念

我国航天科技发展迅速,本课程从神舟飞船返回舱降落过程的案例出发,引导学生探索共点力平衡的问题。同时利用现代化信息技术手段进行教学,化繁为简,帮助学生理清思路,关注力学问题的核心概念。学生将会体验"观察现象→提出猜想→设计实验方案→实验验证→发现规律"的一系列过程,归纳总结出关于共点力平衡的条件,感受科学实验方法的魅力,养成严谨的科学实验态度,提升物理学科素养。同时学生也可以了解我国的各类科学进步,提升民族自豪感、荣誉感和使命感。

3. 教学目标

(1) 形成物体在共点力作用下物体的平衡需要满足合力为零的物理观念;

(2) 通过对三个共点力问题的探索过程,感受等效替代,归纳推理等科学思维;

(3) 通过对共点力平衡条件的探索过程,体验观察现象、提出猜想、设计实验、实验验证、得出结论,最后进行合作交流的完整科学探究过程;

(4) 通过体验实验探究过程,培养严谨的科学态度;

(5) 通过对我国航天工程的了解,提升民族自豪感、荣誉感和使命感。

4. 教学重点、难点

(1) 教学重点及突破

教学重点:物体在共点力作用下的平衡条件。

突破办法:通过引导学生对现实生活中的平衡问题进行猜想,然后引导学生提炼出物理模型,设计合理的实验方案并进行验证,最终归纳总结共点力平衡的条件。

(2) 教学难点及化解

教学难点:引导学生通过实验分析归纳共点力平衡的条件。

解决办法:通过创设情景引入课题,帮助学生从现实问题中抽象出物理问题。并通过初中已经掌握的二力平衡这种特殊情况入手,推广到 3 个共点力平衡,通过演示实验,推广到更多力的情况。从静止的情况,推广到匀速的情况。

5. 教学过程

(1) 情景引入

播放神舟飞船返回舱着陆的视频,观察返回舱在降落伞多根绳子作用下下落的过程。一方面激发学生的兴趣,感受我国航天科技取得的巨大成就,并引出多个共点力作用在物体上的平衡问题。

(设计意图:创设情景,激发学生学习兴趣,培养民族自豪感和使命感。)

图1　神舟飞船返回舱群伞返回试验现场

（2）回顾知识

通过图片以及设问，回顾初中所学的平衡的概念，二力平衡的条件，以及前几节课学的共点力的概念，并提出三个及以上共点力的平衡需要满足怎么样的条件？（$F_合 = 0$）

（设计意图：帮助学生回忆知识点，并引导学生提出猜想。）

（3）设计实验方案

引导学生研究三个力共同作用下共点力平衡条件。提问学生平衡时是处于怎么样的运动状态？（静止或匀速）帮助学生设计合适的方案，通过3个力学传感器对平面上3个共点力进行测量，便于更高精度和更快速地一次性测量平面上3个力的大小和方向。

（设计意图：通过引导学生，控制实验条件，帮助学生设计实验方案并验证。实验时选用精度更高，操作更便利的力传感器，而不是传统的弹簧秤，帮助学生更容易发现核心的规律，而不是迷失在各种实验操作的细节之中。）

图2 三个力传感器研究共点力平衡问题

（4）学生实验并分析数据

同桌两名学生合作，通过实验，记录各个力的大小和方向，并根据之前所学的力的合成的知识，通过作图，分析数据并验证之前的猜想即共点力平衡的条件为 $F_合 = 0$。

（设计意图：学生通过实验，记录数据并分析验证之前的猜想，体验完整的实验过程。）

（5）演示实验

学生所做实验为三个共点力作用下物体的平衡，对于更多的力情况下是否也适用呢？教师利用黑板演示四个共点力作用下，物体平衡时，各个力的大小。通过 iPad 进行拍摄，导入到 GeoGebra 中并直接作图。整个过程实时投屏到大屏幕上，学生可以体验整个过程，并得到实验结果：物体平衡时，各个力的合力依然为零。

（6）实验延伸

之前的实验验证的是在静止的情况下，共点力平衡的条件是合力为零。但是根据初中所学的内容，平衡情况下，除了静止，还有匀速直线运动。引导学生设计实验方案，如何验证在匀速直线运动下，物体的平衡条件依然是共点力平衡。此外，之前验证的都是一个平面内的共点力，如何研究不在同一个平面内共点力的平衡情况，也需要引导学生设计实验方案。

（设计意图：物体平衡的情况除了静止，还有匀速直线运动。静止情况下得到的

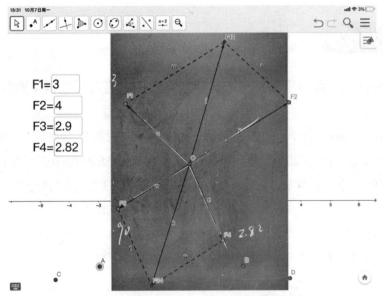

图 3　通过 GeoGebra 完成四个力作用下共点力平衡条件的验证

平衡条件只是一种特例。并且,一个平面内的共点力平衡也是一个特例。因此需要提醒学生考虑问题需要更全面,需要从验证特例,到验证更一般的情况。因此需要通过引导学生进一步改进实验方案,提升学生的思维品质。)

（7）总结和作业

共点力平衡问题虽然生活中非常常见,共点力平衡的条件也并不复杂,但要通过基本的物理原理到实际应用到航天工程中并不容易。鼓励学生继续积极学习和探索,为祖国的繁荣富强做出自己的贡献。同时布置作业,要求学生以小组形式完善最后的延伸实验设计,利用 GeoGebra 3D 的 AR 功能,通过实验验证在匀速直线运动情况下,以及不在一个平面上的共点力作用下物体平衡的情况。形成研究报告并录制视频,下周进行交流。

（设计意图：一方面首尾呼应,增强学生的荣誉感和使命感。同时作业要求学生以小组形式完善实验,在培养团队合作的同时,进一步体会到科学研究是不断前进和不断完善的过程。)

教学后记

在研究共点力平衡条件中运用数字化技术培养学生科学素养

新时代课程改革对学生创新素养的培育提出了更高的要求,强调学生能够形成观念,形成科学思维,培养思维品质。同时我们又进入了数字化时代,在形形色色的数字化工具辅助下,我们能够很方便在一节课的时间内完成以往需要花费较多时间才能完成的教学内容,也可以让学生更多参与到整个探究过程中,而不仅仅充当一个旁观者。在这样的背景下,课题的设计就更多凸显出学生对物理规律形成过程中的参与和体验,以便学生能够更好的理解规律形成的过程,形成科学思维。

一、 设计来源

这个教学设计最初来自于我们学校张艳老师的公开课,在此之上,我们组里的各个老师又尝试在各自的角度上进行再度设计,故有了此篇教学设计。在我的教学设计中,更强调学生主体的参与性,让学生能够自己设计实验并验证。并且尝试更进一步把问题从特殊情况推向更一般的情况。同时留给学生课后研究的空间,而不仅仅是教师课堂做演示实验给学生看。让学生把思维过程延伸到课后,在实际参与的过程中形成科学思维和科学态度,最终通过研究报告和视频进行汇报,构建一个完整的学习过程。

二、 数字化技术

传统的共点力平衡的条件探究过程大多是一些传统实验,利用弹簧秤之类的实验器材来完成,效率不高,精度也很低。也有教师因为课时紧张而省略学生自主探究的过程,并直接给出最终结论。而这份教学设计充分利用当前的数字化技术的成果。首先是当前主流的 DIS 技术,直接利用力传感器得到力的大小,相对弹簧秤要便捷很多。但仅仅是力传感器只是解决了测量力的大小的问题,并无助于解决力的方向的记录以及力的合成的过程繁琐。为此，进一步使用 iPad 等工具拍照，然后利用 GeoGebra 这款优秀的数学工具，直接在照片上作图来处理实验数据，实现快速验证猜想。GeoGebra 是一款跟几何画板类似，但功能更强大的开源免费的数学软件，可以非常方便地绘制函数图像和几何图形。此外，GeoGebra 不止有平面作图的能力，GeoGebra 3D 计算器还具备 AR 功能，可以实现在空间中三维作图。利用这一特性，鼓励学生在课后利用这款软件，进一步设计实验验证空间中不在同一平面上共点力的平衡条件。学生在学科知识的学习之外，更是体验了一个完整实验的过程，并尝试利用新工具去设计实验。

三、 教学反馈

实际在课题授课过程中，学生反馈非常热烈。课程一开始就通过神舟飞船返回舱降落过程作为引入，学生对于神舟飞船的有很强的认同感。在教师的引导下，很容易对视频中的返回舱在多根降落伞的绳子作用下匀速下降的过程做出积极反馈，得出共点力的概念。随后进行的 3 个共点力合成的实验，学生很容易从之前所学的基于传统实验仪器的共点力合成的内容进行迁移，设计出利用 DIS 力传感器的 3 个力作用下的共点力平衡的实验，探索出共点力平衡的条件是合力为零。随后经过简单引导，学生很容易想到为了验证一般规律，需要探讨更多力的情况，以及除了静止，还需要研究在匀速运动的情况下是否满足同样的规律，因此利用 GeoGebra 来完成 4 个力作用下共点力的平衡实验。之后引导学生尝试利用 GeoGebra 3D 等 AR 工具，进一步设计和完善实验，并形成报告和视频，在之后的课程中进行汇报，向所有班级同学展示他们的实验结果。学生在自己做实验的过程中也会遇到困难。比如对于空间中多个互成角度的共点力验证共点力平衡就不太容易精确记录角度，虽然有 AR 辅助，但由于软件并非定制的专用软件，操作上还是略繁琐，有同学打算自己编写专用程序来解决这个问题。又比如在验证匀速直线运动状态的共点力平衡时，要构造一个持续匀速的状态也不是非常容易，学生创造性地想到在超市自动扶梯上进行实验，自动扶梯基本是一个匀速运动的过程，做出来的实验结果也非常喜人。综合各个小组的实验结论，可以验证在各种情况下，物体共点力平衡的条件是 $F_合 = 0$，并且这个条件是普适的一般性规律，而不是在某些特定情况下的特殊规律。

　　总体来说，重新设计后的这堂课让学生有了更多的参与性，不只是从课堂，也包括了课后的思考和实际上手实验。在课堂中，学生利用数字化工具，非常便捷地进行测量和实验。而课后的效果也非常好，不但完成了课程相关的实验，还激发了学生更多的潜力，从共点力平衡的条件这个主题，衍生到尝试开发一个专用程序来辅助研究。在这个过程中，学生从最初对于物理观念的建立，到物理思维的不断提升，从研究特殊情况到探索一般规律。从设计到实验到最终总结和汇报，经历了整个科学探究的过程，并尝试用各种方式对实验进行改进。这对于一个学生综合科学素养的提升有很大帮助。

三元基本不等式

1. 教师姓名：戴明华
2. 所在单位：上海外国语大学附属浦东外国语学校
3. 学科类别：高中数学
4. 公开展示：基地公开课

创新之处

1. 探究突破点：类比二元基本不等式，猜想三元基本不等式的形式，探究其成立条件、证明方法和应用过程。

2. 课堂立意点：教材中的基本不等式能解决二元、二维的问题，实际生活中我们还会遇到三元、三维的问题，需要对二元基本不等式进行推广。

教学路径

实际问题引入→猜想三元基本不等式的形式→证明猜想→知识应用→课堂小结→进一步猜想→课后探究。

知识体系

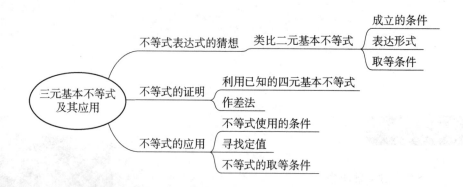

五元评价雷达图

分值：36/40

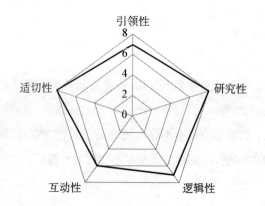

专家点评

《三元基本不等式》一课，戴老师以沪教版高一第一学期数学课本中的"最大容积问题"这一探究与实践内容作为学习研究的切入点，通过类比、探究猜想、推理论证和数学应用等教学环节,展开切实有效的研究性学习活动,教学设计蕴含着许多的思考和亮点。

1. 精选问题,尊重知识产生与发展的自然性

戴老师能充分利用教材资源,从教材的一个实际问题出发,精心设计了一个又一个具体的、直观的能反映数学本质属性的典型事例,并将问题纵向推广、横向发散,步步深入,构建了以学习者为中心,具有创新意识的宽松自然的学习环境。难能可贵的是,这些问题的引入和研究、问题之间的联系和深入探究都能尊重数学知识产生与发展的自然性,学生在思维上参与了整个教学过程,获得了发现知识、习得知识的切身体验,学习主体得到了充分的发展。

2. 突出类比推理过程,重视逻辑思维能力的培养

数学是一门思维的科学,学习数学离不开推理,在数学课堂教学中,教师关注演绎推理比关注合情推理要多一些,然而"类比"作为合情推理的主要形式,往往能帮助我们获得许多新的发现。本节课是在基础型课程中展开研究性学习活动的一个典型案例,从《二元基本不等式》类比到《三元基本不等式》这一结论是让学生自己得出的结果,又通过自己的努力证明了结论的正确性,这不仅极大地调动了学生参与的积极性,同时又让学生经历了严密的逻辑推理过程,并且从不等式形式的对称性让学生欣赏了数学的这种对称美,为培养数学核心素养做出了努力。

3. 激发学生问题意识,促进深度学习

《三元基本不等式》属于课本提供的探究与实践内容之一,许多教师往往把它作为学生的自觉材料处理,不作为课堂教学内容,戴老师却发现了这一题材的教学价值,并从数学核心素养这一视角出发,大胆创新,无论教师提出的问题还是引导学生构造的数学问题均触及数学本质,教学过程的落实有效地引发了学生思维的深度参与,这样的教学设计无疑是符合新课程标准理念下的教学要求的。

(点评专家:张林森,特级教师,上海财经大学附属北郊高级中学。)

教学设计

1. **教材及学情分析**

《三元基本不等式》是沪教版《数学》教材高一第一学期第二章《不等式》中第四节《基本不等式及其应用》的探究与实践内容。"基本不等式"是本章的重点、难点内容，学生往往看得懂却不会应用，其原因就在于很多问题不是直接套用基本不等式，而是需要对有关式子进行变形、凑配，使其符合基本不等式的条件，这其中蕴含了整体法、数学建模等思想方法。

学生学习过不等式的基本性质、二元基本不等式、三元完全平方公式、三元方程等数学基础知识，具有类比、猜想、推广（一般化）、转化以及不等式的证明与应用等一些数学活动经验，这些都能为《三元基本不等式》的学习与探究提供正迁移或负迁移。

本节课紧扣课本内容，在学生的思维最近发展区开展探究活动，为培养学生的数学素养与创新素养提供了良好契机。

2. **设计思路**

一些看似显而易见的问题很值得思考，例如：为什么周长相等的矩形中正方形的面积最大？用什么方法折叠能使一个固定面积的正方形纸片纸做成的盒子容积最大？等等。通过这些实际问题引入能引起学生的兴趣。教师首先让学生猜想三元基本不等式的形式，这并不太难。但是它的证明是一个有难度的环节，学生通过常用的作差法不容易完成证明。教师引导学生利用已得的"四元基本不等式"完成证明。在得到结论之后，学生不但可以解决情境引入时的问题，还可以尝试做出更进一步的猜想。

3. **教学目标**

（1）猜想三元基本不等式，理解其证明过程，并能进行简单的应用；

（2）亲历将实际问题抽象成数学问题并加以解决的全过程，感受用三元基本不等式这一数学模型解决实际问题的简洁性和趣味性；

（3）体会"类比—猜想—证明"的探究过程，养成严谨的思维习惯。并从特殊到一般，归纳、猜想 n 元基本等式。

4. 教学重点、难点

（1）教学重点及突破

教学重点：三元基本不等式的猜想与简单应用。

突破办法：通过实际问题引入，类比二元基本不等式、猜想三元基本不等式。

（2）教学难点及化解

教学难点：三元基本不等式的证明。

化解办法：利用已得的"四元基本不等式"进行证明。

5. 教学过程

（1）情境引入

如图 1，有一块边长为 1 米的正方形硬纸板，在它的四个角各剪去一个小正方形后，再折成一只无盖的盒子。如果要使制成的盒子的容积最大，那么剪去的小正方形的边长应为多少米？

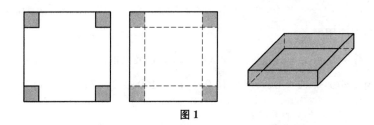

图 1

（设计意图：在之前的学习中，学生已经能够利用二元基本不等式来解决一些简单的二元最值问题，例如定周长的矩形面积最大值问题等。教师通过列举学生身边常见的"长、宽、高"三元最值问题，引发学生的学习兴趣。）

（2）类比猜想

问题 1：类比基本不等式 $2\left(\dfrac{a+b}{2} \geqslant \sqrt{ab}\right)$，对于三个正实数 a、b、c 是否也有类似的基本不等式？猜想它的形式？

猜想：若 a，b，$c \in \mathbf{R}^+$，则 $\dfrac{a+b+c}{3} \geqslant \sqrt[3]{abc}$，当且仅当 $a=b=c$ 时等号成立。

（设计意图：让学生通过小组讨论、分享交流、对比筛选获得结论，提升课堂参与度，体会数学公式的形式之美。）

（3）证明猜想

问题 2：如何证明以上猜想？

方法 1：作差比较法，但代数式整理困难。

方法 2：综合法，较为合适。

（设计意图："作差比较法"作为常用的不等式证明方法已为学生所熟悉，但用它来证明"三元基本不等式"却并不简单，作差后的整理过程和因式分解对学生的数学运算能力都有着较高的要求。而学生利用在作业中已经证得的"四元基本不等式"则可以比较方便的完成证明。）

（4）知识应用

例 1：当 $0 < x < 1$ 时，求 $y = x^2(2-2x)$ 的最大值。

解：由 $x + x + (2-2x) = 2$，且 $0 < x < 1, 0 < 2-2x < 2$，则

$$\frac{x+x+(2-x)}{3} \geqslant \sqrt[3]{x \cdot x \cdot (2-2x)},$$

因此，$y = x^2(2-2x) \leqslant \left(\frac{2}{3}\right)^3 = \frac{8}{27}$。

当且仅当 $x = x = (2-2x)$，即 $x = \frac{2}{3}$ 时，y 的最大值是 $\frac{8}{27}$。

例 2：求 $y = 2x^2 + \frac{3}{x}(x > 0)$ 的最小值，下面小明、小华两位同学的解法是否正确？若不正确，请指出错误之处，并加以改正。

小明：由 $x > 0$，知 $2x^2 > 0, \frac{3}{x} > 0$，则

$$y = 2x^2 + \frac{3}{x} \geqslant 2\sqrt{2x^2 \cdot \frac{3}{x}} = 2\sqrt{6x},$$

当且仅当 $2x^2 = \dfrac{3}{x}$，即 $x = \sqrt[3]{\dfrac{3}{2}}$ 时，$y_{\min} = 2\sqrt[3]{18}$。

小华：由 $x > 0$，知 $2x^2 > 0, \dfrac{1}{x} > 0, \dfrac{2}{x} > 0$，则

$$y = 2x^2 + \dfrac{3}{x} = 2x^2 + \dfrac{1}{x} + \dfrac{2}{x}, \quad y \geq 3\sqrt[3]{2x^2 \cdot \dfrac{1}{x} \cdot \dfrac{2}{x}} = 3\sqrt[3]{4}。$$

解：两位同学的解法都是不正确的，其中小明的错解原因是不满足积为定值，小华的错解原因是等号取不到。正确解法是：

因为 $x > 0, 2x^2 > 0, \dfrac{3}{2x} > 0$，所以

$$y = 2x^2 + \dfrac{3}{x} = 2x^2 + \dfrac{3}{2x} + \dfrac{3}{2x}, \quad y \geq 3\sqrt[3]{2x^2 \cdot \dfrac{3}{2x} \cdot \dfrac{3}{2x}} = 3\sqrt[3]{\dfrac{9}{2}},$$

当且仅当 $2x^2 = \dfrac{3}{2x}$，即 $x = \sqrt[3]{\dfrac{3}{4}}$，上式取等号。

所以 $y_{\min} = 3\sqrt[3]{\dfrac{9}{2}} = \dfrac{3}{2}\sqrt[3]{36}$。

（设计意图：通过辨析"三元基本不等式"运用中的常见错误，加深学生对"三元基本不等式"要点的理解。）

例 3：（情境引入中的问题，具体见上）

分析：设剪去的小正方形的边长为 x 米，则制成的盒子的容积 $V = x(1 - 2x)^2 \left(0 < x < \dfrac{1}{2}\right)$。

$$V = x(1 - 2x)^2 = \dfrac{1}{4} \cdot 4x(1 - 2x) \cdot (1 - 2x)$$

$$\leq \dfrac{1}{4}\left[\dfrac{4x + (1 - 2x) + (1 - 2x)}{3}\right]^3$$

$$= \dfrac{1}{4}\left[\dfrac{2}{3}\right]^3 = \dfrac{2}{27},$$

149

当且仅当 $4x=1-2x$,即 $x=\dfrac{1}{6}$ 时等号成立。

当小正方形的边长为 $\dfrac{1}{6}$ 米时,盒子达到最大容积 $\dfrac{2}{27}$ 立方米。

(设计意图:学生利用课堂所学知识,解决情境引入中的问题,既解决了问题,又使课堂前后呼应。)

(5)课堂小结

小结1:从哪里来?到哪里去?——(从二元基本不等式到三元基本不等式,探究其形式及证明方法、应用方法)

小结2:如何去的?——怎样获得三元基本不等式的?(类比、猜想)

小结3:如何走的更远?——基本不等式是否具有更为一般的形式?(特殊到一般,若 a_1,a_2,$\cdots$,$a_n \in \mathbf{R}^+$,则 $\dfrac{a_1+a_2+\cdots+a_n}{n} \geqslant \sqrt[n]{a_1 a_2 \cdots a_n}$,当且仅当 $a_1 = a_2 = \cdots = a_n$ 时等号成立。)

(6)课后探究

探究1:若 $a>2$,$b>3$,则 $a+b+\dfrac{1}{(a-2)(b-3)}$ 的最小值为_____。

探究2:若 x,$y \in \mathbf{R}^+$,$xy^2=4$,则 $x+2y$ 的最小值是_____,$x+y$ 的最小值是_____。

教学后记

基于数学课本知识的创新探究学习

数学是一门应用广泛的学科,是许多领域必不可少的工具。数学也是一门理论性很强的基础学科,往往令人生畏。也正因为如此,不少数学教师在谈及数学创新课堂教学设计时往往没有思路,学生在选择研究型学习课题时,也鲜有涉猎数学学科的。

开展高中数学学科的创新教学真的有那么难吗？本节课用实际行动回答，"并不难"。

一、分析学情，找准"创新突破点"

一堂好课离不开教师在备课阶段对于教材及学情的深入分析。不等关系和相等关系都是客观事物的基本数量关系，它们都是高中生应该具备的基础知识。本节课以沪教版高一第一学期数学课本中的二元基本不等式为创新生长点，以学生已有知识基础与认知能力为创新起点，符合教育教学的基本规律。这启发我们，教师完全可以以课本中的知识为基础，并以生活中的实际问题为载体，捕捉课堂教学创新设计的火花。除本节课的内容以外，高中数学课本中还有不少值得挖掘的创新生长点，例如可以将《概率初步》的内容与博弈论中的"田忌赛马"问题联系起来，既能开展创新教学设计，还能培养学生的爱国主义情怀。其他诸如极限与微积分、矩阵与方程组、命题与逻辑等课本知识都是教师可以挖掘的课堂创新设计素材。学生通过解决此类问题可以体会数学和实际生活的密切联系，教师可以培养学生解决实际问题的创新能力和为社会服务的思想感情。

本节课以数学课本"探究与实践"中的"最大容积问题"为切入点，采取"实际问题引入→猜想三元基本不等式的形式→证明猜想→知识应用→课堂小结→进一步猜想→课后探究"的设计思路，结合学生的研究性学习活动，呈现了一个完整的知识探究与认知创新的周期。与常规教学设计相比，其创新集中体现在两次"猜想"，一是从二元到三元的猜想，二是从三元到 n 元的猜想。这是从特殊到特殊（类比）、再到一般（归纳）的认知过程，也是思维创新的一般规律。

根据教材与学情分析，本节课设定的教学目标比较适切，学生能完成类比、猜想三元均值不等式的学习任务，以及证明与应用的探究任务。并亲历将实际问题抽象成数学问题并加以解决的全过程，感受数学的魅力，感悟数学的思想方法。

二、课堂教学，把握"创新实践点"

本节课中的教学难点和突破点是公式证明部分，不少学生会选择"作差比较法"，但是几乎没有成功的。作差法并非不可行，而是过程中的因式分解难度较大。另一部分学生利用"四元基本不等式",较为顺利地完成了证明,化解了本节课的难点。在此过程中,教师应预留充足的时间,让学生自主选择证明方法及尝试证明,鼓励学生质疑和辩论,在宽松自然的学习环境中使学生充分体验不同方法的优势以及获得成功时的喜悦。正所谓"罗马并非一天建成的",培养学生的创新能力也不可能一蹴而就。

本节课的教学过程从情境引入环节开始,用日常生活中的问题激发学生对三元基本不等式的兴趣与探究动力。学生有了创新的动力之后,传统以教师为主讲的课堂自然而然地发生了"反转",学生的思维被激活,产生了学习的直接动力,自动成为了课堂的主角,教师鼓励学生类比已知领域,对未知领域进行大胆、合理地猜想,课堂效率也就大大的提升了。学生通过小组讨论、交流分享的方式,逐步揭开了三元基本不等式的面纱。在分组讨论交流中,学生可能会得到一些与"标准答案"不同的结论,这时教师需要逐一做出分析和评判,切莫一味地否定,要在"民主"的讨论中发挥"集中"的作用,即稳定正确思路并纠正错误思路,同时也要细心"呵护"这些成果背后蕴藏的"创新火苗"。

创新教育不是简单的复制、粘贴,而是各种问题与想法互相碰撞的复杂过程。创新始于问题,利用学生身边的问题为纽带,培养学生"发现、提出、分析、解决问题的能力,包括将实际问题上升为数学模型的能力"。为此,教师就需要充分深入备课,摆脱传统课堂"为了考而教"的误区,重视学生思维产生的过程,让教育回归本质。让学生明白到知识点的发生与发展,命题的条件与结论,让学生理解知识的因果关系、学科前沿的思想观点和方法,让学生学会应用和拓展,目的是使得学生在创新教育中提升接受新事物的能力、跨界融合的能力和合作交流的能力。创新教育就是通过培养学生的创新精神和创新能力,最终使其具备创新人格。科技是国家强盛之基,创新是民族进步之魂,习近平总书记指出,创新是引领发展的第一动力。一个国家要发展,一个民族要复兴都离不开创新。以育人为己任的教师,毫无疑问是为祖国培养创新好苗子的排头兵。创新人格的培养不是一步登天的,需要教师将创新的思维有意识的点滴融入每天的课堂,认真设计好每一堂课,让创新的种子在每一位学生的心里生根发芽。本节课较好地达成了既定的教学目标,一定程度上培养了学生的创新能力,发挥了数学学科的育人价值,是高中数学创新课堂教学的一次有益尝试。

渡渡鸟的"复制"
——软陶贴画制作

1. 教师姓名：茅天翼
2. 所在单位：闵行区青少年实践
   教育基地
3. 学科类别：综合实践
4. 公开展示：区展示课

创新之处

1. 探究突破点：模拟古生物学的研究方法，通过观察、比较和推理，思考 300 年前已经灭绝的渡渡鸟的模样，推测它的身形、羽形和羽色。在科学猜想的基础上，用软陶捏塑方式再现渡渡鸟的造型。

2. 课堂立意点：科学猜想是古生物学的一种研究方法，本课围绕 300 年前灭绝的渡渡鸟展开，通过对渡渡鸟骨架、历史记录、绘画笔记和亲源物种探究它的外貌特征，培养学生科学猜想的一般方法，再以软陶贴画的形式，再现渡渡鸟可能的形象，激发学生的想象力，提升学生的实践动手能力，同时强化环保意识，理解生态平衡的重要性和意义。

教学路径

引出消失的渡渡鸟→观察骨架图片→推测雏形→根据图文资料→推测外貌特征→亲源物种→猜想羽形、羽色→泥片叠加→渡渡鸟贴画制作→灭绝的连锁现象→总结。

知识路径

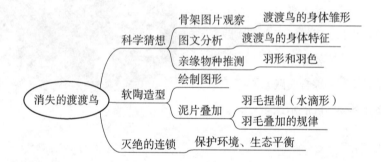

五元评价雷达图

分值：35/40

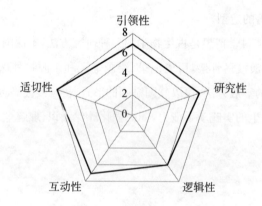

专家点评

在《消失的渡渡鸟》一课中,茅天翼老师从为灭绝的渡渡鸟制作软陶贴画出发,激发了学生学习的兴趣,教学过程中以模拟古生物学研究的方法,从骨骼图片、历史记录、亲缘物种三个方面引导学生去推测渡渡鸟的形象特征,来巧妙地代替常规泥塑中的造型分析,学生结合学习单,科学猜想、以探促学,收到了良好的教学效果。在技法教学环节,茅老师引导学生观察公鸡作品,来思考泥片叠加的方法,通过交流分享来确定使用泥片叠加法制作羽毛的一般方法。教师能够有效地组织和引导学生开展以探究为特征的学习,使接受与探究相辅相成,学生的学习境界高,学习效果好。

科学猜想是本课有别于其他泥塑课程的一个地方,它既改变了传统泥塑造型中枯燥的讲形和解形的教学过程,又渗透了古生物学研究的方法,提高了学生的学习兴趣,更为本课情感态度与价值观目标的达成做了铺垫。本课引导学生关注环境保护和生态平衡,体现了多元的价值取向,促进了学生认知的整体性发展。

(点评专家:花惠萍,闵行区教育局,特级教师。)

教学设计

1. 教材及学情分析

"软陶艺术"课是我校针对小学四年级学生研发的校本课程,课程以"团""搓""捏""接""压"五个基本捏塑技法为核心,制作简单的动物、人物、器物和贴画作品,培养学生的观察、分析和造型能力。"消失的渡渡鸟"是2017年鸡年主题软陶贴画课,内容分为"小圆鸡制作"和"消失的渡渡鸟"两个内容,共3节课,"消失的渡渡鸟"是第3节课。本课从骨架图片观察,推测渡渡鸟的雏形;从历史记录和绘画笔记中推测渡渡鸟的身体特征和比例,以亲缘物种猜测渡渡鸟的羽形和羽色,学生在科学猜想过程中需要对图片和文字进行分析,得出渡渡鸟的身形特征,逐步画出它的身体构图,用泥片叠加的方法制作出渡渡鸟贴画作品,再现已经灭绝很久的渡渡鸟的猜想形象。本课的对象是四年级小学生，他们对软陶制作已经有一节课的经验（小圆鸡的制作）。但渡渡鸟作品需要在身体基础上制作羽毛，在技法运用上要注意泥片叠加和陶泥调色的综合运用，对学生来说有很大的难度。教学内容要由浅入深，层层推进；教学过程要注重学生体验和收获，激发和保护学生进一步学习的兴趣。本课是学生体验泥塑过程中观察-分析-塑形，这一基本流程的好载体，也是学习古生物研究中科学猜想的基本探究方法的好机会，更是一堂提升学生环保意识，了解生态平衡的重要性和意义的综合实践课程。

2. 设计思路

泥塑对小学生来说不陌生，但只停留在"玩"的层面，缺少对作品的较深入观察和分析，随意性较大。本课尝试改变传统"讲形—解形—用技法—做作品"的泥塑教学方式。课堂上，先抛出了一个为已经灭绝很久的渡渡鸟塑形的问题，使课堂带有一些神秘性和趣味性。在"讲形和解形"环节，课堂模拟了古生物学研究中常用的科学猜想研究方法，没有让学生直观地去观察形状、枯燥地分解形状，而是通过骨架图片、文图记录去推测形状特征，通过亲缘物种去猜测羽毛特征，让学生在思考、分析、推测的基础上形成初步构图，再结合泥片叠加技法，制作出渡渡鸟的软陶贴画作品。最后，在课堂上，展示渡渡鸟灭绝后所带来的连锁灭绝现象，引导学生关注环境和生态。

3. 教学目标

（1）观察和分析图文资料，画出渡渡鸟的头、身、脚，猜想渡渡鸟的羽毛特征；

（2）运用泥片叠加技法，完成渡渡鸟贴画作品；

（3）通过观察、分析和推测，绘制身体构图，提高图形分析和解决问题能力；通过贴画制作，提升泥塑造型的实践动手能力；

（4）通过渡渡鸟形象的科学猜想，体验古生物学的研究方法，激发学生兴趣，培养科学思维；通过渡渡鸟形象再现和灭绝连锁现象，提升环保意识，感悟生态平衡的重要性。

4. 教学重点、难点

（1）教学重点及突破

教学重点：泥片叠加制作渡渡鸟的贴画作品。

突破办法：观察泥片叠加技法制作的作品，分析覆盖与被覆盖部分的叠加顺序，尝试制作，掌握泥片叠加的方法。

（2）教学难点及化解

教学难点：渡渡鸟的外形特征。

化解办法：观察骨架图片，明确身体雏形，再结合图文分析，推测身体特征，通过亲源物种分析，猜测渡渡鸟可能的羽毛特征。

5. 教学过程

（1）导入

展示渡渡鸟骨架图，介绍科学猜想的方法，提出本课任务：以软陶贴画形式制作再现消失的渡渡鸟。

（设计意图：激发兴趣，明确任务。）

（2）回顾小圆鸡的制作过程，对比渡渡鸟和鸡的骨骼图，组织学生分析两者异同，从渡渡鸟的骨骼图中，推测渡渡鸟的外形：嘴部宽大、头大、腿脚粗壮、翅膀小。

（设计意图：激发兴趣，明确任务。）

（3）展示有关渡渡鸟的图文资料，尝试从中历史资料中寻找到很多线索，推测它的身体特征。（按组分发学习单）

图 1　爱丽丝梦游仙境中的渡渡鸟　　图 2　冰河世纪中的渡渡鸟

（设计意图：学生观察、比较、推理，综合前面信息，尝试在学习单上勾画外形。）

（4）展示艺术家们演绎的了渡渡鸟的形象，进一步推测它的身体特征，小组讨论并在学习单上作进一步完善。

（5）观察渡渡鸟亲缘物种，猜测渡渡鸟的羽毛形状和颜色。小组完成渡渡鸟草稿绘制，总结各组草稿勾画情况：身体构造要完整，特征明显。

图3　渡渡鸟的亲缘物种

（设计意图：尝试运用科学猜想的方法，从综合信息，各小组形成一个意见相对一致的渡渡鸟外形草图，在科学猜想的过程中完成贴画制作中，对形的分析。）

（6）观察三种羽毛的形状，说出羽毛的制作技法（团、搓、压）。

图4　羽毛制作技法

（设计意图：回顾造型技法。）

（7）观察公鸡作品制作过程图和公鸡作品实物,思考如何用泥片叠加来制作羽毛。总结学生交流情况,概括渡渡鸟贴画中泥片叠加的方法,用软陶泥直接在草图上叠加外形,细节塑造时,要根据不同羽毛类型,压制不同形状的羽毛泥片,泥片薄而均匀,前排泥片覆盖后排泥片三分之一,且相互交错。

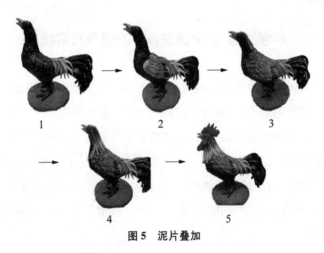

图 5　泥片叠加

（8）学生分组在纸板上捏塑渡渡鸟贴画,教师巡视指导。

（设计意图：运用泥片叠加技法,完成渡渡鸟贴画作品,提高实践动手能力。）

（9）介绍灭绝连锁现象,组织学生对作品进行交流,谈谈对生态保护的认识,要求用我想对渡渡鸟说一句话来结束交流。

图 6　灭绝连锁现象

（设计意图：引导学生关注生态保护，提升环保意识，感悟生态平衡的重要性。）

作业：完成渡渡贴画的烘烤定型。

教学后记

科学猜想，优化课堂教学的思考和实践

新课程改革对教师及教学方式的变革提出了新的要求，突出了对学生发现问题、分析问题和解决问题的能力、交流合作的能力、实践能力的培养。这些能力的发展是以学生主动探究意识和能力发展为前提，伴随着学生根据已有知识经验建构新知识的能力的发展而发展的。面对上述要求，课堂教学必须做出有力的回应，同时也为教学实践变革指明了方向。在"消失的渡渡鸟"一课中，笔者尝试采用模拟古生物学的研究方法来代替传统的造型教学中的"讲形—解形—造型"的过程，将探究带进了泥塑课堂。

一、创设有效情境，引发猜想

有效教学情境指学生学习时所接触到的具体而真实的背景，这一情境依据教学目标，将书上抽象的知识内容进行具体化设计，还原知识的现实性、生动性、丰富性，并减少知识与解决问题之间的差距，以此启动和支撑课堂学习。最有效的学习情境是学生通过及时的实践活动，体验和发现知识产生与被发现的全过程，即在学习中引入科学研究的过程和方法，进行探究学习。

课堂教学应该为学生的探究活动提供良好的支持和促进，这种支持和促进几乎全部反映在教师所创设的能够引起认知冲突的教学情境上。在"消失的渡渡鸟"一课中，学生需要小组合作完成渡渡鸟的贴画作品，它与一般鸟类贴画课程很相近。如果采用传统的教学方法来指导学生实践，就不能体现造型探究与生态保护相结合的课程核心内容。在教学过程中首先提出了"渡渡鸟的消失"和"猜想渡渡鸟的形象"，这样引起了

学生较强的认知冲突,进而实现教学目标的高达成度。泥片叠加技法是本课技法难点,学生比较难以理解叠加的先后顺序与造型表现,针对鸟类造型中的泥片叠加,最佳的情境是让学生直接去观察鸟的羽毛,笔者采用泥塑的方法塑造了一只公鸡造型,来模拟社会观察的情境,引导学生思考和探索泥片叠加的技法要领。

古人说:"知之者不如好之者,好之者不如乐之者。"显然,激发学生学习兴趣是首要的,而组织课堂探究学习中,创设有效教学情境,引起学生认知冲突又是激发学生学习兴趣重要方法。课堂探究教学必须与学生的生活相联系,只有当学生的探究过程是以整体心理活动为基础的认知活动和情感活动相统一时,学生在探究过程中无所事事,合作中保持沉默的惰性状态才能消除。

二、 有序猜想,组织科学探究

在组织课堂探究教学中,教师要尽可能地引导学生开展实践性的探究活动。探究始于问题,探究首先要提出问题,学生也总是围绕问题开展探究活动。好的问题可启发学生的探究意识,调动学生探究欲望。提出恰当的问题对探究教学来讲是关键。

问题是探究教学设计的重点,然而问题本身就充满了不确定性。学生能否提出问题,可能提出什么问题,问题是否有效,都是教师在进行问题的设计时必须预先考虑的。一堂探究课是把教学的重点和难点分解成一个一个难度适宜的问题组成,这一连串的问题构成了学生进行探究学习的"航标"。因此,教师在设计问题时,要确定学生独立探究、力所能及的"最近发展区",这个"最近发展区"即为"航标"间的距离,距离太小,问题太容易,探究价值将大大降低,距离太大,问题太困难,也不利于教学。只有教师给学生组织的科学探究活动最符合学生实际水平,只要跳一跳能达到的"最近发展区"时,探究起来才有最恰当的可能性,学生的探索和智力才能得到发展。在"消失的渡渡鸟"一课中,笔者设计了三个猜想层次,分别是观察骨架图片,推测渡渡鸟雏形;分析文图资料,推测外貌特征;根据亲源物种,猜想羽形、羽色,使学生在一层层的探索中,逐步将渡渡鸟具象化。在"渡渡鸟"的科学猜想中,教师尽量为学生在探究中提供充分的线索,使学生能够完成科学猜想。

心理学研究表明:问题是思维的重要特征,思维火花总是围绕着问题展开。因此,教师应该充分利用思维这一特征,在教学中凸现关键信息,减少学生思维的盲目性,从而帮助学生获得更多的成功体验。在学生进行探究学习时,获得的提示信息越多,知识之间的联结就越清晰和明显,探究的难度就越低。在实际的教学过程中,教师提供适切的联结,是避免出现无法掌控探究的深度和广度,或是出现探究问题难度较大,不能在一堂课内完成,或是出现探究问题太广,偏移了本节课的教学目标等教学事故的重要调控方法。

课堂中,教师做到了情境和探究这两个方面。预先设计好程序所引起的探究,也会有些学生由于学习习惯和性格问题而显得较"安静",其他同学都在探究活动中显得热情十足,他们却不怎么关心。对于这样的学生,教师要多给予激励和帮助,鼓励他们参与到探究活动中来。只要学生有"行动",便是探究,要让他们多体会到探究成功的喜悦,从而促进弱势学生也能在探究中"活跃"起来,真正达到课堂的最优化。

用代码模拟物理现象

—— 条件判断

基本信息

1. 教师姓名：王振堂
2. 所在单位：华东师范大学第二附属中学
3. 学科类别：中学综合
4. 公开展示：校级展示

创新之处

1. 探究突破点：传统的课堂往往注重知识的传授，很难将学习者对教材内容的学习转变为对项目问题的解决。本课基于项目式学习模式在课程中的运用，通过任务驱动让学生用代码模拟生活中物理现象，学生在自主探究的过程中学会用计算思维去解决生活中真实问题。

2. 课堂立意点：学生运用所学的数学、物理和计算机知识去模拟生活中的现象，学生在项目探究的过程中，运用跨学科知识完成项目，让学生享受成就感，提升学习兴趣，同时让学生去思考如何去面对未来的人工智能时代。

教学路径

引入课题：播放人工智能机器人视频→if 语句功能运用→通过代码探究活动→模拟物理现象→失重状态下水滴实验→学生自主探究完成用代码模拟乒乓球自由落地的物理作品并相互评价→课堂小结→课后作业。

知识体系

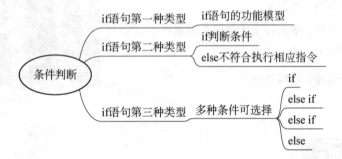

五元评价雷达图

分值：36/40

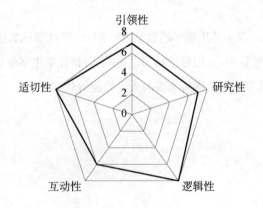

专家点评

　　王振堂老师执教的"用代码模拟物理现象"的主要目标是让学生掌握条件判断的运用,这是基础编程中很重要的学习内容。在本堂课中教师不仅关注相关基础知识,同时充分体现出教师对创新素养培养的重视。教学过程中让学生在模拟物理现象的基础上学会用计算思维去解决真实问题。本节课的亮点是教学形式上的创新,传统的课堂往往注重知识的传授,很难将学习者对教材内容的学习转变为对项目问题的解决。本课基于项目式学习模式在课程中的运用,通过任务驱动让学生用代码模拟生活中物理现象。学生在项目探究的过程中,学会运用跨学科知识完成项目,随着学生所做项目的难度层层递进,让学生享受成就感,提升学习兴趣。项目式学习在本课堂中的运用,有效地提高了学生解决问题的灵活性和有效性,让培养学生综合实践能力和创新能力的育人目标得以在课堂中真正落实和实现。

　　　　　　（点评专家：范小辉,华东师范大学第二附属中学,上海市物理特级教师。）

教学设计

　　1. 教材及学情分析

　　《用代码模拟物理现象——条件判断》是校本课程《交互艺术设计入门》一节创新课,本课程基于 STEAM 开展的校本课程。本节课是第五节内容,本节课主要让学生掌握条件判断语句的使用,学生运用跨学科知识去模拟生活中的物理现象。前面学生已经初步掌握了编程的基础知识,可以独立完成一些小的编程项目,本节课学生结合变量和条件判断,真正实现利用计算设计思维去模拟真实生活现象,培养学生在人工智能大背景下的信息技术素养。

　　2. 设计思路

　　《用代码模拟物理现象——条件判断》是以信息技术为主题的系列 STEAM 活动,本节课基于项目式学习方式实施教学,培养学生解决实际问题的能力,主要围绕条件判断,让学生在模拟物理现象的基础上学会用计算思维去解决真实问题。学生将已有的物理、数学和计算机跨学科知识联系起来,本节课让学生初步掌握研究问题的方法、养成严谨的科学态度,以提高学生创新思维、问题解决能力和合作交流等核心素养为目标。

3. 教学目标

(1)了解条件判断的基本语句用法,理解条件判断在程序中的作用,掌握运用条件判断去模拟生活中的真实问题;

(2)通过简单有趣的动画演示,掌握条件判断语句的用法,对现实生活中真实的物理现象的分析,并用条件判断计算机语言去解决问题,提高分析归纳能力;

(3)模拟真实的物理现象去激发学生兴趣,体验成功的快乐;

(4)通过人工智能机器人的引入,让学生思考如何应对未来的人工智能时代。

4. 教学重点、难点

(1)教学重点及突破

教学重点:条件判断语句的合理运用。

突破办法:通过学生参加多个项目探究活动,让学生在探究的过程中发现问题,学会条件判断的合理运用,提高学生解决问题的能力。

(2)教学难点及化解

教学难点:如何有效地运用程序语言去模拟现实中实际问题。

化解办法:引导学生观察生活的现象,让学生相互讨论其中的物理原理,并把其中的物理原理转化成计算机语言,最后用代码的形式呈现出来。

5. 教学过程

(1)引入课题:视频导入

首先提问学生一个问题今天的天气怎样?让学生回答遇到这样的天气应该怎样做?接下来教师演示缓慢地走向墙,询问学生接下来教师会做出的反应?引入概念人每时每刻都会做出条件判断。现在的机器人跟人类一样也是需要条件判断的。进而播放扫地机器人视频,并介绍机器人可以自动翻越障碍物,能自动判断是否需要充电。提问:这些智能机器人是如何执行相应命令的?通过今天的学习就会知道答案。

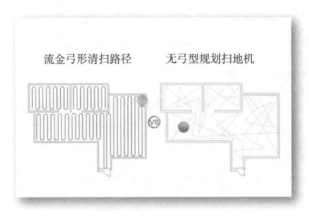

图1 扫地机器人路径

（设计意图：情景引入激发学生学习的兴趣和探究的愿望，引出本课题要学习的
内容。）

（2）if 语句功能运用

if 语句的功能介绍和三种类型的运用，通过拖动鼠标，让学生观察 processing 画布
图案各种变化，引导学生思考和解决问题。学生通过相互讨论分别解决图案变化的
原理。

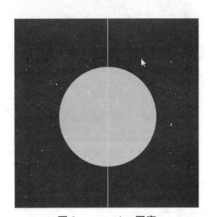

图2 processing 图案

（设计意图：引导学生分析，学生通过思考去解决问题，并熟悉掌握 if 语句的基本用法。）

（3）if 语句初体验

演示上节课留下的问题，一个缓缓运动的小球从屏幕上消失，激发学生思考运用今天所学的 if 语句，让小球再从屏幕落下一直重复此运动。

（设计意图：设计一个简单的小程序，学会运用 if 语句的基本用法，为后面的两个探究活动做铺垫。）

（4）项目探究一：太空水滴实验

探究如何用代码模拟物理现象失重状态下水滴实验，首先让学生观看理想状态下水滴运动实验，让学生思考如何用代码实现这个现象？其次引导学生思考水滴是做什么运动？学生高一物理已经学习了匀速直线运动，理解了匀速直线运动的特性，通过分组讨论，结合已学过的变量、数学知识和物理知识把这个现象用代码表述出来。

图 3　太空水滴实验

（设计意图：通过代码模拟物理现象失重状态下水滴实验，让学生进一步熟悉 if 语句的运用。基于太空水滴实验项目探究，加强学生运用计算思维去解决问题的能力。）

（5）项目探究二：乒乓球自由落体

　　进一步探究用代码模拟物理现象乒乓球落地实验，在上一个探究活动的基础上，完成真实的物理实验现象。还是先让学生观察乒乓球落地实验，让学生分小组分析讨论，如何结合数学、物理知识和 if 语句去用代码实现。学生之间相互交流学习，通过计算机设计思维实现自己想要表达的语句，让学生探究用自己的代码如何模拟生活中的现象，体验一步步探究的成功幸福感。

图 4　乒乓球自由落体实验

　　（设计意图：通过让学生自主探究用代码模拟乒乓球自由落地的物理现象，让学生在基于项目学习的过程中，提高发现问题和解决问题的能力。）

（6）课堂小结

　　本节课我们学习 if 语句的基本用法，基于项目问题驱动的学习，提高了计算机设计思维。目前人工智能下机器人不仅仅是条件判断加上深度学习和神经网络，它们变得越来越智能。引入波士顿动力最新机器人和自动采摘甜椒机器人视频，并介绍机器人可以自动翻越障碍物，能自动判断甜椒是否成熟进行采摘。人工智能正在开启一个全新的时代，给人类带来便利。让人工智能做出最好的判断，更好地的为人类服务。同时人工智能时代，大量的工作也会被取代，同学们也要思考如何应对未来的人工智能时代？

图5 波士顿动力机器人

图6 自动采摘甜椒机器人

（设计意图：理清知识和方法结构，引导学生发现问题和解决问题的能力。同时，让学生去思考如何去面对未来的人工智能时代。）

（7）课后作业

让小球在窗口的所边缘都发生碰撞后弹跳，并且颜色和大小随之变化，类似扫地机器人遇到障碍物自动避障。

（设计意图：提出课后探究的任务，让学生在自主探究的过程中体验成功的喜悦。）

教学后记

基于项目探究，提升学生科学素养
——用代码模拟物理现象

项目式学习（Project-Base Learning，PBL）是一种以学生为中心的教学方式。在项目式学习过程中，学生会积极地收集信息、获取知识、探讨方案，以此来解决具有现实意义的问题。因此在项目式学习过程中，不仅仅要求学生能够应用所学的学科知识，还要懂得如何在现实生活中将这些知识学以致用。本课基于项目式学习模式在课程中的运用,通过任务驱动让学生用代码模拟生活中物理现象。学生在项目探究的过程中,学会运用跨学科知识完成项目,随着学生所做项目的难度层层递进,让学生享受成就感,提升学习兴趣。学生通过一段时间内对真实的、复杂的问题进行探究,并从中获得知识和技能。学生围绕项目展开完整、连续性的学习,主动探究以获得更深刻的知识和技能。这个过程不仅让学生在探索、创造的过程中主动发现新知识,更帮助学生运用所学知识解决实际问题。同时有效地培养了学生的创新意识、创新思维和创新能力。

一、 项目式学习在课堂学习中的优势

本节课主要是通过条件判断,让学生了解编程的一般过程,让学生通过代码模拟真实的生活现象,熟悉条件判断语句,为以后的学习打下基础。传统的课堂往往以教师为中心,学生只是被动学习条件判断的基础知识,这样的课堂缺乏生气,显得机械僵硬。课堂中采用项目式学习是一种学生主体教师主导的教学模式,它改变了传统课堂中只注重学习单一知识的教学方式,注重跨学科、跨领域的学习,并且在学习过程中会以项目作为驱动,本课程是运用代码模拟乒乓球自由落地现象,学生需要运用本课堂知识及物理、数学等跨学科知识完成项目。学生在完成项目的过程中,可以有效地激发学生的兴趣,学生能自己运用所学的知识去探究项目,学生更有成就感,在潜移默化中培养他们的问题解决能力和创新思维能力。教师提供一个适合学生研究的问题,帮助学生消化和巩固本堂课的知识。学生在研究活动中表现得非常主动和活跃,对于研究的各个环节认识清晰,大部分时间可以脱离教师进行自主探究,并沉浸在各自的项目创作中,这充分体现了教学环节设计的有效性,以及参考资料、技术平台发挥的支架作用,难能可贵的是,学生在调试过程中能够真正结合自己所学的物理知识,经过一次又一次的尝试用代码把真实的物理现象表示出来,使得本次教学活动的目标得以实现。

二、 教师如何确定项目

本节课依然难以解决基于项目式学习中的一些难题,在项目体验教学模式中,教

学应该以项目为中心,以体验为促进进行教学活动。首先,教学目标要定位要合理性,要处于学生的最近发展区,高于学生的现有水平,激发学生学习的兴趣;不能高于最近发展区,如果设计的教学目标过高,学生达不到,则会打击他们学习的积极性。教师在设计项目时一定要更有针对性,要层层递进引导学生去完成。一个好的项目是项目体验学习成功的关键。在设计项目时要充分了解教学内容,既要包含理论知识,做到将新的知识传授给学生,又要做到激发学生学习的积极性,能够让学生熟练掌握学习的新知识,并且学以致用。在本课程教学设计过程中,以代码模拟乒乓球落地这一现象为例,该项目的设计思路源于物理课本中自由落体运动,在做的过程中让学生结合物理知识和计算机编程知识自己动手模拟这个现象。这个项目的选取贴近学生的生活实际,能够培养学生学习的兴趣和积极性,同时学生的创新能力以及实践能力也能够充分得到锻炼。

三、 目前存在的问题

教师提出的活动主题,并不能适应每一位同学,个别学生因为习惯了填鸭式教学模式,很难快速适应项目学习。有的学生无所适从项目式学习,不知道如何开展项目,教师要适当地引导学生开展项目研究。其次学生们的研究过程差异性较大,难以在预设的时间内统一完成研究进入交流评价的环节,在实施项目体验教学设计模式中,学生分组是一个重要环节。在对学生进行分组时,要分析学生各方面的特征,全面考虑学生的兴趣以及知识基础等。首先由学生自愿组合,人数控制在 2—4 人,每个小组的成员在知识水平、能力水平以及学习风格等方面要搭配平衡,确保小组内的成员能够做到优势互补。在项目实施的过程中充分发挥集体的力量和智慧,强调小组合作学习,在学习过程中学会聆听其他组员的意见,在教师的指导下共同完成作品。让已完成项目的学生可以去指导在做项目过程中有困难的学生,在做项目的过程中提高学生解决问题的能力,培养其合作精神和创新素养。

四、 小结

总之,在项目式课程教学过程中,不能够局限于传统的教学设计模式,需要不断调整教学设计和教学方法,使学生成为学习的主体,在既定的学习情境中发挥学生的主观能动性,激发学生的创新思维。在用代码模拟物理现象中以项目体验的教学设计模式,以项目为主体,以体验为促进,在相互交流合作中完成作品,调动学生学习的积极性与主动性,对教学效果有很好的改善。目前在人工智能时代的背景下,信息技术支持下的教育改革势在必行,我们不能用老的教育理念与教育方法来对待这些有个性、有特长、有思想的新时代学生。他们接触的社会面越来越广,掌握的知识越来越多,对新生事物的了解也越来越多。在这个信息飞速发展的电子时代,知识更新速度越来越快,这就需要未来社会的人才应该是不断学习与会学习的人,只有会学习的人才能不断适应社会的发展。

无土栽培中的水气之"道"

——栽培设施搭建

基本信息

1. 教师姓名：茅天翼
2. 所在单位：闵行区青少年实践教育基地
3. 学科类别：综合实践
4. 公开展示：区展示课

创新之处

1. 探究突破点：依托学校现代农业场馆资源，从解决无土栽培中水气矛盾出发，利用小组学习，现场分析几种常见的无土栽培设施的构造，在尝试搭建与小组交流的基础上，创意设计阳台无土栽培装置。

2. 课堂立意点：水与气是影响植物根系生长的重要因素，调节水气矛盾是设计和制作无土栽培设施的关键问题。本课通过设计阳台无土栽培装置，培养学生综合运用学科知识来解决问题的能力，将农业与生活联系起来，了解农业绿色发展，人与自然和谐共生的意义。

教学路径

展示我国耕地的三类土壤→找到水气矛盾→常见无土栽培类型→选择合适材料搭建设施→分析设施构造→设计阳台无土栽培装置→作业（完成一次阳台种植）。

知识路径

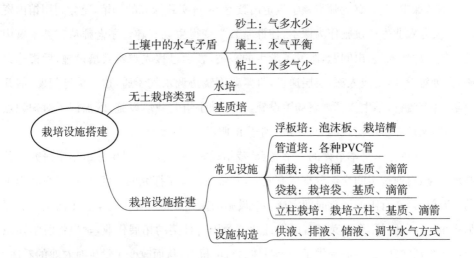

五元评价雷达图

分值：35/40

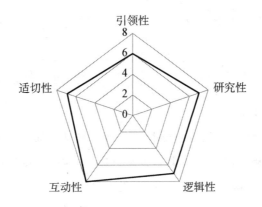

专家点评

本节课中,茅天翼老师带领学生走出教室,走进实践探究的场馆,充分利用馆内资源,将实际农业生产设施作为课本,使课堂教学变得生动有趣。茅老师从三类土壤中的水气矛盾导入,引出问题,激发了学生的兴趣,教学过程先观察栽培设施,后搭建设施,再创意设计,由浅入深,层层递进,且紧紧围绕协调水气矛盾,这一关键问题,展开教学,环节流畅;学生认真观察场馆设施,积极动手组装栽培设施,既加深了对知识点的理解,又培养学生实践能力,开拓了学生的眼界,一举多得。

学生交流分享是本节课的一个亮点,栽培设施种类较多,学生分组集中研究一种栽培设施,再通过组间交流分享探究成果,有效地把控了探究的难度,促进了组间学生的相互学习,在有限的课堂时间完成多个设施的探究。将农业带进学生生活是本节课另一个亮点,通过阳台种菜装置的设计和一个阳台种菜的拓展作业,学生将所学知识应用于生活实践,给他们提供了一个身体力行的机会,从而改变了学生对农业的看法,提升了社会实践能力。本课还引导学生关注绿色农业,通过谈谈对设施农业的看法以及如何通过设施农业实现绿色农业,倡导人与自然和谐共生。

(点评专家:刘志宁,闵行教育学院,高级教师。)

教学设计

1. 教材及学情分析

"无土栽培"是我校自主研发的校本课程,课程和学校都市农业馆资源配套实施,内容分为营养液配制、无土种植和栽培设施搭建三个内容,共 5 节课。"栽培设施搭建"一课介绍我国三类耕土中的水气问题、无土栽培类型、常见栽培设施及构造等内容;在动手搭建过程中,需要考虑到不同设施的供液、排液、储水和协调水气问题的方式;在阳台种菜装置设计过程中,利用废弃泡沫塑料盒改装无土栽培装置。高二学生已经对生物体的构成物质、代谢活动所需物质都有了整体的理论认知。通过前面课时的场馆探究活动,学生对现代农业无土栽培技术中种植系统的组成部分和如何营造植物生长有利条件、提供所需物质有了直观、形象的认识。在已有知识与经验的基础上,学生应该能够、或经小组思考讨论后能够、或经教师协助后能够完成相同或相似、相近的无土栽培设施搭建,并可以在设施搭建过程中深化理解、拓展思考各设施中的水气协调方法。本课与营养配制、无土种植结合在一起,成为上海高中学农社会实践活动中的必修课程,是学生改变对农业的看法,了解现代农业、设施农业一个重要载体,也是学生参与阳台种植,体会绿色农业以及人与自然和谐共生的好机会。

2. 设计思路

无土栽培和设施农业对于中学生来说是比较陌生的。本课从我国不同土壤的作物栽培效果出发,结合植物根系生长环境中的一对矛盾,引出本课研究的问题——协调水气之道,激发学生的学习兴趣,不同的无土栽培设施有各自解决水气矛盾的方法,只有理解了各种栽培设施的构造,才能设计出可行的阳台无土栽培设施。为此,本课利用学校都市农业馆资源,在课堂上提供了泡沫板、PVC管、袋子、桶、无纺布等各种材料,学生根据馆内现有设施,选择合适的材料,以小组形式尝试搭建一个无土栽培设施构架,并通过小组交流分享经验和成果。随后,在课堂上提出新的问题——废弃泡沫盒如何改造,最后引导学生体验阳台种植,关注自然与环境。

3. 教学目标

(1) 识别几种常见的无土栽培设施,阐述无土栽培设施结构以及解决水气矛盾的方法;

(2) 通过无土栽培设施的组装,提高科学思维能力和动手能力,通过设计模型,提升创新意识和探究能力;

(3) 通过无土栽培设施的组装,改变对农业的看法,关注现代农业和设施农业。通过将废弃泡沫塑料盒改装成无土栽培设施,激发学生兴趣,培养创新意识,关注环境问题。

4. 教学重点、难点

(1) 教学重点及突破

教学重点:不同无土栽培设施构造,以及解决水气问题的方法。

突破办法:将各类栽培设施分解,以小组形式模拟搭建,分析设施的供、排液结构,储液结构和解决水气矛盾的方法。

（2）教学难点及化解

教学难点：设计阳台种植装置。

化解办法：先动手搭建，再结合组间交流，分享经验，在此基础上进一步设计方案。

5. 教学过程

（1）导入

展示毛乌素沙漠前后对比图，引发思考；展示植物在砂土、壤土和粘土三类土中的生长状况图，以及土壤孔隙示意图，引出土壤的一对矛盾——水气矛盾。

砂土颗粒大，气多水少；粘土颗粒小，水多气少，普通农作物在这两类土中都难以生长。壤土的团粒结构和大小孔隙配比，水气平衡，保障了根系吸水和呼吸。无土栽培虽然不用土壤栽培植物，但也要协调水气矛盾，保障植物根系吸水和呼吸。

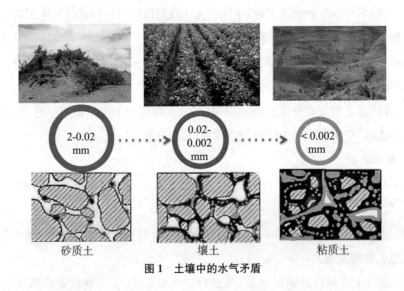

图1　土壤中的水气矛盾

（设计意图：从我国整理环境巨大成就出发，引出土壤质地改良，从三类土壤的孔隙对比，引出水气矛盾，最后提出无土栽培的设施搭建的核心——协调水气矛盾，导入课题，提出本课核心问题，激发学生学习兴趣。）

（2）播放动画：无土栽培类型和常见设施

总结无土栽培的两种类型（水培和基质培），根据无土栽培的类型，将场馆里的无土栽培设施进行分类。

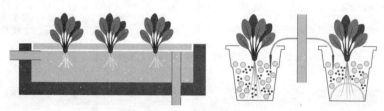

图2　无土栽培类型

（设计意图：将相关知识归纳整理，为下一个环节做好准备。）

（3）提出任务与尝试探究

分组，每组选择一种栽培设施（浮板培、管道培、桶栽、袋栽），并领取学习单。

任务一：根据学习单和场馆里的实物来搭建无土栽培设施，并思考该设施的供、排液结构，储液方式，解决水气矛盾的方法，以及适合栽培的作物。

尝试探究：学生尝试组装，分析设施构造，思考问题，分组交流。

组1：完成浮板培的设施搭建，总结出浮板培的供排液由地下储液池水泵通过管道完成，经排液管道流回储液池；栽培槽储液，以循环供液的方式提升栽培槽内营养液溶存氧，来协调水气矛盾，只适合种生菜、芹菜等叶用蔬菜。

图3　浮板培

组 2、3：分别完成平面管道培和立式管道培两种设施搭建，总结出管道培的供排液由地下储液池水泵通过管道完成，经排液管道流回储液池；通过连接管道的 U 形装置与管道两端的高低差，使管道储存一半营养液，以循环供液的方式提升栽培槽内营养液溶存氧，来协调水气矛盾，只适合种生菜、草莓等矮小作物。

图 4　管道培

组 4：完成桶栽设施搭建，总结出桶栽的供液由地下储液池水泵通过多管道分流后，经滴箭滴灌供液，供液量小无排液，解决水气矛盾的主要方法是桶内储气储液结构，适合栽培大型果菜类作物。

图 5　桶栽

组 5：完成袋栽设施搭建，总结出袋栽的供液由地下储液池水泵通过多管道分流后，经滴箭滴灌供液，供液量小无排液，通过基质储液，解决水气矛盾的主要方法是大小固体基质的配比,模拟壤土质地,适合小型果菜类作物。

图6 袋栽

(设计意图:尝试搭建,将栽培设施结构和功能相结合,理论和实践相结合,深化理解;组间的交流分享,拓展了学生的思维。)

(4)任务二:我国每年产生的塑料废弃物已接近3 000万吨,但回收率不到20%,每年有2 000多万吨塑料待回收,图中是一个菜场里常用的泡沫塑料箱,请将它改造成一个适合阳台种菜的无土栽培装置。

分组设计,学生完成后,请代表交流。教师总结,设计时要考虑可行性,改造成基质培装置,应该考虑用什么东西来替代专业储气储液结构,协调水气平衡;改造成水培装置,应该考虑在没有复杂供排液管道情况下,如何增加箱内溶存氧的含量,协调水气平衡。

(设计意图:学校场馆资源是有限的,这一环节将无土栽培这一设施农业带到学生生活中去进行创意设计,并引发学生对废弃塑料的关注。)

(5)拓展

通过本课学习,谈谈你对设施农业的看法,如何通过设施农业实现绿色农业,人与自然和谐共生。

作业:将废弃泡沫塑料盒改造成家用阳台无土栽培装置,并种植一种蔬菜。

教学后记

小组合作，构建课堂生态

"把课堂还给学生，让课堂焕发出生命的活力"是当前教育的一个重要理念。在"栽培设施的搭建"一课中，学生需要学习的设施类型有许多，包括浮板培、桶栽、袋栽和管道培，每一种栽培设施的特点都不一样。教学中，如果包罗万象地讲，课堂难免枯燥；学生在学习过程中，如果没有重点地探，又会使探究缺少深度，无法做到知识的内化。针对这一问题，笔者采用了小组合作的学习方法，将不同的栽培设施分派给不同小组，各小组利用学校场馆资源，以某一个具体的栽培设施为探究对象，分析出设施供、排液、储液的结构以及解决水气矛盾的方法，并通过组间交流共享探究成果。小组学习使课堂探究有了深度，组间的分享交流把课堂还给了学生，小组合作将"生态课堂"思想渗透到了课程中去。

一、 生态课堂的基本涵义

"生态课堂"就是遵循教育教学规律，创设民主和谐的教学环境，以实现课堂教学效果的最大化、最优化，促进师生可持续发展的一种课堂形式。生态课堂以学生的健康发展为出发点和归宿点，以热爱学生、关注学生、理解学生、尊重学生、赏识学生、激励学生的"以人为本"的教育理念为宗旨。"一切为了学生，为了一切学生，为了学生一切。"面向全体学生的全面发展，发展学生的个性，从而促进学生的和谐健康的发展。

传统课堂中，由于教师职业"工具化"的社会价值取向，而使学生逐渐习惯于那些展示性、表演性的课堂。过多引入先进的多媒体视听设备，而把课堂教学演变成了"放映式"教学模式的多媒体教学。这些课堂中存在的弊端动摇了教师对其职业的神圣体验和学生学习的幸福感。生态课堂提醒我们关注曾经被人们所忽视或放弃的课堂本真状态，去除雕饰作秀，强调真实自然，追求和谐融洽，让师生情感沟通交融，才智共生互赢，并有尊严而自信地生活在课堂上。

二、 小组合作改变了师生角色

"生态课堂"提醒我们关注曾经被人们所忽视或放弃的课堂本真状态。课堂教学实质是教师与学生、学生与学生之间的一种交往活动。小组合作避免了传统教学中教师在课堂中的"灌输",学生被动地"全盘接受"。教师只针对重难点部分做出解释,将大部分课堂时间还给学生,教师成为学习的指导者、学习成果的评估者和课程的组织者。小组合作后,学生从被动接受转变为主动学习,成为知识的发现者,知识的交流者。小组合作将原课堂中"要我听要我学"的学习状态转变为"我要学我要悟",改变了师生角色。通过课堂效果调查,笔者发现,学生普遍对本堂课中小组合作的学习方式持肯定态度,大多数学生认为小组合作增强了他们学习的主动性,提升了课堂专注力,提高了学习效率,培养了实践能力、分析能力和交流能力。

三、 小组合作促进了互动探究

合作交流的学习方式是学生最主要的学习方式之一。学生在合作学习中经历了知识的产生、发展、形成过程,体验知识的应用价值,体验自主探索带来的快乐,实现学生的自主发展。在"栽培设施的搭建"一课中,小组合作方式,为学生的自主学习、自主探索提供更多的机会,构建了课堂生态。

良好的课堂探究不仅需要有一定深度的探究活动,更需要将探索所得进行分享交流。本课采用分小组探究,保障了学生课堂探究的时间,从而促进学生在课堂中有一个较深入的自我探索和思考的活动。例如:学生在研究"管道培"设施时,可以分工合作,集小组所有成员之力,将"管道培"所有构造组合起来,分析其中的原理。分享交流环节又促进了组间的学习和知识的内化。虽然,每个小组都只探究了一种栽培设施,但是通过小组交流和倾听,学生掌握了不同设施的结构特点和解决问题的方法,例如:"泡沫塑料箱"的创新设计环节中,有的小组探究方向是水培,在交流环节吸收了其他小组的经验,最后的设计中运用了基质培的结构和解决问题的方法。整堂课中,教师只是在学生遇到思维节点的时候,引导他们注意观察和提供协助,发挥着刺激学生思维的作用,小组合作促进了互动探究,体现了"生态课堂"的价值。

四、 小组合作激发了动态生成

学生通过合作探究后，有了展示自己学习成果的欲望，同时通过动态过程，使知识得以生成。动态生成是新课程改革的核心理念之一，没有生成的课堂不是生态的课堂，更不是高效的课堂。教师的预设与学生的生成永远是辩证的。教师要充分备课，只有那些充分开放的、富有预见的、灵活多变的预设，才能使课堂的生成拥有更大的空间和更多的可能。课堂上，教师要给学生提供尽可能充裕的时间和尽可能广阔的空间，让学生充分演练和展示，充分暴露存在的问题，使课堂生成富有针对性和有效性。教师应善于发挥自己的教学机智，善于捕捉知识的"生长点"，鼓励学生发表"高见"，激励学生灵机一动，赏识学生"节外生枝""别出心裁"。因为学生这些"成果"都可能催生出一个个新的、活生生的教学资源，都是课堂教学生成的难得素材，能够为生态课堂创造出意想不到的教学效果。同时也是生态课堂精彩纷呈的重要元素。

小组合作体现了教育的本质规律，培养了学生的创新精神和实践能力，焕发了课堂的生命活力，实现了教学的返璞归真。小组合作有利于建构高效的生态课堂，促进师生和谐发展。

走近"人体发动机"

——心脏的结构和作用

基本信息

1. 教师姓名：叶笛
2. 所在单位：上海市三新学校
3. 学科类别：初中科学
4. 公开展示：市级公开课

创新之处

1. 探究突破点：从学生的已有知识入手，通过形象的图示和相关的线索知识点让学生运用推理方法构建出心脏的结构，并通过拼图形式探究出心脏的合理结构。

2. 课堂立意点：以逆向思维方式组织教学，通过推理层层递进，环环相扣，让学生从小组合作和自主探究的活动中发现规律获取知识。

教学路径

"比干剖心"神话传说→心脏在身体中的位置→明确与心脏相连血管名称→认识心脏内部结构→推断瓣膜存在的合理性→拓展延伸：关于心脏的健康常识。

知识体系

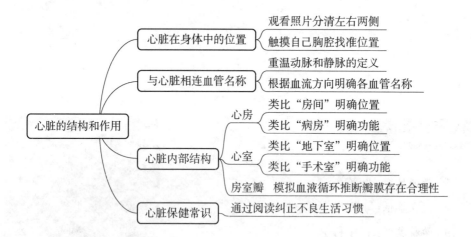

五元评价雷达图

分值：36/40

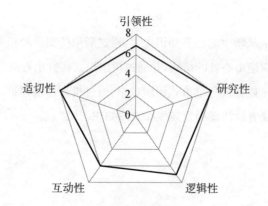

专家点评

透过案例,可以看出叶老师的变序式教学策略是以学生的认知基础为依据而设计实施的。突出"亮点"在于改变了以往让学生死记硬背、机械记忆的学习方式,而在深入分析学情的基础上,大胆而巧妙地采用了变换教学内容次序的方式,合理地融入了"逻辑推理"的因素,让学生运用已有知识,根据一定的提示信息,进行独立自主的探究活动。不仅有效解决了教学的重、难点,而且发展了学生"类比"和"推理"等思维能力,引导学生学会科学探究的方法。无疑是一次成功的创新教学尝试!叶老师之所以获得了巨大的成功,还在于他能够从把握"教学内容的逻辑顺序"和"学生的认知基础和特点"这两个重要方面去深入挖掘教学内涵,真正的从"教教材"向"用教材"转变,不拘泥于教材内容的编排顺序,实现了以学生的学习规律来确定教师的教学策略和教学行为!

（点评专家：王稚,上海市松江区教育学院,高级教师。）

教学设计

1. 教材及学情分析

"心脏的结构和作用"是初中科学(牛津上海版)七年级第一学期第 10 章"健康的身体"中的第七节"营养物质的运输"中的内容。第十章"健康的身体"包括：运动、休息与健康,营养与健康,平衡与健康三方面的内容。其中,营养与健康中涉及到人体内营养物质的运输方面的知识。营养物质的运输是依靠人体血液循环系统得以实现的。人体血液循环系统包括：血液、血管和心脏。其中,重点内容是心脏的结构和作用。心脏是血液循环的动力器官,结构比较复杂,要通过观察实验,了解其结构和功能的特点。要使学生从感性认识上升到理性认识,进而对心脏有一个全面而深刻的认识。作为七年级学生,他们已经学习了血管的类型、血液的组成等相关知识,对于人体血液循环知识也有一定的了解,会对本节课的学习起到辅助支撑作用。本节课"心脏的结构和作用"属于生物学范畴,是重点知识,也是难点知识。不仅对学生正确认识营养物质在人体的运输过程,还为全面认识人体血液循环系统奠定基础,有利于学生开展八年级生命科学知识的学习。

2. 设计思路

本节课重难点突出,我选择了探究式教学法,以拼图作为辅助手段,培养学生探究能力和逻辑推理能力。通过引导学生观察模型结构了解心脏的各部分结构特点,用拼图方式正确表示心脏的结构。组织学生通过小组合作完成活动卡把知识进行归类总结,帮助学生形成生物体的结构与功能相统一的科学大观念。

3. 教学目标

(1)了解人体心脏的位置,掌握心脏的结构特点及与其相连的血管名称,提高有条理识图能力和仔细观察能力;

(2)通过对心脏结构的探究学习,使学生建立"结构与功能相适应"这一科学观念,并能运用推理方法自主标识心脏的结构及与其相连血管的名称,通过模拟血液循环过程,深刻理解"瓣膜"的重要作用;

(3)关注心脏健康,关爱生命健康,通过学习心脏的知识联系身体健康常识,纠正不良生活习惯。

4. 教学重点、难点

(1)教学重点及突破

教学重点:认识心脏的基本结构及与其相连的血管名称。

突破办法:从学生的已有旧知识入手,通过形象的图示和相关的线索知识点让学生推论心脏的结构,并通过拼图形式探究出心脏的合理结构。

(2)教学难点及化解

教学难点:了解心脏结构与功能相适应的特点和瓣膜的重要作用。

化解办法:通过模拟血液循环过程,推论心房和心室之间瓣膜的存在,并进一步了解其功能。

5. 教学过程

(1)故事引入:"比干剖心"

教师向学生们讲述我国古代神话故事《封神榜演义》中的一段"比干挖心"的故事。教师提出问题:"人失去心脏,还能存活吗?为什么?"

学生讨论交流:心脏对人生命的重要意义。

教师引语:心脏究竟有怎样的结构又具有什么功能呢?带着这个问题,我们一起来学习"心脏的结构和作用"。

（设计意图：通过一个神话故事并结合学生已有的认知，顺理成章引入到对心脏内部结构和功能的探索上来，大大激发了学生们的好奇心。）

（2）活动一：确定心脏在身体中的位置

教师出示一张奥运会上射箭运动员照片，让学生观察运动员的防护装置所在的位置，谈一谈心脏在身体中的具体位置，再让学生们用手触摸通过感受心脏的跳动来找到心脏的具体位置。

结合射箭运动员正面照，指导学生明确观察图示的左右两侧与自己的左右两侧相反。

教师出示"血液循环图示"，让学生尝试把心脏图示贴在正确位置上。

（设计意图：联系生活实际，通过体验感知心脏的具体位置，也为后续识图做好铺垫。）

（3）活动二：明确与心脏相连血管名称

教师引导学生先观察图示，尝试明确与心脏相连的血管名称。

引导学生们回忆曾经学过的知识："动脉"和"静脉"的定义。

让学生们根据动脉和静脉的定义，尝试把"主动脉""上、下腔静脉""肺动脉""肺静脉"名称贴到相应的血管旁边。

（设计意图：学生根据已有知识进行合理推断，能够准确找到与心脏相连的血管名称。这种发现的过程要比教师讲授更加具有挑战性，实现了"温故而知新"。）

（4）活动三：认识心脏内部结构

教师：下面让我们再来认识心脏内部的结构。首先，大家看到心脏的中间有一层厚厚的心肌壁，它把心脏分割成互不相通的两部分。请问：哪边是心脏的左侧，哪边是右侧？

引导学生们根据射箭运动员正面照片来分辨心脏的左右两侧与我们的左右两侧

方向相反。

讲解心脏的每侧又分成上下两个小部分,分别是:心房和心室。

提问:如何区分心房和心室呢?

引导学生联系生活实际,进行类比记忆。如下表所示。

心脏结构名称	位置方面的类比		功能方面的类比	
心房	房间	在地面以上→上部	病房	病人休息→暂存血液
心室	地下室	在地面以下→下部	手术室	医生工作→输送血液

学生根据类比获得的信息,尝试将"左心室""右心室""左心房""右心房"四个名称卡片贴在心脏图示的相应位置上。

教师出示真实心脏图片,引导学生观察比较心室壁和心房壁肌肉的厚度。学生们发现:心室壁肌肉更厚,从而理解了心室收缩输送血液,因此肌肉更发达。

(设计意图:通过类比生活中的其它事物帮助学生建立联系,有效消除了学生们对"心房"与"心室"名称上的混淆。同时,也进一步让学生们明确了心室与心房不同结构决定了不同的功能。)

(5)活动四:推断瓣膜存在的合理性

教师:我们一起来模拟血液循环的过程。首先,血液经过肺进行气体交换后,通过哪条血管,流到哪个腔室?

学生根据图示回答出:血液通过肺静脉流进左心房,再流进左心室。

教师提出问题:左心室的心肌壁收缩,血液将会流向哪里?

根据图示,学生指出:血液将流向主动脉,也将流向左心房。

在教师的引导下学生分析发现:心室与心房之间必须要有一个防止血液倒流的结构才合理。

师:回忆我们之前学过静脉里有防止血液倒流的结构是什么?

学生们联想静脉瓣,推断出心室与心房之间瓣膜的开口方向。

教师引导学生在图示中加上瓣膜结构。

（设计意图：让学生根据血液流动的方向，推断出瓣膜结构存在的合理性，从而深刻理解"生物体结构和功能相适应"这一科学大观念。）

（6）拓展延伸：关于心脏的健康常识

教师呈现关于心脏的保健常识，学生阅读并谈一谈自己生活中有哪些不良习惯需要纠正，树立关注心脏健康，关爱生命的意识。

教学后记

在系统论思想指引下实施变序式教学
——以"心脏的结构和作用"一课为例

"心脏的结构和作用"这节课令广大教师感到非常棘手。原因在于：学生对于心脏的四个腔室和所对应的血管名称及位置容易产生混淆，总是记不准、记不牢。即使采用强化巩固练习的方式，也是收效甚微。从认知规律角度出发，仔细分析教材内容，寻找前后联系。本节课的前一节内容是："血管的类别和作用"，而后一节是"血液的循环"。传统教学观认为：学生们只有先认识了血管、心脏等相关知识后，才能学习后面的血液循环内容。这是采用了从"部分"到"整体"这样的逻辑顺序编排教学内容的。尽管这样的编排有其合理性，但教学实践后的效果却非常不理想。于是，本人大胆创新：能否利用系统论的思想来解决"整体"与"部分"之间的关系呢？学生的认知规律并非一成不变的。学生的认知特点并不在乎是先认识"部分"还是先认识"整体"。而是他们的认知一定要在自己原有的认知基础上进行建构。那么，在学生的"前概念"中，"血液循环"相对于"心脏的结构和作用"更易于理解和接受。根据这一认知特点，能否把"血液循环"一节课提前，借助血液循环大背景来学习"心脏的结构和作用"呢？对此，本人开展了大胆的创新教学实践尝试。

一、变序式教学要具备内在逻辑性

所谓"变序式"教学法,就是改变学习内容的正常顺序,或将后面的内容提前呈现,或将中间的某一内容提前呈现。然而,变序式教学也不能简单套用,更不能滥用、乱用。"变序"本身就是一个大胆的突破,面临巨大的挑战。在打破原有"常序"状态框架的同时,必须要建立起一套更加合理的逻辑顺序。分析教材内容发现,血管的相关知识比较贴近孩子们的生活,先学习掌握能够为"心脏"这一部分的理解奠定必要的基础。而后,呈现"血液循环"这一部分,跟前面"血管"的联系也非常紧密。尽管此时学生对于心脏的内部结构的了解非常模糊,但并不影响他们从宏观角度来理解血液循环概念。当学生对"体循环"和"肺循环"两大血液循环系统组成部分有了初步的认识后,就会对心脏这一连接了两大血液循环系统组成部分的中枢器官产生了浓厚的兴趣和强烈的好奇感。他们将产生一系列的疑问:"心脏内部究竟有怎样的结构能把这两大血液循环系统组成部分有机地连接在一起的呢?""心脏是如何来给这两大部分提供动力能让血液不停地循环流动呢?""心脏的结构是如何巧妙地让这两大部分系统中的血液循环往复却互不干扰影响的呢?"等等。接下来,再循循善诱地从心脏的内部腔室讲起,让学生从血液循环的宏观角度来理解心脏内部结构的合理性。最终实现学生从"整体"到"部分"的系统认识。而这时,心脏的相关知识难点就潜移默化地融合在血液循环大背景之中,令学生自然而然地接受了。这样的教学环节具备内在的逻辑顺序,存在更加合理的一面。即:先学习孩子们能够自主建构的"容易知识",然后再从宏观角度,以系统论思想从"整体"再到"部分"的顺序进行认知,从而攻克"难点知识"。

二、认知系统的自主建构离不开"类比"

既然学生对新知识的建构必须在原有认知基础上才能进行,那么新知识的引入就必须要贴近学生的生活实际,有效借助学生原有的生活经验。"类比"不失为一种有效的促进知识迁移和同化的教学方法。巧妙利用"类比"科学方法,可以帮助学生快速记住一些生僻、易混淆的名称,并能够起到加深记忆的作用。在这一节中,心脏内部有四个腔室,分别是:"左心房""左心室""右心房""右心室"。利用"类比法"联系生活实际来区别"心房"和"心室"。试想,在我们人类居住的房屋中,"房间"大都是建在地面以上,而"地下室"则建在地面以下。同理,在心脏的内部结构中,"心房"位于上半部分,"心室"则位于下半部分。当学生明确了心脏图示的左侧和右侧位置后,自然而然就能够在图示中准确找到四个腔室各自对应的位置。然后,教师在介绍了血液循环大背景的基础上,再次利用"类比推理"方法。引导学生把"心房"类比成"病房",即"病房"是病人休息的地方,"心房"是暂时储存血液的场所,二者都有"存储"的功能。而"心室"类比"手术室","手术室"是医生做手术的地方,"心室"是提供动力输送血液的场所,二者都有"工作"的功能,即可从"功能"的角度区分"心室"与"心房"的不同。由此学生实现了快速、准确、牢固地记忆这节课的知识难点。

接下来,再回到血液循环的宏观角度上,引导学生通过仔细观察,认真分析,思考仅仅依靠目前的结构能否实现正常的血液循环? 经过学生小组讨论后,得出结论"血液从心房流回到心室后,当心室收缩时,有部分血液将产生回流,难以实现正常血液循环。"为了能够找到避免血液回流的有效措施,学生很自然地联想到前一节课"血管的类别和作用"中的"静脉瓣膜"结构。并提出猜想"心房与心室相连处可能也会存在类似静脉瓣膜一样的能够防止血液倒流的组织结构。"最后,教师再通过实验操作和观看解剖实录的方式验证了同学们猜测的正确性,进一步加深了对"心脏瓣膜"的认识。

这节课的教学改变了以往传统教学模式让学生死记硬背、机械记忆的学习方式。在深入分析学情的基础上,大胆而巧妙地采用了变换教学内容次序的方式,合理地融入了"逻辑推理"的因素。让学生运用已有知识,根据一定的提示信息,进行独立自主的探究活动。这样,不仅有效解决了教学的重、难点,还发展了学生"类比"和"推理"等思维能力,并且引导学生学会科学探究的方法。实现了从"教教材"向"用教材"转变,以"系统论"科学思想为指指引,不拘泥于教材内容的编排顺序,实现以学生的认知规律来确定教师的教学策略和教学方式。这种渗透了"系统论"思想的变序式教学无疑是一次成功的创新教学尝试。

让思维可见，让创意有形

——制作印章

基本信息

1. 教师姓名：王振堂
2. 所在单位：华东师范大学第二附属中学
3. 学科类别：中学综合
4. 公开展示：区级展示

创新之处

1. **探究突破点**：学生以小组形式开展自主设计创意印章，在创意构思中培养学生的创新思维，在模型制作过程中培养学生的设计思维和创新能力，最后在交流分享中培养学生的交流和表达能力。

2. **课堂立意点**：通过3D打印技术实现中国传统印章的制作，让学生感受中国传统文化的独特魅力，提高学生学习的兴趣。同时学生在创意设计和项目探究中体验新技术带来的巨大变化。此外，学生自主设计校庆60周年印章，激发他们对母校的热爱，引导学生树立起良好的社会责任意识。

教学路径

引入课题→欣赏中国传统文化印章→要点讲解→理解操作要点→小组讨论→创意设计→小组成员分工动手实践→鼓励学生进一步美化设计→展示交流→作品进行点评→小结与拓展。

知识体系

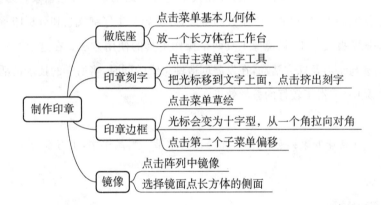

五元评价雷达图

分值：36/40

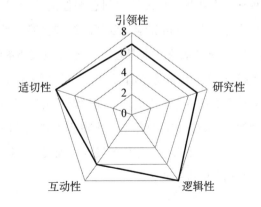

专家点评

王振堂老师的"制作印章"这节课,不仅是让学生学习 3D 打印的基础知识和基本操作,更重要的是激发学生的想象力,开发学生的创造潜能,培养学生的创新能力,让学生在创意设计和项目探究中体验新技术带来的巨大变化,有效地激发学生实践的积极性,提高学生的学习热情。

本课是一节 3D 建模设计课,为了培养学生的创造性思维,教师设计了让学生制作创意印章这一活动主题,并通过围绕学生为自己的学校华师大二附中设计 60 周年校庆印章,给学生搭建思维的支架,并在教学过程中鼓励学生大胆想象。为了培养学生的自主探究能力,教师鼓励学生大胆实践,并引导学生仔细观察和分析印章的构成,使其熟练地掌握文字工具、镜像工具两个操作工具的使用方法。在这节课中,学生们都能主动参与学习及探究活动,在发展创造性思维的同时,将所学的技术灵活、独特地表现在作品中,取得了较好的教学效果。

（点评专家：范小辉,华东师范大学第二附属中学,上海市物理特级教师。）

教学设计

1. 教材及学情分析

《制作印章》是我校校本课程《3D 设计与创意编程设计》一节创新课。本课基于 STEAM 开展的校本课程。课程以培养学生创新思维和实践动手能力等核心素养为目标,基于项目式学习方式实施教学。本课通过 60 周年校庆印章设计,激发学生对三维模型设计学习的兴趣,让学生在感受中国历史文化的独特魅力的同时,也培养他们在科技创新时代下的社会责任感。学生们通过前面课程的学习,初步掌握了 3D 软件的基本操作、3D 模型的基本设计、3D 打印的基本流程等知识。同时,学生对 3D 打印实践有浓厚的兴趣。学生本身是高中生他们的设计思维较为成熟,本节课主要通过制作一个印章在以前的基础上的进一步拓展。

2. 设计思路

本课的教学对象是我校选修课的学生,他们通过前面几节课的学习,已经对 123D 的界面比较熟悉,能比较熟练地使用各个视角观察物体,也能够在工作台上放上各种基本物体并对其进行移动、旋转、缩放等基本的编辑处理。本课的知识点是偏移、投影和文字编辑,这是学生第一次接触创意印章设计。为了帮助学生理解和掌握,课程以我校 60 周年校庆为主题印章作为任务载体,在设计"60 周年校庆印章"的活动过程中,鼓励学生在掌握技术的同时放飞想象,大胆创新。

3. 教学目标

(1)学会通过拉伸特征向导工具进行简单拉伸造型的基本操作,掌握文字工具、镜像工具基本操作;

(2)采用小组合作的方式,设计 60 周年校庆印章,体验设计过程,掌握制作印章的方法,通过自主探究、精心设计,了解利用 3D 打印技术进行对生活中的问题解决过程;

(3)在制作印章的过程中感受 3D 建模的神奇,通过自主设计印章,激发兴趣,培养自主探究能力;

(4)在作品讨论制作、展示过程中提高沟通表达能力,体验协作交流与互助分享的科学探究精神;

(5)通过学生自主设计校庆 60 周年印章,激发他们对母校的热爱,进而提升学生的社会责任感。

4. 教学重点、难点

(1)教学重点及突破

教学重点:掌握文字工具进行编辑、偏移和投影的综合运用。

突破办法:教师通过借助印章实物教具,让学生了解印章的制作过程,借助微视频演示 3D 软件具体操作步骤,让学生亲自动手去模拟练习制作。

(2)教学难点及化解

教学重点:如何把自己的想法和设计理念实际运用到 3D 设计中。

化解办法:通过教师的引导,要求创意印章设计需要体现在技术性、艺术性和创新性三个特性;分小组共同交流讨论确定设计方案的可行性。

5. 教学方法

小组合作、自主探究、教师讲授和实践操作法。

6. 教学过程

(1) 感受文化,导入新知

首先让学生欣赏北京奥运会会徽和中国传统文化印章,让学生感受一下中国传统文化的魅力,激发学生的学习兴趣,教师设置问题:什么是印章?印章主要用来做什么用?教师出示幻灯片,给出印章的相关介绍,并进行补充讲解。问学生自己想不想也做一个印章。

(设计意图:联系生活实际,激发学生的兴趣,感受中国传统文化的独特魅力。)

图 1　北京奥运会会徽　　　　　　图 2　乾隆玉玺

(2) 要点讲解

引导学生共同分析印章需要做主体结构、刻字和刻边框三部分,进而引出 3D 设计印章。

a. 做底座

底座就是一个长方体,长、宽、高分别为 20 mm、10 mm、20 mm。点击菜单基本几何体,放一个正方体在工作台上,印章底座做好了。

b. 刻字

点击主菜单文字工具,在边框里面点击,出现文字对话框。学生以学校名字为例练习模型制作，文字就出现在上面了。对平面文字进行拉伸，厚度设置为 3 mm，让文字形成向上凸起的效果。

c. 刻边框

现实中刻印章，要画草图，画好边框，写好字，把空白部分挖掉，是个细致活，点击菜单草绘中的投影，然后在上表面点击，这时上表面的图形就会自动投影在上面，出现一个绿色的长方形边框，点击底座的上表面，确定草绘平面，光标会变为十字型，从一个角拉向对角，拉出一个长方形。

d. 镜像

教师借助镜子和 3D 打印文字模型教具的展示，让学生感受镜子中呈现的反字效果。最后教师演示反字模型的制作方法：使用"镜像"命令，实体选择文字和正方体两个部分，镜像方式为面，使用鼠标点击正方体右侧平面，生成反字模型。

（设计意图：了解简单的印章如何设计，为下面学生自己设计做好铺垫。）

（3）创意设计，实际感受

a. 讨论设计华师大二附中 60 周年庆印章；

b. 根据老师的讲解制作印章；

c. 在现场解答学生在设计、制作过程中遇到的问题，师生共同寻找解决方法，及时解答学生实践过程中遇到的问题；

d. 鼓励完成得较快较好的同学进一步美化设计，或帮助组内有困难的同学。

（设计意图：这个环节的目的是让学生发挥想象，综合运用所学知识和技术，自主创作。在实践中发现问题、解决问题，充分发挥学生的主体作用；印章是权力和责任的象征，设计华师大二附中 60 周年庆印章，更象征了我们作为附中人的责任与义务。）

（4）展示交流与点评

a. 学生自由欣赏组内其他同学的作品，票选小组最佳作品；

b. 展示小组最佳作品，参照评价表进行互评、作者自评；

c. 教师简要点评与分析。

（设计意图：在作品汇报中，学生进行自评和互评，不断获得成功的喜悦和认同感，从而大大激发他们学习的兴趣和持续创作的欲望，进一步体现学生在教学中的主体地位。学生之间、师生之间交流互动，活跃气氛，加深记忆。）

（5）小结与拓展

a. 生活中有拉伸造型，也有其他造型，为后续学习做铺垫；

b. 课后我们可以多观察一下生活，引导学生思索如何将自己学到的专业知识更好地服务于社会。

（设计意图：进一步巩固所学知识；展示延展性内容，为后续学习做准备。）

教学后记

3D打印教育助力创新素养的提升
——让思维可见，让创意有形

3D打印课程以做中学为组织实施策略，以培养学生学习兴趣、享受学习乐趣为出发点，最终目的是培养学生创新意识、创新思维和创新能力，提高学生的核心素养。教师可以选取工具界面友好，简洁容易上手的3D打印软件，适合培养学生创造性思维，同时为学生提供了多种方式来发挥其创造力，不需要复杂的专业知识，只要学生有创意就可以轻松设计出想要的作品。在实际操作中完成知识的学习和技能的掌握，从而达成最终的教育目标，培养学生的创新能力。本节课的教学设计中都贯穿培养学生的创新素养教育理念，强调学生的问题解决能力、批判性思维和设计能力，这也与3D打印课程教学设计的教学理念不谋而合。同时本课程设计注重过程和实践，以真实问题为向导，让学生们自主设计印章，在教学设计上强调知识与能力并重，倡导学生在"做"中"学"；强调创新思维和能力的培养，注重知识的跨学科迁徙及其与学习者之间的关联。

一、 激发学生的创新意识

创新意识是创新创造的起点,是创新型人才对创新活动的自觉认识和自主意识。3D打印内容主要来源于现实生活,学生会带着问题去设计、制作和展示,有了问题意识学生们就会去探索、去发现、去改变,这就促成了创新意识的产生。本课正值学校迎接60周年校庆,让学生们自己设计3D打印作品,为学校60周年献礼。学生们在设计时,会思考如何结合学校的特点突显出校庆60周年的特色,给学生带来全新的学习体验。当一个直观、立体、真实的自己设计的作品呈现在学生眼前时,极大地激发了他们求知、求真的欲望。同学之间也会相互提建议,如何让设计作品更好。3D打印为学习活动开辟了新的空间,有效地激发学生实践的积极性,提高学生的学习热情。

二、 丰富了学生的创新思维

创新思维一般表现在思维结构的灵活性、思维方向上的求异性、思维空间上的整体性、思维程度的深刻性。学生在3D打印设计中一直贯穿创新思维,学生们一直在思考如何让设计更具有创新性,作品更加具有新颖性。生活中的物体都是立体的,观察这些几何体,分析其几何形状,并要注意对比和想象。本课从设计印章,其有各种造型,从三视图的角度观察印章的组成,再利用打印软件来完成所需的模型。通过教材、微视频演示,让学生了解设计方法,解决问题的关键,掌握设计的本质思想。在这个过程中引导学生多思考,鼓励学生去质疑、发表自己的见解,激发学生的求知欲,点燃学生思维的火花,促进学生立体化地获得和理解知识,提高创造性思维能力。

三、 培养学生的创新能力

本课程的设计是让学生先根据教材、微视频和老师的示范操作进行模仿学习,从而掌握新知,在此基础上再进行自由创意设计。立体模型激发了学生的创造兴趣,学生在建模过程中,从平面到立体的转变,不断地让学生发现物体的神奇变化,通过建模中的放样、镜像等命令让物体发生变化,通过运算让实体进行组合、去除等,在虚拟的立体世界里培养学生动手操作能力,在操作过程中不断发展学生的创造力。学生通过使用 3D 打印技术感受新技术的强大,提高技术素养;通过设计一些印章,分析其几何体组成,培养学生的科学素养和数学素养;利用 3D 打印软件完成"建模"和"运算",形成需要的模型,发展学生的工程素养;校庆以及学校纪念品的设计,体现学生的艺术素养。

四、 强调团队合作意识

在做印章项目的过程中,合作项目是必不可少的一环,而合作本身也是学习的一部分,学生需要相互帮助、相互交流,学生可以通过彼此之间的交流合作,在已有的知识储备和经验的基础上,进行群体性构建新的知识。在整个设计印章的过程中,学生们往往需要共同搜集代表学校特色的信息以及学校校庆的元素。学生们一起讨论制定可行性方案,有的学生负责创意设计,有的学生负责分享设计,有的学生负责具体的 3D 模型制作,遇到困难时共同改进,学生们会一起交流讨论如何完成规定的学习任务。最后完成作品时,同学之间需要相互分享作品,按照小组的形式每个成员都要共同参与,而不是根据个人的表现进行独立评价。

五、 结束语

随着新的控制技术、信息技术和材料技术的广泛应用,3D 打印技术也逐渐被推向更高的层面。将 3D 打印设计引入课堂教学中,充分体现了培养学生创新素养的理念,激发了学生的想象力,将学生的创意变为现实,使学习更加生动有趣,将艺术的美感与作品的创作融合在一起,为学生的学习开辟了新的空间,培养学生的实践操作能力,从设计到打印,更是大大激发了学生实践的积极性,提高了学生的学习热情,增强了学生的动手能力、设计能力和思维能力。3D 打印设计的课堂有利于学生科学素养、技术素养、工程素养、艺术素养和数学素养的发展。我们需要更多地思考如何在课堂教学中把学生培养成为有思想、有创造力的设计者与思考者,让学生拥有一个观察、探索、实践和不断完善的完整过程,为学生开辟一种全新的思维通道。使学生获得基于创造的个性化学习服务与学习体验,从而培养具有较高设计思维和创新思维等思维品质的21 世纪人才。

探秘电与磁的不解之缘

——电流的磁效应

基本信息

1. 教师姓名：叶笛
2. 所在单位：上海市三新学校
3. 学科类别：初中科学
4. 公开展示：全国公开课

创新之处

1. 探究突破点：尝试以多种方法设计并实施"判断通电电磁铁有磁性"的探究活动，体会运用"类比法"引入新概念。

2. 课堂立意点：强调科学探究的"实证精神"，创设有趣的情境，激发探究欲，让学生通过联系原有知识，体验"寻找有力证据来支持假设"的科学研究过程。

教学路径

探究"炒豆之谜"→推测"通电小装置"有磁性→设计判断"通电电磁铁有磁性"实验方案→重温"磁铁的特性"→运用"类比法"收集证据→揭示"奥斯特实验"原理→认识电磁铁构造→认识电磁起重机的优越性→拓展延伸（布置家庭作业）。

知识体系

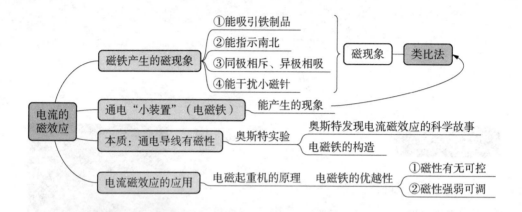

五元评价雷达图

分值：36/40

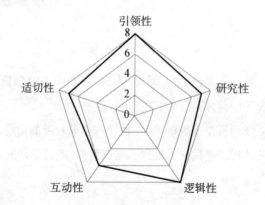

专家点评

本教学设计另辟蹊径，从科学探究规律出发，以"提出问题"为逻辑起点，创设有趣的情境，令学生产生"认知冲突"，大大激发了学生们的探究欲。本教学设计针对现实问题,以探究发现和解决问题的模式重新组织教学内容,有助于广大青少年实践能力的提高。始终紧紧围绕"以证据支持假设"这一主题,体现了对"如何形成假设""如何寻找有力证据""证据与假设之间有何关联"等问题的深入探讨和研究。不仅整堂课以探究过程为主线,还在具体活动中不断引导学生对现象进行深入剖析、对问题进行深入思考,形成严谨务实的科学态度——"用事实、用证据说话"。使学生们在这个充满乐趣的探究活动中,体验科学研究的快乐,感受科技的无限魅力。

（点评专家：王稚,上海市松江区教育学院,中学高级。）

教学设计

1. 教材及学情分析

"电流的磁效应"是初中《科学》(牛津上海版)七年级第一学期第九章"电力与电信"中的内容。本节课主要内容为：电流的磁效应及其应用。在学习本节课之前,对于七年级的学生而言,已掌握了有关磁方面的基础知识。如：知道磁铁能吸引铁制品、磁铁能指南北以及"磁铁同极相斥、异极相吸"等性质。在此基础上,本节课主要任务是：知道通电导线具有磁性,并能够设计实验来判断通电电磁铁有磁性。从中,体会运用"类比法"引入新概念。以及了解电流磁效应的一些实际应用,并树立敏锐观察、善于发现的科学研究意识。

2. 设计思路

基于"以学定教"教育理念和"建构主义"教育理论,充分利用学生已有知识,进行合理、高效的知识建构。为了激发学生探究欲、发挥主观能动性,特创设"炒豆之谜"情境使学生首先产生"大量混合在一起的红豆与绿豆不可能瞬间自然分开"的认知冲突,进而积极主动运用已有知识形成多种假设,并试图寻找有力证据来加以佐证。在此过程中,重温"磁体特性"等旧知识,并初步体会运用"类比法",从对"磁体"的了解过渡到对"电磁铁"的认识,让学生们体验"用证据支持假设"的科学研究过程。再追溯到"电流磁效应"的发现之旅,从中体会科学家善于观察、勇于实践的科学精神。最终,顺理成章地过渡到"电流磁效应的应用",搭建"学以致用"的实践平台,使学生们领悟科技对社会进步的巨大作用。

3. 教学目标

（1）知道电流的磁效应及其应用；

（2）通过设计并实施"判断通电小装置（电磁铁）有磁性"的探究活动,初步体会用"类比法"引入新概念,体验"寻找有力证据来支持假设"的科学研究过程；

（3）了解奥斯特发现电流磁效应的科学史,树立敏锐观察、善于发现的科学意识。

4. 教学重点、难点

（1）教学重点及突破

教学重点：从多个角度考虑,寻找并搜集有力证据来验证通电电磁铁具有磁性。

突破办法：创设问题情境,运用"类比推断法"帮助学生找到验证实验设计思路。

（2）教学难点及化解

教学难点：设计并实施"判断通电电磁铁有磁性"的实验。

化解办法：在小组探究活动前,复习磁铁产生磁现象等相关旧知识,然后通过交流讨论明确思路,最后小组合作自主完成探究活动。

5. 教学过程

（1）创设情境：探究"炒豆之谜"

教师向学生们播放一段小品视频（内容是：一个人在锅里同时炒红豆和绿豆,往盘子里一倒,红豆、绿豆能够自然分开）。

教师追问："数量非常多的红豆和绿豆会自然分开吗?"

学生们一致认为：不可能。

教师尝试用自制教具模拟"炒豆"实验,学生观察并产生认知冲突。

教师引导学生尝试根据看到的现象提出合理的解释。

学生认为：可能盘子底下有磁铁吸引了铁质的"绿豆"。

教师：想要证实你们提出的假设,需要收集到哪些证据呢?

学生举出要收集的两方面证据：

① "绿豆"必须是铁质的；

② 盘子底部要有磁铁。

学生进行验证：

① 用磁铁靠近"绿豆",发现能够吸引；

② 打开盘子底部,发现没有磁铁而是一些通电"小装置"。

学生进而提出新的假设:也许"小装置"通电后也与磁铁一样具有了磁性。

(设计意图:以创设的情境来激发学生的探究欲并产生"认知冲突"。尝试运用原有知识形成合理假设并有条理地采取措施来验证假设。当假设不成立时,再次促使萌生新的假设)

(2) 活动一:判断通电"小装置"是否有磁性

教师把"小装置"及一些器材分给每个小组,让同学们设计判断其通电后是否有磁性的实验方案。教师启发学生找到实验设计思路,穿插重温"磁铁的性质"等旧知识。

学生根据图示回忆并总结出磁铁能够产生的现象:

① 能吸引铁制品;

② 能指示南北;

③ 同极相斥、异极相吸;

④ 能干扰小磁针。

教师引导学生根据磁铁可以产生的磁现象,讨论设计实验方案并表达交流。

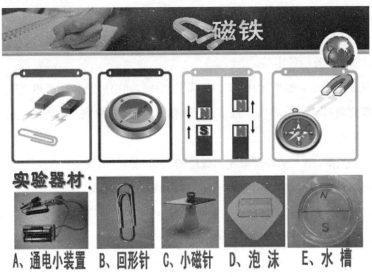

图 1　根据磁现象设计探究活动

学生小组合作展开验证实验,观察现象并完成"工作单"。

每组选派学生代表台前演示并汇报交流。

教师板书列表,渗透"类比法"科学思想。

表 1　磁铁与电磁铁进行类比分析

编号	磁铁	通电小装置【电磁铁】
A	能吸引铁制品	√
B	能指示南北	√
C	同极相斥,异极相吸	√
D	能干扰小磁针	√
	……	……
结论	有磁性	有磁性

通过找出"小装置"与磁铁相同的几个方面,最终得出结论:通电"小装置"有磁性。从而破解"炒豆之谜"。

(设计意图:充分利用学生原有知识进行知识的建构。让学生们尝试从不同角度分析问题,寻找多个有力证据来证明假设,从而体验到"类比法"科学思想。)

(3)活动二:奥斯特实验

教师进一步引申:如果拆卸下"小装置"的导线,通电后是否还有磁性呢?

学生观察教师将通电导线靠近小磁针的演示实验,并根据小磁针的偏转现象判断出:通电导线有磁性。

师:追根溯源,第一个发现电流磁效应的人是"奥斯特"。

学生倾听教师讲述奥斯特发现电流磁效应的科学小故事。

教师:为了达到实用目的,我们利用电流磁效应制作了磁性更强的"电磁铁"。"电磁铁"由"螺线管"和"铁芯"两部分组成。

学生明确:通电"小装置"就是一个简易的"电磁铁"。

图2　奥斯特发现电流磁效应的小故事

（设计意图：追本溯源引申到电流的磁效应，并揭示电流磁效应的本质特征。通过奥斯特科学发现小故事，引导学生体会敏锐观察、善于发现的可贵。同时，联系生活实际，再由"电流的磁效应"自然过渡到讲解"电磁铁的构造"。）

（4）巩固运用：了解电磁起重机

教师：让我们来认识一个利用电流磁效应工作的实例——电磁起重机。播放电磁起重机工作视频。

学生认真观看视频，思考："电磁铁"相比"永磁铁"有哪些优越性？

教师演示实验：增加电池节数后，电磁铁能吸引回形针的数目更多了。辅助学生归纳总结。

学生总结并归纳出"电磁铁"的优越性有：

① 磁性有无可控；

② 磁性强弱可调。

（设计意图：通过对比分析，运用所学知识解释生活中的现象。从而加深对奥斯特发现电流磁效应重要意义的认识。）

图3　电磁铁的优越性

（5）拓展延伸（布置家庭作业）

教师：生活中还有很多电器是利用电流磁效应工作的，你还知道哪些生活中的电器是利用电流磁效应工作的吗？请同学们课后查找资料，下节课进行交流。

教学后记

基于深度学习的课堂教学重构
——以"电流的磁效应"一课为例

随着课程改革的不断深化，针对深度学习的研究已然成为教育发展的前沿和教育研究领域的热点。所谓深度学习是指，在教师引领下，学生围绕着具有挑战性的学习主题，全身心积极参与、体验成功、获得发展的有意义的学习过程。对此，笔者以初中科学"电流的磁效应"一课为例，深入剖析阐述如何重构课堂教学以促进深度学习的策略。

一、 基于课程标准，定位教学内容

"深度学习"应基于课程标准，在符合学生年龄特点和认知水平的前提下确定适度、适量的教学内容。课程标准对本节课的要求为"知道电流的磁效应及其应用"。因此，本节课的教学目标的设定则紧紧围绕让学生对电流磁效应这一现象有清晰的认识以及对其应用实例有所了解。不能随意拓展延伸，但可以拓展日常生活中以电流磁效应为工作原理的应用实例，从而促进知识的迁移与应用。还可以增加"奥斯特发现电流磁效应的科学小故事"，以激励学生们树立敏锐观察的科学研究意识。因此，只有以课程标准为基本准则才能对教学内容做精准的定位。

二、 批判借鉴教材，优化教学内容

批判性借鉴教材，根据课堂教学的实际需要优化教学内容才能促进学生深度学习。本节课的核心知识点为"通电导线有磁性。"教材中规定的教学内容存在诸多不合理因素。剖析其主要原因在于，以"磁现象"作为铺垫引入"电流的磁效应"的编排方式，貌似顺理成章，却并没有充分考虑到学生们原有认知基础，缺少了必要的挑战性，难以激发学生们的探究欲，无法引发深入思考。在阐述了电流磁效应现象之后，安排了"判断通电的电磁铁有磁性"探究活动，明显不符合逻辑。由于电磁铁是基于电流的磁效应原理制作而成的，无需再判断其是否有磁性，明显此活动是多此一举。应用实例选取了早已被淘汰的"电磁门铃"并且其结构比较复杂，分析其工作原理给学生造成了极大的困惑，不具有代表性。

三、 创设问题情境，产生认知冲突

本节课创设了一个有趣的探究"炒豆之谜"的情境，促使学生产生"认知冲突"，激发了"问题意识"。以探讨"有没有可能将大量的红豆和绿豆瞬间分开?"作为引入。教师表演一个"小魔术"，就在学生们的眼前将红豆和绿豆瞬间分成了两堆。立刻引发了学生们积极的思考，激发了他们探寻其中奥秘的热情。他们马上根据自己的原有经验提出了种种猜测，并且彼此之间还产生了质疑与争论。很明显，他们的原有知识已经无法帮助应对现实问题的解决，他们产生了强烈的认知冲突，并开始积极地从原有认知结构中寻找对现象的合理解释。显然，这个问题情境激发了学生们的问题意识，促进了他们积极思考并联系了自己原有知识来尝试解决新的问题。这个过程不仅体现出学生的主动性，更提供了让学生们尝试利用已有知识解决实际问题的机会，他们的头脑也经历了检索知识、收集信息、形成假设、逻辑推理等复杂的思维过程。

四、 联系原有知识，促进知识建构

课堂教学中的师生互动过程中，始终是以一个接一个的问题所构成的"问题链"作为线索来推动探究活动的深入开展。教师布置一个更高层次的任务：大家能不能通过多种方式来证明通电"小装置"具有磁性呢？此时，尽管学生们绞尽脑汁寻找其他的证明方法，但总是跳不出固有思维定势的束缚。教师并没有直接告诉学生们应该怎么做，而是引导他们重温曾经学过的有关磁铁与磁现象的相关知识。让学生们回忆"磁铁会产生哪些磁现象？"然后，引导学生们沿着这些方向，想办法设计实验方案来验证通电"小装置"也会产生与磁铁相同的这些现象，就可以更充分证明它与磁铁一样具有磁性。学生们在无形之中体验并运用了"类比研究法"。帮助学生打开思路，建立新旧知识之间的联系，体验"类比法"开展研究的重要作用。

五、 基于认知起点，揭示本质特征

本节课从教学导入到开展探究活动，始终基于学生的生活经验逐步展开。教师再次抛出一个值得深思的问题，将"通电小装置"上的导线拆下来通电，还会有磁性吗？在教师的带领下学生以实验的方式加以验证后，惊讶地发现原来只要导线通电就会干扰小磁针。学生们立刻纠正了先前的错误认识，明确了通电导线有磁性是电磁铁具有磁性的根本原因。这样的知识呈现顺序的出发点是充分考虑学生的认知基础，符合他们的认知规律。如果教师转变观念，先站在学生的角度考虑，让他们在创设的探究活动体验中获得一些初步的感悟，然后再引导他们深入剖析，透过现象看本质，将规律和原理从他们的体验过程中提炼出来，他们会更加认同，印象也会更加深刻。

六、 联系生活实际，促进迁移应用

本节课从众多电流磁效应的应用实例中选择了"电磁起重机"。因为，可以将其看作成一个"巨型电磁铁"，便于学生在课堂上进行模拟体验，有利于加深学生对电磁铁优越性的理解。承接前面的教学内容，在介绍电磁铁的结构后，可以抛出一个问题"相比永磁铁而言，电磁铁有哪些优越性呢?"对此，学生们将对电磁铁和永磁铁再做进一步的对比分析，找出它们之间的差异。本人引导学生们观看"电磁起重机工作"的视频，指导学生们模仿并尝试用手中的电磁铁完成将回形针分拣出来的任务，对比发现永磁铁却无法实现。最终，他们通过对比实验总结出"电磁铁磁性的有和无可以通过电流的通断来控制"这一特性。接着，学生从"电磁起重机工作"的视频中归纳出"电磁铁的磁性大小也可以调节"又一特性。

经过一系列的优化和改进，"电流的磁效应"这节课教学内容的逻辑顺序变得更加合理，也更符合学生的认知规律，有利于促进学生的深度学习。由此可见，课堂教学的重构是实现深度学习的前提和基础。以深度学习理论为指导思想，从教学内容、方式上进行转变，才能优化教学活动以提升课堂教学的有效性，挖掘其内在的核心价值和作用，实现学生的深度学习。

机器之眼，看懂世界

基本信息

1. 教师姓名：俞晓瑾
2. 所在单位：华东师范大学第二附属中学
3. 学科类别：信息科技
4. 公开展示：校级教学比赛展示课

创新之处

1. 探究突破点：通过分析具体案例，比较人类和计算机在视觉信息处理方面的异同点，在人脸验证、人脸识别、人脸聚类等任务中，归纳人类怎样识别人脸，探究计算机怎样识别人脸，培养学生分析问题、解决问题的能力。

2. 课堂立意点：从人类视觉信息处理过程中汲取经验，迁移并应用于计算机视觉信息处理过程，初步构建计算机视觉的算法思想和框架，提升学生计算思维等学科核心素养，感受人工智能对国家、社会、人类产生的深远影响，提升学习兴趣，激发研究热情。

教学路径

播放视频《BBC记者挑战中国"天网工程"》→引入计算机视觉→分析计算机视觉

的信息处理过程→回顾图像在计算机中的表示方式→合作探究：人类怎样识别人脸→引入特征、特征向量概念→合作探究：计算机怎样识别人脸→介绍人脸识别的技术发展和应用场景→课堂小结→课后探究。

知识体系

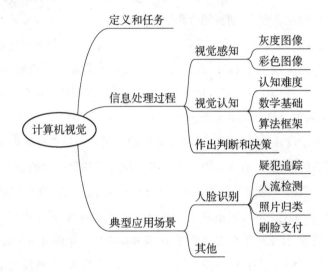

五元评价雷达图

分值：35/40

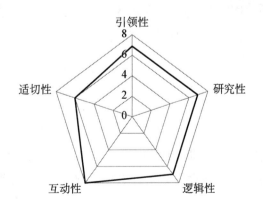

专家点评

《机器之眼，看懂世界》选自俞晓瑾老师自主研发的《计算机科学导论》课程中人工智能模块的内容。这节课的核心问题是计算机视觉，课程设计和主题选择都反映出教师能敏感地捕捉信息科技发展的热点和前沿问题，作为开阔学生视野、提升学生问题解决能力和培养学生学科核心素养的教学载体，具有前瞻性、创新性和适切性，也体现了教师自身良好的创新意识、创新能力和信息素养。

这节课从类比人脸识别的具体案例入手，最终推演出计算机对视觉信息进行感知和认知的原理和方法，学生在探究、讨论等信息活动中，依据计算机解决问题的方法，将问题形式化，进而抽象问题特征，建立结构模型，形成利用计算机自动解决问题的方案，并拓展到生活中的典型应用场景。

这节课的教学设计亮点很多。其中最突出的表现：一是充分体现了信息技术学科核心素养培育的理念，启迪学生的计算思维并使之迁移到生活的方方面面；二是提升学生对计算机解决问题的过程和本质的认识，有助于学生在理性层面认识信息技术；三是教师在引导学生解决问题的过程中，采用了类比推理、因果推理以及讨论这三种关键的认知技能，让学生学会怎样推理、决策和解决生活中随处可见的复杂问题，呈现出较为明显的有意义学习特征；四是引导学生关注新技术，不断发展学生使用新技术的能力，拓展学生对新技术进行再发展的思维。

（点评专家：朱一军，浦东教育发展研究院教师发展中心常务副主任，上海市信息科技特级教师，浦东新区教师培训基地主持人。）

教学设计

1. 教材及学情分析

普通高中信息技术课程标准（2017 年版）中将"人工智能初步"模块列入选择性必修课程。"人工智能初步"模块设置了"人工智能基础""简单人工智能应用模块开发"

"人工智能技术的发展与应用"三部分内容。其中,"人工智能基础"部分主要涵盖以下两条内容要求:

(1)描述人工智能的概念与基本特征;知道人工智能的发展历程、典型应用与趋势;

(2)通过剖析具体案例,了解人工智能的核心算法,熟悉智能技术应用的基本过程和实现原理。

《计算机科学导论》是由教师自主开发的校本选修课程,该课程涉及计算机发展史、硬件、软件、网络、人工智能等计算机科学核心内容。《机器之眼,看懂世界》是人工智能部分的内容,通过案例分析、项目学习等方式,引导学生发现问题、尝试用人工智能方法解决问题,让学生初步了解和体验人工智能的特点,感受智能技术对生活与学习带来的影响,进一步激发学生学习和探究新技术、新知识的积极性,提高学生综合应用信息技术的能力。

2. 设计思路

人工智能的算法和技术的发展,离不开对人类自身认知的探索,在计算机视觉领域亦是如此。《机器之眼,看懂世界》通过剖析人脸识别具体案例,引导学生分析人类对视觉信息进行感知和认知的步骤,进而推演计算机对视觉信息进行感知和认知的原理、方法和过程,在探究过程中比较人类和计算机在视觉信息处理方面的异同点。本课内容上简化算法模型和技术实现,让学生初步构建计算机视觉的算法框架,降低学习障碍,保证学习效果;采用案例剖析法,让学生在模仿中习得,在创造中推新;采用小组合作方式组织教学,发挥学生的自主学习与探究学习能力,鼓励学生积极探究、大胆实践,激发学生的创新思维。

3. 教学目标

(1)知道计算机视觉的定义和任务,理解图像在计算机中的表示方式;

(2)通过比较人类和计算机的视觉信息认知方式的差异,感受计算机视觉的认知难度,理解特征和特征向量的概念,提高学生分析问题的能力;

(3)通过探究具体案例,理解人脸识别的简单分类算法的基本原理和实现过程,提高解决问题的能力,实践机器学习算法,应用于人脸验证、人脸识别、人脸聚类等任务,培养计算思维等学科核心素养;

(4)感受人工智能对国家、社会、人类产生的深远影响,提升学习兴趣,激发研究

热情;

（5）关注国家、企业的科学技术发展现状和未来趋势,增强民族自信心和自豪感,增强社会责任意识。

4. 教学重点、难点

（1）教学重点及突破

教学重点：计算机视觉的信息处理过程。

突破办法：通过比较人类和计算机,引导学生猜想在"外部世界—感知—认知—作出判断和决策"的过程中,人类和计算机各自的传感器和处理器、信息处理的方法和过程,在课堂体验和探究活动中,让学生不断修正和完善自己的想法。

（2）教学难点及化解

教学难点：运用机器学习算法完成人脸识别任务。

化解办法：通过引入特征、特征向量等概念,借助具体案例,引导学生探究"原始图像—特征提取—特征分类—分类结果"的过程,理解计算机识别人脸的原理、方法和过程,完成人脸验证、人脸识别、人脸聚类等任务。

5. 教学过程

（1）情境引入

播放视频《BBC记者挑战中国"天网工程"》,引入本节课的内容：计算机视觉。

问题：中国"天网工程"具有哪些功能？ 可能运用了哪些技术?

（设计意图：通过视频介绍国家层面的计算机视觉系统,增强学生的民族自豪感,激发学生的学习兴趣,引入本节课的内容。）

（2）计算机视觉

阐释计算机视觉的定义和任务：计算机视觉是一门研究如何使机器"看"的科学,它的任务是：①感知（采集外部世界的数据）；②认知（深度处理图像和视频数据）；③做出判断和决策。

比较人类和计算机的视觉信息处理工具,分析它们的视觉信息处理过程都是"外部世界→感知→认知→做出判断和决策"。

（设计意图：通过比较人类和计算机，引出本节课的重点——"外部世界→感知→认知→做出判断和决策"的视觉信息处理过程，深刻体会人工智能的内涵在计算机视觉领域的扩展。）

（3）视觉感知

回顾图像在计算机中的表示方式：灰度图像和彩色图像。

展示灰度图像，复习分辨率、位深度、像素、矩阵的概念，感受灰度图像与灰度值的数字矩阵之间的对应关系。

展示彩色图像，复习 RGB 色彩模式的概念，通过实例分析彩色图像的红、绿、蓝三个通道的图像，解释色彩叠加的原理。

（设计意图：复习灰度图像和彩色图像的相关概念，深入理解图像在计算机中的表示方式。）

（4）视觉认知

邀请两位学生体验"猜猜他是谁"的游戏：在游戏中，灰色图层遮盖了原始图像，学生通过移动灰色图层上的透明正方形窗口，观察原始图像的细节，猜测原始图像中的熟悉面孔。

阐释计算机视觉的认知难度：计算机只能一小块一小块地处理图像，通过对图像局部信息的处理和整合，形成对图像整体的视觉认知。

（设计意图：引导学生理解计算机与人不同，它对图像的视觉认知是微观的、局部的，处理过程是复杂的，深刻体会计算机视觉的认知难度。）

合作探究一：利用学习任务单，完成人脸验证、人脸识别、人脸聚类任务，归纳人类是怎样识别人脸的，小组讨论分享。

◇ 合作探究一：完成以下三个任务，归纳人类是怎样识别人脸的。

① 人脸验证：给定两张人脸图像，判断它们是否属于同一个人。

② 人脸识别：给定一张人脸图像，判断它属于记录①－⑤中具体哪一个人。

③ 人脸聚类：给定一批人脸图像，将属于同一个人的归为一类。

（设计意图：通过合作探究活动，让学生初步了解人脸识别的三大任务，通过分析具体案例，深入思考人是如何识别人脸的，识别依据是什么，为后面对比人和计算机识别人脸的原理、方法和过程做好铺垫。）

　从人类怎样识别人脸过渡到计算机怎样识别人脸,引入特征、特征向量、特征数量、特征属性的概念。

　（设计意图：通过实例引入特征、特征向量等关键概念,由定性分析转向定量计算,为后面合作探究活动搭建数学支架,铺设认知台阶。）

　合作探究二:利用学习任务单,通过分析实例,体验计算机识别人脸的简单分类过程,即"原始图像→特征提取→特征分类→分类结果"的过程。思考人脸验证、人脸识别、人脸聚类等任务如何用这个分类器实现。

　◇ 合作探究二:分析给定人脸图像,写出三维特征向量,并在三维笛卡尔坐标系中画出对应的点。

特征	1	2	3	4
特征 1. 眼睛	浅蓝	浅褐	深棕	黑色
特征 2. 肤色	浅白	浅黄	深黄	棕黑
特征 3. 发色	浅黄	浅棕	深棕	黑色

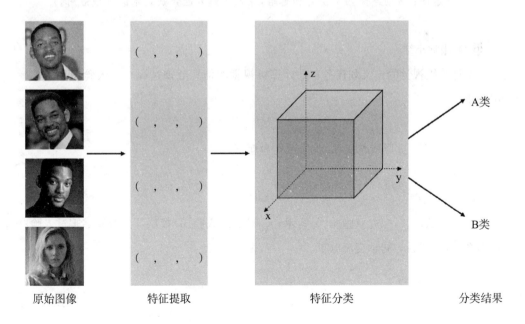

原始图像　　　　特征提取　　　　　　　特征分类　　　　分类结果

221

简述深度神经网络相比传统分类器的优势。

(设计意图:通过合作探究活动,引导学生深入理解计算机识别人脸的原理、方法和过程,并应用这个模型实现人脸验证、人脸识别、人脸聚类等任务,加深对特征、特征向量等概念的理解,提升计算思维等学科核心素养。)

(5)人脸识别应用场景

展示新闻报道,简要介绍跨年龄、跨代人脸识别技术在寻找被拐儿童方面的应用和价值,以及中国企业在人脸识别方面的技术发展和社会责任担当。

(设计意图:介绍人脸识别技术的前沿发展,增强学生的民族自信心和自豪感,增强社会责任意识。)

展示图片、动画,介绍人脸识别的其他应用场景,例如疑犯追踪、人流检测、照片归类、刷脸支付等应用。

(设计意图:帮助学生拓宽视野和思路,深入了解人脸识别技术的落地应用。)

(6)课堂小结
①计算机视觉的定义和任务 ②计算机视觉的信息处理过程 ③人脸识别的应用场景

(设计意图:巩固所学知识,加深记忆和理解。)

(7)课后探究
查阅文献资料,探究双胞胎、易容术、人脸照片、人脸3D模型等是否能够骗过人脸识别系统,在课后与同学交流分享。

教学后记

化繁为简，让前沿科技更平易近人

2016 年，谷歌旗下 DeepMind 公司开发的人工智能程序 AlphaGo 击败了世界围棋冠军李世石，这场对弈掀起了新一轮人工智能的热潮。伴随着大数据和高性能计算技术的发展，人工智能在人机博弈、图像识别、机器翻译、自动驾驶等众多应用领域都取得了令人瞩目的进展，引起了社会的广泛关注。2017 年，国务院印发了《新一代人工智能发展规划》，其中提出了广泛开展人工智能科普活动，在中小学阶段设置人工智能相关课程，逐步推广编程教育。在此大背景下，开设人工智能校本选修课程，肩负着践行人工智能国家发展规划、激发学生学习兴趣、普及人工智能知识的重任。

然而，人工智能理论深奥，涉及微积分、线性代数、概率论、数理统计、最优化理论等多个数学分支，成为横亘在学生面前的一道巨大鸿沟。面对这个难题，笔者重新评估了学生的现有水平和认知需求，确定了激发兴趣、逐步理解、深入研究的循序渐进的教学目标。对教师而言，如何化繁为简、由浅入深，让人工智能更贴近高中学生的认知水平，成为课堂教学设计的关键所在。本节课的设计围绕这个主旨展开，主要体现在以下四个方面。

一、 创设多彩活动，激发学习兴趣

为了让人工智能更加生动鲜活，本节课准备了有趣的教学素材，创设了多彩的体验活动。课堂以视频《BBC 记者挑战中国"天网工程"》导入，引出主题"计算机视觉"，在观看视频的过程中，学生自然而然会产生许多疑问：天网工程是什么？实时行人检测识别系统可以识别哪些信息？识别过程具体如何实现？类似的识别系统还可以应用在哪些领域？这些问题能够充分激活学生的学习兴趣，让他们更期待接下来的教学内容。在探索视觉认知的过程中，学生共同参与"猜猜他是谁"的游戏，在游戏中，灰色图层覆盖了原始图像，学生只能通过可移动的透明窗口，观察原始图像的部分细节，透过细节猜测原始图像中的熟悉面孔，这种体验让学生发出惊叹，原来计算机内部只能按照顺序一小块一小块地处理图像,认识到计算机和人类截然不同的工作方式,感受到计算机视觉认知的特点和难度。随后,学生以小组合作形式,完成人脸验证、人脸识别、人脸聚类三个任务,归纳人类是怎样识别人脸的,在这个合作探究活动中,学生需要仔细观察和比对多张照片,在小组中发表观点和理由,通过深度讨论、思维碰撞,总结出人类识别人脸的方法和技巧。课堂最后,通过图片和动画的形式,展示人脸识别的多种应用场景,如疑犯追踪、人流检测、照片归类、刷脸支付等,有助于学生拓宽视野和思路,深入了解人脸识别技术的发展现状。丰富的教学素材和体验活动贯穿整个课堂,能够大幅提升学生的参与度,有效提高课堂的教学效果。

二、 借助对比观察,获得理性认知

众所周知,图像以数字矩阵的形式存储在计算机内部,数字矩阵中的数值包含了图像的形态、颜色等许多信息。如何才能让学生理解数字矩阵中数值的含义呢?如果仅仅给出一个数字矩阵,学生恐怕很难从一堆密密麻麻的数字中解读出原始图像的样貌。人眼所见的原始图像与计算机内部的数字矩阵之间究竟有哪些联系呢?借助原始图像和数字矩阵的对比观察,有助于学生从感性认识过渡到理性认知。在灰度图像中,以边缘界限为例,人眼所见的原始图像是一半边浅灰、另一半边深灰,中间呈现出明显的边缘分界线,与之对应的数字矩阵也是一半边数值较大、另一半边数值较小,在边缘分界线两边数值差异明显。在彩色图像中,以 RGB 色彩叠加为例,人眼所见的原始图像是某个区域呈现黄色,与之对应的数字矩阵也是在该区域中红色通道和绿色通道的数值较大、蓝色通道的数值较小,红色分量和绿色分量叠加形成黄色。通过这两个具体案例的对比观察,学生可以分析出人眼所见的原始图像与计算机内部的数字矩阵之间的对应关系,将主观感觉和客观现实统一起来,深入理解图像在计算机内部的表示形式。

三、 运用类比分析,深化概念理解

人工智能如同"黑盒子"一般高深莫测,学生在体验人工智能产品的时候,往往只能看到输入和输出分别是什么,却无从知晓从输入到输出的中间过程究竟经历了哪些计算和决策。为了让学生深入理解人工智能的学习过程,课堂设计了两次类比分析,通过类比从人类迁移到计算机,剖析计算机视觉处理的过程和原理,比较人类和计算机的异同,从而让人工智能更浅显易懂。第一次类比分析了人类和计算机的视觉信息处理过程,它们都是"外部世界→感知→认知→作出判断和决策"的过程,不同的是计算机视觉用摄像头和计算机代替了人类的眼睛和大脑,期望达到或超越人类视觉认知水平,对图像、视频等信息做出准确的判断和决策。第二次类比分析了人类和计算机识别人脸的原理和方法,首先通过人脸验证、人脸识别、人脸聚类三个任务,让学生归纳人类识别人脸的依据,然后从人类视觉认知过程中汲取经验,引入特征和特征向量等人工智能相关概念,说明计算机跟人类一样也是通过提取特征的方式来比对人脸,如果人脸特征相似度较高,就可以判定为同一个人。在探究活动中,学生以小组合作形式,观察给定的四张人脸图像,提取特征并转化为特征向量这种数学表达形式,在笛卡尔坐标系中画出特征向量对应的空间中的点,分析这些点的亲疏关系,通过分析可以发现同一个人的点会聚集在一起,不同的人的点则相距较远。这种可视化的呈现方式,即便是没有人工智能基础的学生,也能够深刻理解人脸识别的原理和方法,初步构建计算机视觉的算法框架。上述学科概念和框架的构建,有助于学生梳理学科知识脉络,发挥自主学习能力,进行更深入的探究和创新。

四、 直面现实问题,提升信息意识

常言道,技术是一把双刃剑,对人工智能而言这句话同样适用。随着人工智能理论和技术的发展,各种人脸识别作弊手段层出不穷,对信息安全、金融交易安全等构成了潜在的威胁。在课后探究部分,笔者给出了这样一个问题:双胞胎、易容术、人脸照片、人脸3D模型等是否能够骗过人脸识别系统?这个问题值得深入探究,学生通过查阅文献和资料,梳理人脸识别的几种主流技术,分析它们是否能够经受各种作弊手段的考验,如果不能,那么人脸识别技术可以往哪些方向改进。通过课后阅读和讨论,学生不仅能够更加深入了解人脸识别的发展现状和局限之处,还能够提升信息安全意识,树立信息社会责任,自觉主动保护个人隐私信息,不给作弊手段留有可乘之机。

经过教学实践,笔者发现在课堂上,学生全情投入,积极参与活动,发表真实观点,课堂教学效果基本符合教学设计的初衷，无论是激发学习前沿技术的兴趣，还是感受人工智能的奇妙之处，无论是构建人工智能的初步思想，还是激活进一步科学研究的热情，总有一些点能够戳中学生，让他们每个人都有所体验、感悟和收获。

人工智能初体验

—— 人脸识别的秘密

基本信息

1. 教师姓名：黄嘉伟
2. 所在单位：上海市闵行区浦江第二中学
3. 学科类别：信息科技
4. 公开展示：全国信息科技教育学会人工智能展示课

创新之处

1. 探究突破点：以人工智能为基点，通过动手操作，建立人脸识别模型，创建人脸识别程序最后感受人脸识别的一般过程，透过学科内容理解现代科技的基本原理与实现方式。

2. 课堂立意点：人工智能是目前最火热的科技前沿方向，Scratch 图形化编程是学生能够使用并建立基础程序的工具，通过制作、观察了解人脸识别的一般步骤，破除人脸识别的神秘感，也为学生今后致力于科技发展而做好启蒙工作。

教学路径

人脸识别的基本概念→特征的含义→人脸识别的一般过程→特征值的含义→体

验人脸识别给生活带来的影响→总结全课内容。

知识体系

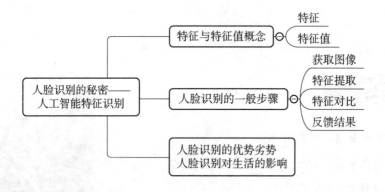

五元评价雷达图

分值：35/40

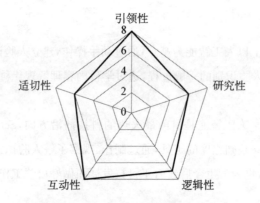

专家点评

黄嘉伟老师本节课围绕四个教学目标：人脸识别的含义和基本原理、人脸识别的一般步骤、特征与特征值的含义、人脸识别对生活带来的影响,以问题为情境、以解决问题为活动体验为技术学习主线,通过指向目标导向的三个活动实现教学目标。本课从双胞胎姐妹是否能解锁 iPad 的问题引入,引发学生对了解人脸识别原理的学习兴趣。设计三个活动增进学生对人脸识别原理的基本认识,活动一首先通过观察卡通人仔的特征差别引入特征概念,再让学生通过机器学习平台创建一个人脸识别模型,感受特征提取过程;活动二要求学生制作程序感受人脸识别操作部分的一般过程;活动三是学生通过观看教师精心制作的微视频,感受机器学习模型内部人脸识别的过程。黄嘉伟老师在最后引导学生讨论三个问题:导致识别精确度低的原因有哪些? 如何提高机器模型的识别率? 人脸识别的优势与不足有哪些? 引导学生对人脸识别技术进行基于技术原理的思考。

本节课黄嘉伟老师的教学设计新颖不落俗套,他没有在机房而选择了在电子书包教室上课,主要通过分组讨论、互动交流的方式开展教学,在突破当前初中阶段人工智能教育的难点方面做了有益的尝试,一方面将人脸识别原理的概念融入到课堂体验活动,在活动中层层递进,把体验重点更好地指向人脸识别原理的学习;另一方面将难以理解的概念用微视频形象的展示,降低了原理学习的难度,使学生的思维随着课堂教学的深入而生长。

尤为可贵的是黄嘉伟老师对本节课内容的创造设计,他将一节通常很容易上成枯燥的理论的课堂教学上成了一节关注学生核心素养的提高课。这堂课有两个特点:一是用基于学科大概念的"数据"和"信息社会"设计单元和本课目标,有单元整体意识;二是设计了目标导向的学习活动。整堂课教学目标预设合理且达成度较高,教师教学思路清晰,教学节奏控制张弛有度,层层递进,环环紧扣,课堂上可见自然生成和有效引领,多种教学资源搭建有效多样,让学生很自然地感受到学习人脸识别原理中的乐趣。

本节课黄嘉伟老师体现了与时俱进的学科素养和良好的综合素养,语言表达清楚、流畅,亲和力强,对课堂观察和指导能力也比较出色。他对新技术的分析、理解比较深刻,对学生的情况了解清楚,教学的重点难点把握恰当,教学氛围活泼,教学目标达成度高,学生学习状态好,学习效果佳。

(点评专家:周纯,闵行区教育学院,信息科技教研员。)

教学设计

1. 教材及学情分析

在社会信息化的大背景下,提升学生的核心素养成为信息化教学的研究方向,计算思维作为学科的核心素养得到教育学者的广泛关注。面向 K－12 阶段学生开发的 Scratch 可视化编程软件,可以帮助学生在可视化的图形化编程环境下快速掌握程序,提升计算思维。

本单元内容选自新版《上海市初中信息科技学科教学基本要求》的"计算机系统"中的一个章节——人机交互,本单元尝试在人机交互实验的基础上,能够将自然语言转变成脚本语言,并通过一系列的活动创作出作品,培养学生的想象力和创造力,形成属于自己的解决方案,提升学习者自主创新的能力。同时在本单元中引入了人工智能平台 Machine Learning for Kids,通过文字、图像、声音的三个方面的识别,让学生能够在掌握 Scratch 的同时,了解人工智能的相关知识,做出具有交互性的人工智能 Scratch 作品。

本节课的教授对象是我所执教的中预(1)班,该班学生的特点是单纯朴实、容易和老师亲近、积极踊跃、有较强的表现欲。通过前面的对于人机交互的学习,学生掌握一定的人机交互编程技巧后,学生能够使用基本的图形化程序设计语言进行简单的程序设计,但是对于很多原理性的知识如现代人工智能的原理以及目前的一些常用设备背后的技术不了解,本课基于学生在信息科技上常用的 Moodle 平台与 Scratch 平台,结合 IBM 推出的人工智能机器学习平台对学生进行教学,学生在熟练使用 Scartch 的前提下引入人工智能以激发他们兴趣。

2. 设计思路

本单元《人机交互》的 Scratch 单元教学内容,以理解人机交互为主,通过使用 Scratch 脚本,制作简单的人机交互作品。

本单元通过分析《初中信息科技教学基本要求》中的四个案例,归纳总结出人机交互模块需要掌握的知识与技能,将本单元分为上下 2 个部分,上半部分 4 课时为 Scratch 基本操作,下半部分 4 课时为结合了人工智能平台的 Scratch 人工智能体验,引导学生在人机交互程序理解的基础上对人工智能有所体验。

本课为本单元下半部分人工智能人机交互程序中的一课:人脸识别的秘密,使用

Machine learning for Kids 创建一个人脸识别模型,使用 Scratch3.0 设计与搭建一个人脸识别程序,通过拍照识别人脸并做出解锁与锁定的反应。

从"数据"层面,本单元深度结合了人工智能的相关内容,在文字、图像处理、语音处理上对于数据这一学科概念有两方面的理解,一方面是数据量,另一方面是数据内容,从学生的角度上来说他们需要对于对数据进行一定的选取与分析使得数据本身具有一定的意义与价值,具体结合人工智能而言就选取有典型特征的数据,如文字识别中分辨开心与不开心,图像识别中分辨不同动物,人脸识别中人的面部特征,语音识别中称述句与提问句的理解。此外还要对于数据量进行深入的理解,由于人工智能的特殊性,其理解更趋向于大数据理解,学生在学习过程中可以体验到数据量的不同对于人工智能识别精确度带来的深刻影响。

从"信息社会"层面,本单元的体验重点也在于人工智能对于生活的影响,从文字语义理解到图像识别、从人脸识别到语音助手,人工智能深入了生活的方方面面。信息社会不仅仅是指信息时代的社会形态,更在于信息对生活产生的积极与消极的影响,学生更应从事物的两面性,从唯物辩证主义的角度客观的看待信息社会,从而形成自己的信息世界观,教师从正面引导使得学生正确且有效地使用信息。

3. 教学目标

(1) 通过训练人脸识别机器学习模型,了解人脸识别的含义和基本原理,破除人脸识别的神秘感;

(2) 通过搭建人脸识别程序,了解人脸识别的一般步骤,深入感受人脸识别数据流转;

(3) 通过游戏比较与活动感受计算机图形特征与特征值的含义;

(4) 通过思考与讨论人脸识别的优势与劣势,体验人脸识别对生活带来的影响。

4. 教学重点、难点

(1) 教学重点及突破

教学重点:灵活使用 Watson API 接口模块,实现人脸识别的功能。

突破办法:学生亲自动手设计人脸识别模型,并通过编程链接人脸识别模块,进而实现人脸识别的功能。

(2) 教学难点及化解

教学难点:体会人脸特征值对于人脸识别程序的作用,感受人脸识别程序与人的认知异同。

化解办法：通过计算思维的程序思考，感受程序与人的识别的异同。通过思考与讨论人脸识别的优势与劣势，体验人脸识别对生活带来的影响。

5. 教学过程

（1）情景引入

课前情景：双胞胎姐妹人脸解锁 Ipad 的故事，双胞胎中姐姐戴眼镜，妹妹不戴眼镜，姐姐在戴眼镜的情况下无法解锁妹妹的平板电脑，但是姐姐摘下眼镜后却能解锁妹妹的平板电脑。

课前测试：思考为什么会发生情景所呈现的情况？你认为人脸识别是如何工作的呢？学生根据之前学习的人工智能相关内容，联系思考后通过课前测试猜测人脸识别的一般步骤。

反馈课前测试结果，引入课题：人工智能初体验——人脸识别的秘密。

（设计意图：学生在经过一个单元的学习后，对人工智能是有一定的了解与认知的，通过了解学生对于人脸识别的基本掌握情况，调整教学策略。）

（2）提出问题与解决方法

问题一：人脸识别的定义是什么？

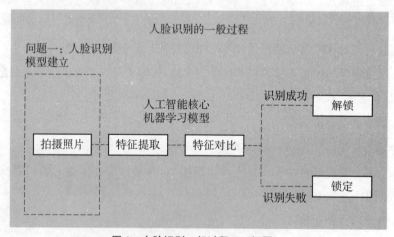

图1　人脸识别一般过程——问题一

分析解决问题：

a）学生观察人仔，找到不同点，学生展示手中人仔的不同点。

为了保护双胞胎同学的隐私，教师为每组同学准备了两个双胞胎人仔，学生仔细观察这两个人仔在哪些地方有哪些差别？

学生观察到人仔的眼睛、嘴巴、眼镜等有差别。

图 2 人仔的特征差异

b）总结归纳面部特点的核心为特征。

学生观察到我们的人仔在面部都各自的特点，这个特点就是区别人仔的关键，我们将这一特点称之为特征。

学生归纳人脸识别的核心：人脸识别的核心是特征。

教师提问：什么是人脸识别？

学生总结：人脸识别是计算机通过特征识别人脸的过程。

教师总结：计算机是如何通过特征识别人脸的呢？其中很重要的一步是特征提取。

根据《活动一：人脸识别机器模型创建》创建人脸识别机器模型，学生曾经使用 Machine Learning for Kid 平台识别了文字，这个平台还有一个相当强大的功能就是识别图像，学生根据《活动一：人脸识别模型创建》自学文档，使用这个平台让计算机认识这两个人仔：

① 首先要给予每一个人仔一个标签，由于平台不支持中文标签，所以使用 lock 代

图 3　人类与计算机进行人脸识别的定义

表锁定标签表示这个人脸不能解锁和使用 unlock 代表解锁标签表示这个标签可以解锁。

② 为每个人仔拍摄 10 张照片，因为人仔的特征差异主要在脸上，所们主要拍摄的是？

③ 最后就要点击建立机器学习模型让计算机认识这对人仔双胞胎。

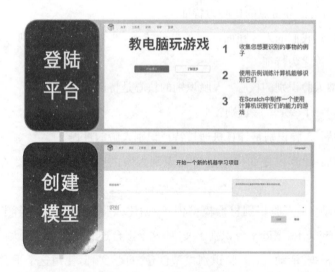

图 4 建立人脸识别模型的过程

任务的要求：根据《活动一：人脸识别机器模型创建》创建人脸识别机器模型两人一组完成，一位同学阅读教程指导另外一位同学完成。

（设计意图：通过人仔的特征差别引入特征概念；通过特征引出人脸识别的基本定义；通过机器学习平台创建一个人脸识别模型，感受特征提取过程。）

问题二：如何进行人脸识别？

分析解决问题：

a）搭建人脸识别程序

学生已经训练了一个机器模型了，计算机需要 6—8 分钟进行学习，在这段时间里可以搭建人脸识别程序来验证一下机器模型是否能够识别人仔，根据活动二，创建一个以 Scratch 为编程语言的人脸识别程序。

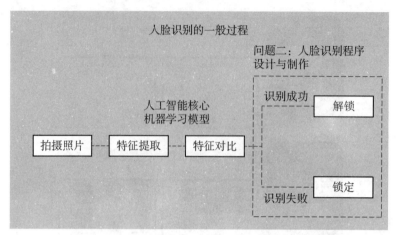

图 5　人脸识别一般过程——问题二

根据《活动二：人脸识别程序设计与搭建》完成人脸识别程序的组建。程序搭建效果如下。

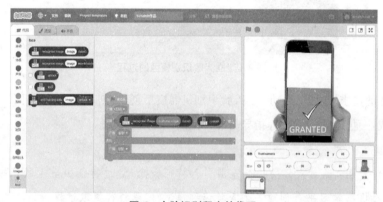

图 6　人脸识别程序的代码

b）程序测试

完成程序后，学生进行程序测试，测试程序效果如图 8 所示。

c）程序展示

学生展示自己的人脸识别程序。

d）　课前测试回顾，正确填写流程图

学生已经完成了人脸识别机器模型的创建与人脸识别程序的搭建，回顾思考课前

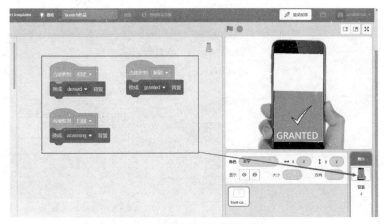

图7 人脸识别程序相应代码

图8 人脸识别程序结果

测试中人脸识别的一般过程的顺序。

教师展示学生的程序和识别结果,结果有两种:第一种,成功识别两个人仔;第二种,无法识别两个人仔的区别。

教师提问:学生们按照正确的步骤搭建的程序那为什么还是会有识别失败的情况呢?

(设计意图:通过 Scratch3.0 制作 Scratch 程序感受人脸识别操作部分的一般过程。)

问题三：为什么制作的人脸识别程序有时无法精确识别人脸呢？

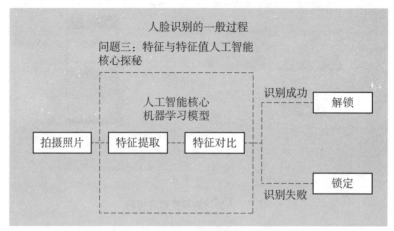

图9　人脸识别一般过程——问题三

分析解决问题：

a）机器学习模型是如何认识人脸的？

带着问题思考：机器学习模型是如何识别人脸的呢？学生观看微视频《特征值》找出答案。

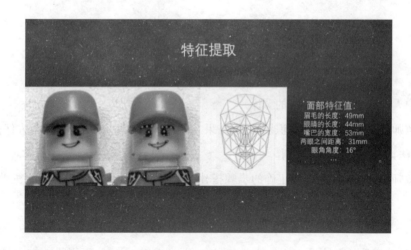

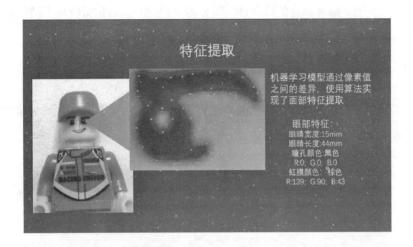

图 10、11、12　《特征值》微视频截图

机器学习内部先将特征进行数据化再进行对比最后反馈对比结果,传输进入人脸识别模型的是照片,返回的信息是"匹配"或"不匹配"。

教师组织讨论:从特征数据化和对比角度讨论:导致识别精确度低的原因是什么?

b) 讨论:导致识别精确度低的原因?如何提高机器模型的识别率?

教师提问:学生已经讨论了导致识别率低的原因,根据这些原因,提出能够提高识别精确度的方法。

学生总结:识别失败的主要原因是因为人仔太像了,特征不明显!提高人脸识别的精度的方法有：提高照片的精度,像素,分辨率；只拍人脸；拍摄特征不同的地方等。

教师鼓励学生尝试使用人工智能平台在课后进行验证。

教师提问：人脸识别程序有哪些优势与不足？

c)讨论：人脸识别的优势与不足

学生总结人脸识别的优势与劣势：优势为无接触、快速、方便；劣势为精度低、戴口罩或者去除特征就无法识别等。

（设计意图：通过微视频感受了解机器学习模型内部人脸识别的过程；通过思考讨论,关注人脸识别的优势与劣势体验人脸识别对生活的影响。）

（3）小结：

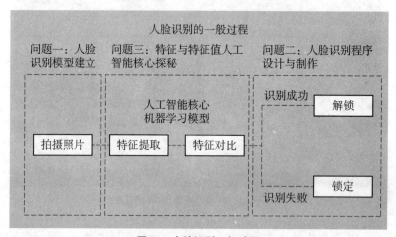

图13　人脸识别一般过程

人脸识别是基于特征的识别。

利用Scratch3.0制作一个人脸识别程序。

体验人脸识别给生活带来的影响。

（4）课后拓展：

拓展1：Iphone Face ID揭秘

Iphone X人脸识别的方式主要是通过红外点阵摄像头获得人脸三维模型特征,配合摄像头获得的脸部特征进行特征对比。双胞胎在人脸特征上的差异点极小,所以较为相像的双胞胎无法清楚识别。

拓展 2：计算机视觉

计算机视觉是一门关于如何运用照相机和计算机来获取我们所需的被拍摄对象的数据与信息的学问。形象地说，就是给计算机安装上眼睛（照相机）和大脑（算法），让计算机能够感知环境。

📄 拓展1：iphoneX是如何识别人脸的

📄 拓展2：计算机视觉与人脸识别

💬 人脸识别小辩论——人脸识别安全吗？

图 14　在线学习资源与拓展资源

（设计意图：课堂展示的是最基本的人脸识别模型，通过最新技术的拓展了解新技术的发展程度，以原理理解目前的科技发展状况。）

教学后记

具有可操作性的新技术概念感知

人工智能作为热点如何融入信息科技教学，人脸识别的秘密这一课正是我从人机交互与信息新技术体验角度对初中人工智能教学在农村地区学校培养学生核心素养的探索。

一、基于学科素养的新技术与人机交互单元体验

在社会信息化的大背景下，提升学生的核心素养成为信息化教学的研究方向，计算思维作为学科的核心素养得到教育学者的广泛关注。人工智能是社会热点，作为新技术，目前对于人工智能教学华东师范大学出版社、北京师范大学出版社均出版了相

关的教材，为中小学学生提供参考，让学生开展新技术探究是本单元的探索目标。

本单元选取了人工智能文字、图像与语音相关内容，设计了整体性的人工智能感知，全面感受人工智能对生活产生的影响，同时为了提升学生的计算思维，通过对人工智能相关内容的形式化、模型化、自动化与系统化的研究，学生从体验中抽丝剥茧感受人工智能解决问题的方法，形成感知，破除人工智能的神秘感。同时根据"数据量"与"信息社会"两个学科概念对人工智能与人机交互做了相关剖析。

从"数据"层面，主要为数据量和数据内容，建立人脸识别模型时，学生会感受到拍照的数量与人脸识别精度之间的关系，实际操作上照片的数量越多，识别的精确度越高，学生提出假设后可以验证。数据内容上主要感受数据流转时的变化，从拍摄照片到结果呈现所使用的数据类型是不同的，学生经过操作能够确切识别传入的是照片数据，输出的是"识别成功"与"识别失败"的数据。

从"信息社会"层面，人机交互单元的体验重点也在于人工智能对于生活的影响，事实上学生在日常生活中已经接触到了很多人工智能的产物如人脸解锁、语音助手、智能翻译等等，但是却不了解其背后的原理，所以通过信息科技，从概念上帮助学生了解人工智能的原理，可以让他们在生活中再次遇到人工智能产品时产生学科印象，形成知识迁移。同时训练学生的思辨能力，客观辩证的看待人工智能对生活的影响。

二、 基于操作的人工智能理论感知

人工智能作为科技的前沿，如何通过学生能够接受的方式实现人工智能的感知，是教学设计之初遇到的主要问题，让"高大上"的人工智能原理，降至初中学生能够接受乃至理解的范围，本课人脸识别的秘密是人工智能理论中较为复杂的一个内容，涉及了许多人工智能图像理论，那么如何处理本课内容呢？

1. 简化人脸识别的理论深度

首先要对复杂的人脸识别原理进行简化。人脸识别相关理论涉及到很多的原理如：图像处理、深度学习、机器学习卷积神经网络等等。初中学生在没有经过高中的算法学习时无法理解较为复杂的人工智能原理，所以我将人工智能原理进行分解，最终确定以"特征"与"特征值"为难点，人脸识别流程为重点的本课教学内容。简化的人工智能理论框架有助于学生理解人工智能人脸识别的核心内容，并不会受制于目前的知识而对相关实现的方法或算法产生困惑。

2. 能够实际操作的人工智能模型

如何在课堂中实现人工智能的原理的窥探是本课设计的难点,很多老师在对人工智能教学时注重理论学习,没有实际操作,然而学生在理论学习后对人工智能实现的具体过程仍然困惑,通过相关平台,我在课堂中实现了学生通过拍照获取基础的识别信息,通过人工智能平台对人脸进行监督学习,通过 Scratch 设计人脸识别程序,学生能够在制作中感受到相关数据的流转,并且感受到与其生活中接触到人脸识别相同的功能的实现方法。

三、 错位活动设计实现高效课堂

我在设计活动时进行了错位设计,先进行了人脸识别流程中的拍摄照片以建立人脸识别模型,然后是对人脸识别程序的设计与制作,最后才是人脸识别的核心——特征与特征值的探秘,主要原因有两个,其一是时间原因。人工智能人脸识别模型需要经过机器训练才能使用,训练需要 8 分钟时间,学生拍摄好照片后将其建模后,通过对活动顺序的编排将人脸识别模型建立的时间利用起来不至于浪费时间。其二是活动一与活动二均是人能够感知到的,而活动三是人看不见的,是人脸识别的核心内容,将特征与特征值放在最后一个活动能更好地让学生在体验后感受人脸识别的秘密。

对于农村地区学生而言,新技术在日常生活中使用与接触的频率并不高,在国家人工智能的发展战略下,从人工智能原理出发,通过信息科技课堂体验人工智能,并感受到人工智能对我们的影响尤为重要,同时需要学生辩证看待人工智能。从课堂反馈看来,从理论到实践学生能够理解人工智能的基本原理,并迁移至日常生活中人工智能的实际案例,同时也锻炼其编程能力。当然由于学生能力的原因,本课使用了 Scratch 作为主要的编程方式,此课也可以使用 Python 进行相关教学,教师应该提高自身知识水平与教学能力才能更好地教学。

计算机怎么做加法

基本信息

1. 教师姓名：俞晓瑾
2. 所在单位：华东师范大学第二附属中学
3. 学科类别：信息科技
4. 公开展示：校级教学比赛展示课

创新之处

1. 探究突破点：通过引入布尔代数的与、或、非三种运算，实现二进制运算和开关电路的相互转化，探究如何合理配置开关元件在数字电路中的分布，实现一位二进制和多位二进制的加法运算，培养学生分析问题、解决问题的能力。

2. 课堂立意点：在"基本逻辑门→复合逻辑门→基本加法器→四位二进制加法器"的探究和设计过程中，逐步理解"抽象"思想，培养学生信息意识、计算思维，提升学科核心素养。

教学路径

回顾电子计算机的数理基础→引入布尔代数的概念与运算→介绍布尔代数的桥

梁作用→引入基本逻辑门、复合逻辑门→合作探究：不带进位的一位二进制加法（引入半加器）→合作探究：带进位的一位二进制加法（引入全加器）→合作探究：四位二进制加法（引入四位二进制加法器）→课堂小结→课后探究。

知识体系

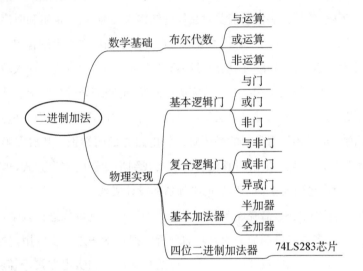

五元评价雷达图

分值：35/40

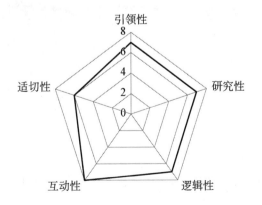

专家点评

《计算机科学导论》是俞晓瑾老师自主开发的校本课程,选修学生为华东师大二附中的高一年级学生。学生的知识基础是高一年级《信息科技》中对计算机硬件的简单介绍,对学生的认知程度要求在"知道"层面。本节课的主题是计算机怎样从硬件角度实现加法计算,这个内容的系统学习是在高校的电子和计算机硬件的学习领域,想把相关知识从"理解"的层面讲清楚需要对晶体管结构与功能、组合逻辑和时序逻辑的概念,相关数理逻辑具备全面的了解。本节课的难点在于如何在学生没有相关电子知识的基础上,能够让学生从"理解"的层面对计算机硬件及其实现方式有深入的认识。

为了解决这个看似无法在高一阶段完成的问题,俞晓瑾老师从教学设计上进行了两个巧妙的设计。首先使用继电器从示意角度理解基本的逻辑关系及其电路构造,巧妙地跳开了高一年级还没有学习的晶体管逻辑电路方面的知识。其次在半加器的设计上巧妙地使用了观察法,通过对真值表的观察找到半加器的实现方式,规避了需要对组合逻辑和时序逻辑有全面了解后的半加器的设计实现。

在具体的课堂实践中,俞晓瑾老师一直抓住加法位和进位位进行教学,共同探究使用观察法,并在多位二进制加法计数器的分析中把观察法进一步应用,"抽象"了硬件内部结构细节,探讨加法数理逻辑。从整体的教学设计和实现方式,不但很坚决地贯彻了校本教材"导论"的目标,还能够从数理逻辑的角度来进行课堂处理,注重方法学习,非常适合华东师大二附中学生的特点。

（点评专家：祖权,华东师范大学第二附属中学,高级教师,上海市劳动技术中心组成员,上海市高级评审专家。）

教学设计

1. 教材及学情分析

《计算机科学导论》是由教师自主开发的校本选修课程,该课程涉及计算机发展史、硬件、软件、网络、人工智能等计算机科学核心内容。《计算机怎么做加法》是计算机硬件部分的内容,通过小组合作学习等方式,引导学生探究电子计算机如何运用开关电路实现二进制加法运算。二进制运算的实现基础是布尔代数,布尔代数的与、或、非三种运算,能够合理配置开关元件在数字电路中的分布,实现二进制的逻辑运算和算术运算。

2. 设计思路

二进制是电子计算机的数学基础,电子计算机内部的程序和数据都是以二进制的形式存储和处理的。开关电路是电子计算机的物理基础,继电器、电子管、晶体管等电气开关元件都在计算机发展史上留下了浓墨重彩的一笔,看似简单的"开"和"关"操作,通过层层连接和组合,支撑电子计算机完成各种复杂的运算和控制。《计算机怎么做加法》通过引入布尔代数的与、或、非三种运算,搭建了二进制运算与开关电路之间的桥梁,引导学生分析二进制加法运算中加法位和进位位的特点,设计一位二进制加法器和多位二进制加法器,并在探究过程中反复渗透计算机科学中的"抽象"思想,隐藏细节,化繁为简。

3. 教学目标

(1)知道电子计算机的数学基础和物理基础,掌握布尔代数的与、或、非三种运算;

(2)区分三种基本逻辑门和三种复合逻辑门,能够根据电路结构,分析输入和输出的关系,分辨逻辑门类型,写出相应的真值表和符号;

(3)通过合作探究,理解不带进位和带进位的一位二进制加法的运算过程,能够分析加法位和进位位的特点,选择合适的逻辑门搭建半加器和全加器,并将一位二进制加法扩展到四位二进制加法,培养举一反三的逻辑推理能力;

(4)感受从基本逻辑门到复合逻辑门,从基本加法器到四位二进制加法器的循序渐进的探究过程,理解计算机科学中的"抽象"思想,培养信息意识、计算思维,提升学科核心素养;

(5)在解决具体问题的过程中,体会探究乐趣,激发学习兴趣,提升自主学习和分析能力。

4. 教学重点、难点

(1)教学重点及突破

教学重点:运用基本逻辑门和复合逻辑门搭建半加器、全加器、四位二进制加法器。

突破办法：通过合作探究活动，引导学生模拟不带进位和带进位的一位二进制加法的运算过程，计算加法位和进位位的数值，根据真值表的特点，分析半加器和全加器分别由哪些逻辑门构成，在此基础上举一反三，由一位二进制加法扩展到四位二进制加法，搭建四位二进制加法器。

（2）教学难点及化解

教学难点：理解计算机科学中的"抽象"思想。

化解办法：借助具体案例，引导学生经历"基本逻辑门→复合逻辑门→基本加法器→四位二进制加法器"的探究和设计过程，在这个过程中反复渗透计算机科学中的"抽象"思想，仅保留输入和输出，隐藏中间的细节，将开关电路的搭建化繁为简。

5. 教学过程

（1）情境引入

回顾电子计算机的数学基础（二进制）和物理基础（开关电路）。

问题：电子计算机为什么采用二进制？开关电路的常用元件有哪些？开关电路如何实现二进制运算？

（设计意图：回顾计算机发展史的相关内容，提出疑问，引出本节课的内容，激发学生的学习兴趣和探究热情。）

（2）引入布尔代数的概念和运算

简述布尔代数的概念及与（AND）、或（OR）、非（NOT）三种运算。阐述布尔代数为二进制运算和开关电路相互转化搭建了桥梁。

说明二进制和布尔代数的联系：介绍乔治·布尔的贡献，用布尔代数测试逻辑问题。（逻辑问题：顾客走进宠物商店，对店员说："我想要一只公猫，白色或褐色都可以；或者一只母猫，除了白色，其他颜色都可以；或者只要是黑猫就可以。"店员拿出一只褐色母猫，请问是否满足要求？）

说明布尔代数和开关电路的联系：介绍克劳德·香农的贡献，用开关电路测试逻辑问题。

总结布尔代数的"真"和"假"与开关电路的"开"和"关"具有一一对应关系。

（设计意图：通过有趣的逻辑问题，介绍乔治·布尔和克劳德·香农对电子计算机的贡献，引出二进制、布尔代数和开关电路三者的联系，突显布尔代数的重要价值。）

（3）基本逻辑门

给出继电器和灯泡组成的基本电路，分析输入和输出关系，引入真值表概念。

给出与门、或门、非门三种基本逻辑门，分析电路结构和真值表，给出基本逻辑门符号。

（设计意图：通过具体电路，引入与门、或门、非门三种基本逻辑门，与布尔代数的与、或、非三种运算对应起来，初步尝试根据电路结构分析输入和输出。）

（4）复合逻辑门

给出与非门、或非门两种复合逻辑门，与基本逻辑门进行比较，分析电路结构和真值表，给出复合逻辑门符号。

（设计意图：再次尝试根据电路结构分析输入和输出，理解真值表的作用和价值。）

（5）基本加法器

合作探究一：不带进位的一位二进制加法。

用竖式计算不带进位的两个一位二进制数的和，得出加法位和进位位的数值。分析加法位和进位位分别由哪些逻辑门拼接而成，画出逻辑门电路图。

输入 A	输入 B	AND	NAND	OR	NOR	SUM	CARRY
0	0	0	1	0	1	0	0
0	1	0	1	1	0	1	0
1	0	0	1	1	0	1	0
1	1	1	0	1	0	0	1

引入异或门,给出异或门真值表和符号,阐述"抽象"思想。

引入半加器,给出半加器真值表和符号,思考它为什么叫做半加器。

(设计意图:通过分析真值表的各列数值,梳理输入和输出(加法位、进位位)的关系,推测从输入到输出依次经过了哪些逻辑门的作用。解释"抽象"的意义,即将具象的复杂电路转化为抽象的简单符号,隐藏细节,化繁为简。)

合作探究二:带进位的一位二进制加法。

用竖式计算带进位的两个一位二进制数的和,得出加法位和进位位的数值。分析加法位和进位位分别由半加器和哪些逻辑门拼接而成,画出逻辑门电路图。

输入A	输入B	前一个进位	SUM1	SUM2	SUM	CARRY1	CARRY2	CARRY
0	0	0	0	0	0	0	0	0
0	1	0	1	1	1	0	0	0
1	0	0	1	1	1	0	0	0
1	1	0	0	0	0	1	0	1
0	0	1	0	1	1	0	0	0
0	1	1	1	0	0	0	1	1
1	0	1	1	0	0	0	1	1
1	1	1	0	1	1	1	0	1

引入全加器,给出全加器真值表和符号。

(设计意图:通过分析真值表的各列数值,梳理输入和输出(加法位、进位位)的关系,进一步提升分析问题、解决问题的能力,深入理解"抽象"思想的价值。)

(6) 四位二进制加法器

合作探究三:四位二进制加法。

由一位二进制加法扩展到四位二进制加法,模拟运算过程,画出逻辑门电路图。

介绍四位二进制加法器芯片 74LS283 功能和引脚。

（设计意图：巩固所学知识，强化举一反三的能力，层层剖析，将复杂问题分解为若干个简单问题，各个击破。）

（7）课堂小结

① 基本逻辑门（与门、或门、非门）→复合逻辑门（与非门、或非门、异或门）→基本加法器（半加器、全加器）→四位二进制加法器（74LS283 芯片）。

② "抽象"思想：隐藏细节，只关注目标实现。

③ 说明：继电器可以用电子管、晶体管等开关元件代替。

（设计意图：回顾知识，提炼要点，加深记忆和理解。）

（8）课后探究

① 数一数：一个四位二进制加法器至少需要由多少个继电器构成？

② 延伸阅读：电子计算机如何实现减法？（提示：引入"补数"概念）

（设计意图：问题延伸，引发学生进一步思考和阅读。）

教学后记

回溯科学史，在探究中领悟学科思想

1946 年，世界上第一台通用电子计算机 ENIAC 在美国宣告诞生，70 余年后的今天，计算机已然成为人们工作和生活中不可或缺的一部分。人们使用计算机不再仅仅局限于编辑文本、计算数据，而是把计算机看作一个连接世界的窗口，计算机技术的飞速发展，与其他技术的深度融合，正在潜移默化中改变和影响人们的工作方式和生活习惯。作为信息处理的基本工具，计算机对学生来说既熟悉又陌生，说熟悉是因为它已经成为大家学习与生活的伙伴,说陌生是因为大家对它的内部结构和工作原理不甚了解。回溯计算机科学史,从帕斯卡的加法器,到莱布尼茨的步进计算器,再到巴贝奇的差分机和分析机,计算能力一再扩展,从电子管计算机,到晶体管计算机,再到中小规模、大规模、超大规模集成电路计算机,计算速度不断加快。这段历史不仅是技术飞跃发展、器件升级换代的历史,更是科学家艰难曲折又精彩绝伦的探索历程。

对教师而言,如何挖掘计算机科学史内容,把计算机的设计思路和工作原理阐释清楚,让学生领悟其中蕴含的学科思想、研究方法和科学精神,具有非凡的价值和意义。本节课围绕"计算机如何做加法"这个主题,设计理念主要体现在以下四个方面。

一、 抛出问题序列,引发深度思考

如何从零开始设计一台计算机?这是一个相当有趣的问题,但也让人一时无从下手。依据冯·诺依曼体系结构,计算机由运算器、控制器、存储器、输入设备和输出设备五大逻辑部件组成,其中最核心的部分是运算器,那么问题不妨简化为,如何从零开始设计一个运算器,实现算术运算和逻辑运算。至此,学生可以梳理出解决问题的大致思路:首先选择一种合适的数制,然后罗列在这种数制下的算术运算和逻辑运算法则,最后采用物理器件来实现算术运算和逻辑运算。

当真正面对这个问题时,深入剖析就会发现,原来加法运算就是计算机要做的唯一工作。如果可以设计出计算两个数的和的器件——加法器,同样地,就可以利用加法来实现减法、乘法和除法,进而可以计算火箭轨道、检索信息、处理音频和视频信息等,完成现代计算机能做的任何事情。

二、 回溯学科历史,构建知识联系

信息技术教材对计算机发展史着墨较少,对此学生经常会提出各种各样的疑问:计算机为什么使用二进制而不是十进制?电子电路如何支持计算机实现逻辑运算和算术运算?计算机的电子元件为什么会经历从电子管到晶体管再到集成电路的发展?诸如此类的问题都是学生迫切想要知道的。为了解答这些疑问,本节课希望通过回溯计算机科学史,引导学生探究从零开始设计加法器的过程,用开关、灯泡、导线、电池、继电器、逻辑门等简单的电子元件,搭建一个二进制加法器,在探究的过程中,让学生知其然,更知其所以然。

三、 自底向上设计,层层推理验证

自顶向下和自底向上是计算机科学中的两种重要思维方法,前者侧重实现,对问题逐一分解、各个击破,后者侧重设计,从小的模块出发,经过连接和扩展,形成大的系统。本节课采用自底向上的设计方法,首先引入三种基本逻辑门电路和两种复合逻辑门电路,然后通过一位二进制加法(不带进位、带进位)的探究活动,引导学生观察真值表的加法位和进位位,层层推导出异或门电路、半加器、全加器的组成结构,最后由一位二进制加法扩展到四位二进制加法,推导出四位二进制加法器的组成结构。这种自底向上的设计方法,无需较多的前序知识铺垫,特别符合高中学生的认知水平。

四、 经历多次探究,深化学科思想

本节课设计了三次探究活动,第一次推导出异或门电路、半加器的结构,第二次推导出全加器的结构,第三次推导出四位二进制加法器的结构,这三次探究活动的模式基本一致,都是基于布尔代数的与、或、非三种运算,通过对真值表的观察,分析加法位和进位位的数值,推理并验证复杂器件的组成结构。每次探究活动,都注重强化数理逻辑的理解和运用,特别强调计算机科学中的“抽象”思想,即将具象的复杂电路转化为抽象的简单符号,仅保留输入和输出,隐藏细节,化繁为简。经历多次探究,不仅有助于学生熟练掌握知识和技能,在新的任务中灵活迁移运用,还能进一步深化学生对学科思想的理解。

对基因编辑技术的思考

1. 教师姓名：宋国辰
2. 所在单位：上海市回民中学
3. 学科类别：高中英语
4. 公开展示：基地公开课

创新之处

1. 探究突破点：运用英语探讨"软科普"问题，使学生在思考与讨论中，产生思维的碰撞与火花。

2. 课堂立意点：在英语课堂引入最前沿科技话题"基因编辑"，通过对"科学技术所产生影响"的探究，激发学生思考，从而提升其思维能力。

教学路径

阅读绘图→阅读→提出问题→个人思考→小组探究→深度启发→提出新问题。

知识体系

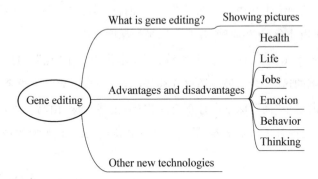

五元评价雷达图

分值：38/40

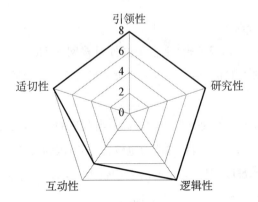

专家点评

本课的"基因编辑"话题，涉及最前沿的科技发展，宋老师通过巧妙的设计，将科学知识带入英语课堂，激发学生的求知欲望，引导学生在合作交流中，运用英语提升批判性思维，提升思维品质。

课堂基于一篇原版的科普文章,介绍"基因编辑"技术,通过"学生绘图"这一活动,增强了学生对于"基因编辑"技术的感性认识。课堂的重点在于随后的讨论思考环节,宋老师巧妙地设计了具有"启发性"的但又有"留白"的任务单,引导学生在多个维度展开思考,同时又鼓励学生采用发散性思维,敢于创新。随后的讨论与汇报环节,学生在交流过程中,互相补充,互相质疑,提升了思维的深度与广度。

科学的进步永无止境,课堂将"基因编辑"技术作为一个"点",引出了"基因编辑"技术对社会影响的这根"线",最后通过迁移提问,进一步引导学生思考科学技术发展对于社会影响的这个"面",课堂设计富有层次感,由浅入深,由易入难,重视语言的应用与交流,同时也提升了科学素养,是一堂具有创新意义、文理汇通的跨界英语课。

（点评专家:张学新,复旦大学博导,东方学者,对分创新课堂创始人。）

教学设计

1. 教材及学情分析

文本《Gene Editing 基因编辑》来自于国外科普网站 Horizon,文本简要地介绍了基因编辑技术的原理与目的,是一篇较为严肃的科普文章。此话题可以引发学生展开激烈的讨论与思考。

课堂的教授对象是上海是回民中学的高三实验班的学生,其英语的听说能力在高中阶段有了很大的发展,获取信息的能力也较强,同时因为具备一定的生物学基础,也就降低了本文的阅读难度,但是运用英语表达较为"学术化"的观点的能力稍有欠缺,并且学生的思考的批判性与创新性仍需加强。

2. 设计思路

这节课是根据英语学科核心素养所涉及的四个维度而拟设的教学目标,根据学生的兴趣特征与英语学科特点,把前沿科学技术引入课堂教学中,鼓励学生运用英语表达自己的观点,提升语言能力。虽然使用的材料属于科普范畴,但实质是引导学生围绕"基因编辑技术",在健康、生活、行为等领域展开思考与讨论,发展学生的思维品质。因此这是一堂"软科普"的英语创新实践课,基于最新的科学研究成果,引发学生在伦理、道德等层面展开讨论,树立人类命运共同体的意识,成长为有文明素养和社会责任感的人,培养文化意识,促进其在人文社科层面对科学技术产生反思。

3. 教学目标

(1) 通过文本阅读与讨论交流,了解基因编辑技术,增强英语表达能力,产生思维火花,提高思维质量;

(2) 由问题指向,思考前沿科学技术,关注科技进步,讨论基因编辑的伦理等"软科学"问题,引导学生思考社科问题;

(3) 培养学生对于科学技术的兴趣,成为一个社会责任感、有使命感的未来公民。

4. 教学重、难点

(1) 教学重点及突破

教学重点:基因编辑技术对人类的影响。

突破办法:通过教师引导、学生间互相的启发,从健康、生活、工作、行为等多角度,开拓学生的思路与视野。

(2) 教学难点及化解

教学难点:运用英语表达自己的观点。

化解办法:通过有层次梯度的单词、句型引导,学生间的互动,学生在模拟的语境中能够更加自如地表达观点。

5. 教学过程

(1) 阅读绘图

通过阅读"基因编辑技术"的英语段落,要求学生手绘基因编辑图。

(设计意图:运用亲手"绘图"的方式,使学生对基因编辑技术有感性的了解,同时利用有趣的展现方式,激发学生对于课堂学习的兴趣。)

(2) 思考讨论

在阅读关于基因编辑技术可应用领域的英语文本后,根据任务单内容思考基因编辑技术对人类产生的影响与这些影响所带来的利弊。

学生先进行独立思考,参照英语示例句型,完成任务单。随后进行小组讨论,每位同学在讨论中发表自己的见解,在交流中产生思维的碰撞。

（设计意图：小组交流讨论的方式能够锻炼学生的概括能力与英语表达能力,在这个过程中通过生生交流、互相补充,互相质疑等方式,提升自我的思维力。)

（3）小组汇报与启发

每个小组汇报组内的讨论交流成果,其他小组对其汇报内容进行"追问",引发思考的深度。

（4）提出新问题

迁移任务：Are there any new technologies that can have a profound influence on our life?

教师通过举例启发学生深入思考。

（设计意图：通过引导学生发现新问题,从而提升思维的深度,加深学生对未来的使命感。)

附录一

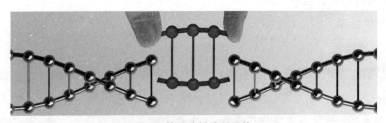

图1　基因编辑绘制图片

附录二：阅读文稿

What is Gene Editing?

Gene editing (or genome editing) is the insertion, deletion or replacement of DNA at a specific site in the genome of an organism or cell. It is usually achieved in the lab using engineered nucleases also known as molecular scissors.

For the most part, gene editing companies can separate genome modifications into one of two experimental categories：

Loss of function — functional forms of the genome are removed from the system and the effect studied.

Gain of function — active (often mutant) forms of the genome are introduced into the system and the effect studied.

Up until recently most loss and gain of function analyses was performed using RNAi and transgenesis respectively-both enormously powerful techniques，but they do have limitations.

Genome editing allows scientists to perform the same types of loss and gain of function experiments，but manipulate genes of interest at the endogenous level. So for loss of function，the gene can be rendered non-functional or completely removed from the system. For gain of function，mutations or reporter tags can be expressed from the promoter of the gene itself.

附录三：学生任务单

	health life jobs emotion behavior thinking _____
advantage	
disadvantage	

教学后记

软科普英语课堂的创新意义

软科普并非是一个学术化的感念，其实是根据科普文章的写作目的而定义的。"软科普"读物主要为具有"普及科学精神、科学的世界观和人生观、科学思维方法"的科普读物,与普及具体的科学知识的"硬科普"有相对的区别。

在课堂模拟研究中,软科普的内容载体主要为"前沿新知",比如基因编辑胚胎、5G通信等最新科学技术研究,其语言明快、流畅,文章有一定的情节,有鲜明的行文逻辑,写作目的主要包括科学精神、伦理和思维方法。这样的软科普,有利于引起学生的认知兴趣,在教师的启发后,学生能够在生活、工作、学习等方面对人类的未来产生思考,在小组交流活动中,促进其思维的深度与广度,加强其使命感与责任感。

借助于英语,阅读科普文章,并从而思考科学技术发展对于社会、文化、伦理和道德等方面的影响,以提高学生的思维在逻辑性、批判性、创新性等方面所表现的能力和水平,是软科普英语课堂的设计目的,在实践过程中,将软科普英语课堂的创新设计总结如下。

一、 设计"点线面"框架

本课"Gene editing technology"所选择的基因编辑技术,属于现代科技的前沿领域,是了解未来社会的"钥匙"。现在的学生就是未来社会的主人,因此课堂教学必须是指向未来社会人才的培养,对于有可能改变未来的科学技术,有必要在课堂上使学生了解。语言是交流的工具与载体,在英语课堂中,科学技术的细节对于高中学生是有难度的,如果能够将尖端科技"软化",用"软科普"的形式,促其思考讨论这把未来世界的"钥匙",并做好相应的思想心理准备,并在思考讨论的过程中,学生也能获得思维上的提升,对其人格的培养有一定的促进作用。

课堂首先基于"基因编辑"技术的这个热"点",基于理解科学技术原理的基础上,引发学生思考"基因编辑"技术对社会、文化、伦理和道德等方面影响的这条长"线",最后通过迁移提问与讨论,提高其思考的深度,通过发散性思维,引导学生思考科学技术发展对于整个人类命运共同体的这个"面"的影响。由点到线,再由线到面,从一个较小的"开局",引导思考较大的"格局",在这一思考发展中,学生的思维品质在深度与广度上,得以发展与提升。课堂结束后学生收获的不仅是问题的答案,更是批判能力、创新能力的提升与提出更具有深度的问题能力,随着讨论的深入,学生会冒出更多的疑问。一堂好课不仅是要解决问题,而是应激发学生提出更多更有意义的问题,这才是人类社会发展的动力。

英语软科普课堂,以小见大,从人文的角度反思科技的影响,以"核心问题"为导向,逐渐将讨论的话题扩大,在思考问题、讨论问题与解决问题的过程中,提升学生的思维品质。

二、 引导思维构建

思维的养成并不是一蹴而就的,而是需要培养与训练的,学生在解决问题的过程中,如果遇到困难,需要教师的支持,但仅仅是支持,因此教师在课堂中"必要"而不"充分"的引导,即课堂中的"留白",是非常重要的。

本堂课的核心问题"基因编辑技术对人类会有怎样的影响",这是一个很"宏大"的课堂,如果没有一个分类思维的引导,其答案必定是杂乱而没有归纳的。因此在学生独立思考的环节,给予学生的任务单(附录三)内既有提示思考方向的词,同时也留有学生可以创新发挥的"留白"空间,既提示了学生的思考的方向,也鼓励发散性思维的创新。思考方向就是核心问题的问题支链,搭建好了问题链,学生就相对容易地在已经铺展好的"广度"上开展思考了。

针对于思维的深度在课堂中安排的小组交流环节,各小组之间可以相互"追问",这样的形式有助于学生更深入地思考问题,从而提升学生分析和解决问题的能力。在英语的表达中从各种视角观察和认识世界,并对事物做出正确的价值判断。

三、 打造系列课程

针对英语教学存在的教学内容碎片化现象,"软科普"英语应设计为一个课程系列,根据最新最火热的科技成果,提炼其科学内涵,在教师的引导下,组织学生围绕尖端科技,在多个学生熟悉的领域,展开深入的思考与激烈的讨论,在学生各自的努力下,加深了对未来社会变化的理解,从而加强探索科学、探索世界与探索未来的兴趣、意志与责任。

系列课程应指向学生英语学科核心素养发展,以科学技术主题为引领,语篇为依托,整合语言知识、语言技能,创设综合性、关联性和实践性的英语学习活动,鼓励学生采用自主、合作的学习方式,参与探究活动,既发展了学生的科学素养,又发展了人文素养,培养学生健全的人格。

此外,科学技术是在更新迭代中不断前进的,因此,基于"软科普"的英语课堂设计系列,也应该是不断更新的、开放的系列课程,该系列课程注重自主学习、合作学习与探究式学习,激发学生的学习兴趣与热情,提高学生课堂活动的参与度,在人际互动、观点碰撞与情感交流中发展其核心素养。

我们的世界是一个整体,社会需要的是复合型综合型人才,跨学科的融合课程,可以促进此"通识"人才的培养,科学素养与人文素养原本就密不可分,英语作为一个工具,可以提供多个看待、解决问题的角度。在解决问题的过程中,学生的语言技能也得以提高,因此英语学科能够促进学生"综合"素质的发展与提升。

邮件投递的"前世今生"

——以《中学生英语阅读新视野(3)》Unit 11 Delivering the Mail 为例

基本信息

1. 教师姓名：宋飞
2. 所在单位：上海市吴迅中学
3. 学科类别：高中英语
4. 公开展示：华二集团中青年教师课堂
   教学大赛展示课

创新之处

1. **探究突破点**：以学生自主绘制说明文"邮递系统的历史发展"思维导图为切入口，理清文章脉络，启发学生关注文本结构；挖掘文章主题内涵，评判文章内容；联系实际，续写文章，预测邮递发展的未来趋势，培养学生的逻辑思维、批判思维及创造性思维。

2. **课堂立意点**：以实物展示调动学生对"投寄邮件"主题的研究兴趣；由绘制思维导图激发学生的问题意识；通过融合听、说、读、写、看等多种技能的训练，鼓励学生了解中西方国家和邮递相关的历史，并深入挖掘文章背后体现的人文精神，科技创新精神；培养学生的文化意识及家国情怀。

教学路径

引入主题(展示实物信封)→讨论邮递的不同形式(师生互动)→分析文本结构(师生互动)→绘制并展示文本思维导图(生生互动)→深入阅读(抛出问题链)→绘制邮政价格"双曲线"图(师生合作)→预测邮递发展趋势(添加标题及续写)→分享平邮与电邮优缺点(小组讨论)→挖掘文章内涵(生生探究)→回顾总结(实物展示点题POST)→布置课后作业(巩固拓展)。

知识体系

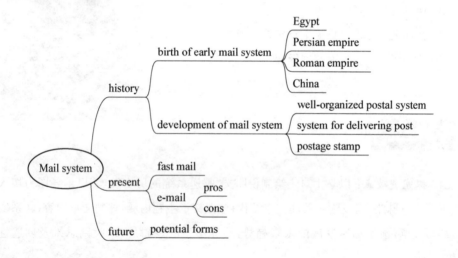

五元评价雷达图

分值:35.5/40

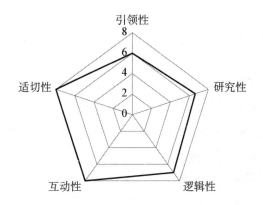

专家点评

　　本节阅读课教学目标清晰,符合学生学情;教学设计环环相扣、有梯度;同时,充分借助具体教学任务和工具使学生思维可视化。整节课师生互动充分,实现了较高的教学有效性。

　　读前环节,宋飞老师通过实物展示和问题引导,激发学生对语篇主题的兴趣。读中环节,学生在教师引导下自主阅读、关注语篇特征、绘制思维导图并展示分享,锻炼了信息提炼及逻辑思维能力;学生也通过绘制邮政价格的双曲线,达成对语篇的深入理解。读后环节的小组活动中,学生讨论平邮与电邮的利弊,锻炼了批判性思维与合作学习能力;通过畅想未来邮件形式,锻炼了创造性思维。此外,课堂以实物展示引入,到实物展示点题总结,首尾呼应,体现了教学的逻辑性。

　　本课另一个亮点是体现了学科德育价值。宋飞老师通过问题链,帮助学生了解中国古代邮递系统的领先地位及目前通讯技术发展现状,引导学生关注历史与未来、科技与发展的衔接,挖掘语篇背后的人文精神和科技创新精神,从而唤起学生的民族自豪感与使命感。

　　(点评专家:沈冬梅,浦东教育发展研究院,中学正高级教师,浦东新区高中英语教研员。)

教学设计

1. 教材及学情分析

本阅读课素材选自《中学生英语阅读新视野(3)》Unit 11 Delivering the Mail 邮件投递的主阅读文章。文本体裁为说明文,以时间顺序介绍了邮递系统的历史,包括早期邮递系统的雏形及近现代邮递系统的发展。学生需要透过文章给出的 5W 信息,理清文本结构,了解说明文的常用说明方式,通过对比、比较,体会邮递发展史的意义,激发学生对过去、现在及未来事物的思考与畅想,从而提高学生的思维品质。

本次课的授课对象是华东师范大学第二附属中学高一 2 班学生,由于是借班上课,教师对学生不太熟悉,但学生总体英语能力较好,思想较活跃,接受能力强,可以在教师的引导下开展较高层次的思维活动。该语篇内容主题是邮递系统的历史,学生虽不熟悉,但"邮件"主题贴近生活,能够引起学生学习语篇的兴趣。学生文本理解力较强,但有效提取文本信息,深入思考、对比、推断及评判的能力需要教师给予充分指导。

2. 设计思路

本课的设计是基于 Unit 11 Delivering the Mail 邮件投递的阅读文章。文章讲述了邮递系统的历史,包括早期邮递系统的雏形及近现代邮递系统的发展。首先从单元标题入手,以实物引入话题,辅以问题,调动学生学习兴趣。其次,抓住文章说明文的体裁,让学生通过画思维导图,利用扫读,细读等阅读策略理清文本结构及熟悉说明文的说明特点。接着,需要引导学生深入理解文本,因此引导学生完成时间线上的双曲线走势图,加深对文章的理解。此外,文章的主题"邮件"贴近学生生活,联系过去与未来,可以激发学生的创造性思维。因此引导学生为文章添加标题,添加末段,想象未来的邮件,锻炼创新力。并通过讨论文章最让学生印象深刻的地方,挖掘文章背后体现的人文精神,科技创新精神。在读后环节,设置了讨论传统信件是否会消亡,引导学生更加深入思考,通过对比传统邮件及电邮的利与弊,提高学生的批判思维能力。课堂最后再次回到主题"post"上,用词语总结文章的主题,使学生学有所思、学有所获。

3. 教学目标

(1) 了解中外邮递系统的历史,掌握文本中的关键词汇(empire,establish,accessible and etc.)并通过扫读和找读的阅读技能识别说明文的文本特征及结构;

（2）通过分析、对比、评判及预测的训练，培养学生逻辑性思维、批判性思维和创新性思维；

（3）通过独立阅读及绘图、对子活动、小组活动锻炼学生的自主及合作学习能力；

（4）理解人与社会、科技的关系，发展学生的人文精神、科技创新精神及民族自豪感。

4. 教学重点、难点

（1）教学重点及突破

教学重点：帮助学生抓住说明文的结构，准确理解文本，有效提取文本信息，提高学生解码信息能力，及合理运用阅读策略。

突破办法：引导学生绘制思维导图锻炼信息提取，梳理文本结构。并通过问题链引导学生有效阅读。

（2）教学难点及化解

教学难点：帮助学生提高分析、综合、概括、对比、评判等思维能力及语言能力。

化解办法：通过拓展文本内涵，结对概括，小组讨论等环节加强语言能力及思维能力。

5. 教学过程

（1）读前活动

① 展示实物信件，引导学生猜测主题词（mail）。

② 问题导入：人类从古至今用什么方式邮递信件？学生自由发言，ppt 出示图片，并引导学生总结关键词"deliver"，板书主题"Delivering the mail"。并追问：哪个国家最早开始使用邮递系统？这节课由此展开邮递历史话题研究。

（设计意图：通过实物展示，问题导入及进一步追问激发学生的阅读兴趣，明晰本节课的学习主题。）

（2）读中活动

① 引导学生扫读文章，识别文章体裁及结构。

（设计意图：了解文章大意，识别文章体裁。）

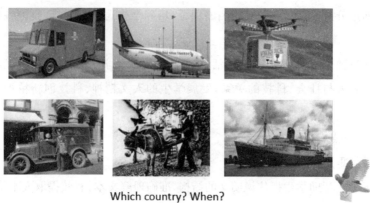

Which country? When?

图 1 　ways of delivering mails

② 引导学生细读文章,完成文章大意思维导图绘制。

(设计意图:提高学生的文本解码能力,概括能力及逻辑思维能力。)

③ 引导学生讨论文章写作手法,并预测续写文章最后一段。

(设计意图:通过分析,概括及预测训练,锻炼学生创造性思维。)

④ 通过问题链,完成与文章相关的两个表格填写,加深对中外邮递历史的了解。

(设计意图:锻炼学生的阅读技能 skimming,scanning 及概括能力,通过不同国家邮递历史的了解培养跨文化意识。)

⑤ 结对合作,根据图表完成文章复述及对文章的评价,谈谈印象最深的片段,与学生个人进行情感连接。

(设计意图:加深对文本的理解,锻炼学生的批判性思维,鼓励学生联系自我,挖掘文本背后所反映的人文精神、科技创新精神及民族自豪感。)

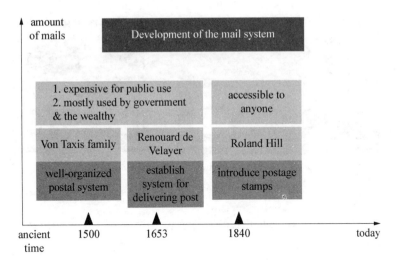

图 2　development of the mail system

图 3　birth of the early mail system

（3）读后活动

① 话题小组讨论：平邮会在未来消失吗？Do you think the snail mail will die in the future?

（设计意图：锻炼学生的对比、分析、评判能力，从而培养批判性思维。）

② 回顾文章，利用关键词邮件 POST 的首字母进行文本总结，关键词为（People，Originality，Society，and Technology）。

269

图 4 difference between snail mail and email

（设计意图：总结升华主题，挖掘德育价值点，启发学生关注课文彰显的社会发展进步，人文精神，科技创新精神。）

图 5 Keywords of the text

（4）作业布置

① 完成 60 字的文章概要。

② 完成课本 61—63 页练习。

③ 为文章续写一个段落。

（设计意图：通过概要写作，巩固文本内容，强化概括能力；通过课本练习，复习文中重点词汇的用法；通过续写段落，再次培养学生的逻辑思维及创造性思维，落实学科核心素养。)

（5）板书设计

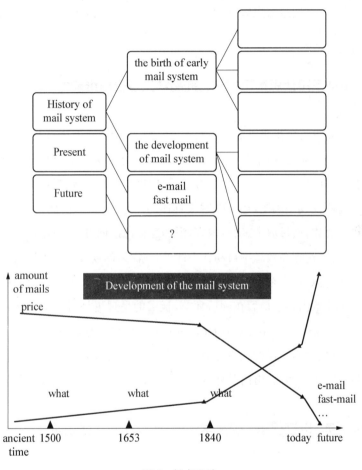

图 6　板书设计

教学后记

以读促思，传情达意育思维

学科核心素养是学科育人价值的集中体现，英语学科核心素养包括语言能力、文化意识、思维品质及学习能力。此节英语阅读课将核心素养融入其中,从听、说、读、看、写等方面培养学生的语言能力,了解中外文化关于邮递的"前世今生",培养学生在全球化背景下表现出的跨文化认知、态度及行为取向;通过不同问题链及展现形式培养学生思维品质;并通过自主阅读、对子活动、小组活动培养学生的学习能力,加强合作学习能力。

一、 运用多种手段让思维可视化,提高学生逻辑思维能力

逻辑思维是发展学生思维品质最基本的一环,需要学生对语言及文化中的现象进行梳理、概括、分析建构等,本节课在读中环节通过让学生自主绘制思维导图的方式,将思维可视化,外显于纸,指引学生思考,使隐性思维显性化,慢慢理清文章脉络结构。但思维可视化不仅仅是画图,还要以解决具体的问题为目标,因此让学生利用思维导图对文本进行复述,通过取舍、增减内容,添加逻辑连接词,提高思维含量,锻炼逻辑思维能力,从而慢慢达到高效思维自动化。此外,在深入阅读环节师生板演共同绘制"邮政价格双曲线"也是将文章内容所反映的数据用图像的方式更为直观地展现给学生,易于深入理解文章内容。最后在读后环节,板书的呈现更是对课文的回顾及总结,利用关键词邮件 POST 的首字母(People,Originality,Society,and Technology)进行文本总结,引导学生培养严谨的逻辑能力。总之,教师要善于利用多样化的手段,让思维直观化、可视化,化繁为简,由内及外,给学生搭台阶,逐渐提高学生的逻辑思维能力。

二、 以问促读、以读促思,提高学生批判性及创造性思维能力

以问促读,通过问题链将课题引出,激发学生阅读兴趣,不断追问,促使学生不断思考,培养学生问题意识。本节课在读前环节,引导学生就邮寄方式进行头脑风暴,发散学生的思维,引出古代邮政的历史。在读中环节让学生续写文章最后一段,并畅谈未来的邮递方式,培养学生的创造性思维。学生的答案创新性十足:通过人体皮肤传播信息、可穿戴技术传递、意念传递等。在对课文的评价环节,学生们通过结对合作畅所欲言,从文章结构、文章内容、数据例证、文章隐含的价值等方面进行评价,各自抒发文章令人印象最深刻之处。在读后环节,学生通过小组合作讨论话题"平邮是否会消

亡",从优劣评判、例证等方式能够正确评判各种思想观点,创造性地表达自己的观点,如:平邮可以传递情感,表达真挚的感情,交流更加正式得体,易于吸引眼球,收信人的阅读体验好等,但同时也有速度慢、易丢失、浪费纸张等问题。学生在讨论中,思维相互碰撞,已能够初步运用英语进行独立思考,具备批判性及创造性思维能力。

三、 以文传情,以情育人,提高学生文化意识及家国情怀

普通高中英语课程标准指出要落实立德树人的根本任务,本节课通过对中外邮政发展历史的回顾,以文传情,以情育人,使学生深入了解不同文化知识,比较文化异同,培养了较好的文化意识。文化意识是学生在全球化背景下表现出的跨文化认知、态度和行为取向。体现英语学科核心素养的价值取向。文化意识的培育有助于学生增强国家认同和家国情怀,坚定文化自信,树立人类命运共同体意识,学会做事,成为有责任感,使命感的人。文本中对中国古代的成吉思汗发展的邮递系统的描述激发了学生们的民族文化自信,问及对文章印象最深的部分,很多同学答中国古代的邮递早期系统,体现了民族文化的自信与自豪感,极大的增强了国家认同感与家国情怀。读中讨论环节学生谈到的未来中国通讯的发展,5G 的世界领先所带来的邮递变化更是彰显了文化自尊、自信、自强的良好品质,凸显了家国情怀,初步达到一定的跨文化沟通和传播中华文化的能力。

总之,高中英语阅读课的教学设计应是基于主题意义、以发展理解能力和表达能力为主线;设计指向核心素养、体现学生学习进阶过程,以培养学生思维品质为落脚点。要在教阅读的同时,进行德育教育渗透,挖掘育人价值点,做到传情达意育思维。在语篇中重视文化意识的培养,并关注学生的逻辑思维、批判性思维以及创造性思维的发展,以提升学生分析问题和解决问题的能力。笔者今后会继续探索,希望学生在基于主题意义的学习理解、应用实践和迁移创新的活动中,形成对语篇的整体理解和综合、辩证表达的能力,发展其核心素养。

如何拍摄"早晚共现"的照片

1. 教师姓名：宋国辰
2. 所在单位：上海市回民中学
3. 学科类别：高中英语
4. 公开展示：基地公开课

创新之处

1. **探究突破点**：将学生分成三组，分别从照片、字幕文稿和肢体语言三个不同的角度总结"Day to Night"作品的基本构成、摄影方式以及作品内涵，启发学生关注创新的拍摄方式背后的思维深度，并利用这种创新的方式传播中华传统文化。

2. **课堂立意点**：他山之石，可以攻玉。基于"Day to Night"作品，迁移至更大的时间跨度，用于表现更厚重的历史题材，表达更深厚的情感，并在此过程中，习得地道的英语表达方式与充满自信的肢体语言，同学们在互相学习帮助中体验成功。

教学路径

课前研究→成果汇报→英语演讲要素归纳→提出问题→组内合作完成迁移任

务→各小组代表展示→深度启发→结语。

知识体系

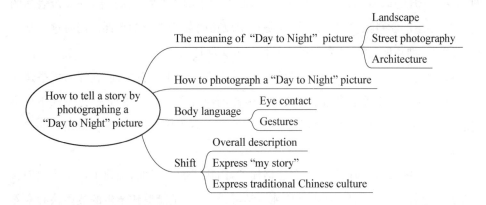

五元评价雷达图

分值：38/40

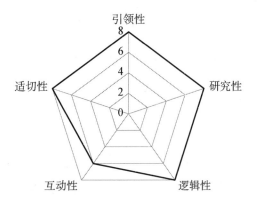

专家点评

　　课堂的选材来自于比较鲜活的英语 TED 演讲,演讲人的演讲内容、语言、体态都是值得学生模仿的,课堂设计采取从模仿到创新的模式,融入创新元素,以具有冲击力的"穿越"照片为载体,从三个不同的角度,激发学生的感受,激活思维,在交流表达的过程中,学生的学科素养得到提升,这是一堂成功的英语创新融合课。同时这也是一堂"跨界"的创新课,融合了英语的工具性与人文性特点。

　　宋老师在课前安排了分组预习任务,充分发挥了学生的自主性,在课堂中搭建交流平台,给予学生用英语表达学习成果的机会,学生的活动参与度很大,这堂课不仅将口语表达落实到了书面,更是关注了在真实的语言运用场景中,必然会使用到的非言语要素。

　　在本堂课中宋老师设计了一个迁移任务,内化了教学目的,加速了从模仿到创新的提升。这样的英语课堂,不再是单纯地学习语言,而是能够让学生的英语核心素养全面地发展,在较为真实的环境中使用英语,提升语言能力、思维品质、文化品格和学习能力这四个维度。同时本堂课还具有一定的德育意义,激励学生利用最潮流的技术弘扬中国传统文化,增强民族自豪感。

（点评专家:汤华,上海市静安区教育学院英语教研员。）

教学设计

1. 教材及学情分析

Stephen Wilkes: The passing of time, caught in a single photo 是 TED 演讲系列之一。摄影师 Stephen Wilkes 的创作理念是将同一地点不同时刻的表现汇总于同一张照片之中,其演讲过程包括了他的"Day to Night"作品的基本构成、摄影方式以及作品内涵。

　　通过对该演讲视频的字幕、图片和演讲者肢体语言的拆分研究,可以使学生体会到清晰的表达思路、富有创意的摄影方法以及自信的肢体语言,从而通过模仿、迁移与创造,提升英语表达能力与创造力。

课堂的教授对象是上海是回民中学的高三实验班的学生,其英语的听说能力在高中阶段有了很大的发展,学生对外界的事物充满好奇,乐于探索未知的世界,因此本堂课的主题能够激发学生的兴趣,满足其探索新兴事物的需求。

2. 设计思路

这节课是根据英语学科核心素养所涉及的四个维度而拟设的教学目标,根据学生的兴趣特征与英语学科特点,把较为先进的教育信息技术手段和富有创新元素的艺术形式融入课堂教学中,结合英语教学的认知规律,通过创造语境,基于阅读、以读促写,最后用演讲的形式,使学生在这一过程中提高了外语表达能力、拓展了思维方式,激起了学生通过创新的方式表达自我,最后实现内容形式的迁移,传播传统文化。

3. 教学目标

(1)通过观看视频、阅读字幕文稿、模仿演讲者的肢体语言,了解"Day to Night"作品产生的原因、内容构成与创意内涵;了解描述事物的基本表达方式;更有自信地用英语表达自我。

(2)通过教师引导、组内交流合作的方式,根据"Day to Night"照片的设计理念,进行思维迁移,完成了"my picture"的创新设计。

(3)创新的方式使学生能从一个全新的视角,动态全面地理解艺术;运用富有创意的表现方式,展现自己的故事和家园文化;向世界展示中国的风采,展现民族自信。

4. 教学重、难点

(1)教学重点及突破

教学重点:如何表达"Day to Night"艺术的创造性。

突破办法:对材料进行"三重拆分",经过小组成员讨论、全班交流分享,找到表达的关键要素。

(2)教学难点及化解

教学难点:学生基于"Day to Night"的表现方式,进行迁移。

化解办法:通过有层次梯度的引导,学生互相间的启发,开拓学生的思路与视野。

5. 教学过程

(1)课前研究

课前活动简介:将学生分成 ABC 三组,分别从视频"Stephen Wilkes:The passing

of time, caught in a single photo"的摄影照片、字幕文稿和演讲者肢体语言三个角度研究如何表达"Day to Night"艺术作品。

（设计意图：运用"基于问题研究"的学生分组研究教学方法，目的是为了在研究过程中发挥学生学习的自主能动性，锻炼学生间的合作学习能力，体会通过自身努力获得研究成果的愉悦感。）

（2）成果展示

回顾视频"Stephen Wilkes：The passing of time, caught in a single photo"片段，回顾课前布置的研究任务。

A组——摄影照片方面：Find the special factor between these pictures shown in the video. How do you feel when appreciating these pictures?

B组——字幕文稿方面：Find some structure when describing what "Day to Night" picture is and how to make such pictures.

C组——肢体语言文稿方面：Find out how the lecturer use body language to express his idea.

要求学生根据资料，采用个人分析结合小组成员讨论的方式，解答问题（组内成员有合适并有效的分工）。

展示要求是各组代表制作PPT，结合口头讲述的方式依次汇报研究成果。

（设计意图：展示与交流的汇报方式能够锻炼学生的概括能力与英语表达能力，在这个过程中通过生生交流、师生交流使研究结论得以修正，研究成果更趋完善。）

（3）得出结论

师生共同归纳英语演讲要素，包括内容形式、辅助媒体、肢体语言等方面。

（4）提出新问题

迁移任务：Design a picture to introduce a place, a street, a city or a person by using "Day to Night" methods.

教师通过举例启发小组合作思考完成任务。

（5）实践活动

学生 5 人为一组,选定主题,根据研究汇报成果,使用适合的句型句式,完成文字描述,学生之间交流,互相提醒使用肢体语言。活动结束后,学生分组在全班进行展示描述。

（设计意图:通过模仿,描述想象中的照片,这一过程不仅可以复习刚刚讲过的知识,还是学生进行互相学习互相启发的合作活动,通过组内交流、班内交流,学生可以收获自信与成功。）

（6）深度启发及课后思考

"Day to Night"这种摄影方式,不仅仅是纯粹的人物景观拍摄,而是融入了时间因素,在照片中加入了历史的对比感。通过启发学生,这种创作理念不仅可以用于拍摄,还能够迁移至绘画、视频等媒介;同时这种形式还可以加重历史感,加深我们对事物的看法,对于有着五千年历史的文明古国,这种方式还可展示我国悠久的历史文化沉淀,弘扬传统文化。

（设计意图:通过引导学生发现创新的艺术表达手段的实质是思维的深度提升,加深学生对弘扬文化方式的理解。）

附录一:示例照片

图 1　示例照片一

图 2　示例照片二

图 3　示例照片三

附录二：字幕文稿

My process begins by photographing iconic locations，places that are part of what I call our collective memory. I photograph from a fixed vantage point，and I never move. How I capture the fleeting moments of humanity and light as time passes. Photographing for anywhere from 15 to 30 hours and shooting over 1,500 images，I then choose the best moments of the day and night.

Using time as a guide, I seamlessly blend those best moments into one single photograph, visualizing our conscious journey with time. I can take you to Paris for a view from the Tournelle Bridge. And I can show you the early morning rowers along the River Seine. And simultaneously, I can show you Notre Dame aglow at night. And in between, I can show you the romance of the City of Light.

Day to Night is about all the things, it's like a compilation of all the things I love about the medium of photography. It's about landscape, it's about street photography, it's about color, it's about architecture, perspective, scale — and, especially, history.

Time is this extraordinary thing that we never can really wrap our heads around. But in a very unique and special way, I believe these photographs begin to put a face on time. They embody a new metaphysical visual reality. When you spend 15 hours looking at a place, you're going to see things a little differently than if you or I walked up with our camera, took a picture, and then walked away.

As technology evolves along with photography, photographs will not only communicate a deeper meaning of time and memory, but they will compose a new narrative of untold stories, creating a timeless window into our world.

附录三：学生研究成果

A 组：We can find sharp comparison of the landscape in one picture, for example in the picture of the Bund, there is a daily crowded scene compared with beautiful night light show. This kind of photographing enables us to see more of a single place regardless of how time flies.

B 组：Using time as a guide, I seamlessly blend those best moments into one single photograph , visualizing our conscious journey with time. I can take you to Paris for a view from the Tournelle Bridge.

My process begins by photographing iconic locations, places that are part of what I call our collective memory. I photograph from a fixed vantage point, and I never move. Photographing for anywhere from 15 to 30 hours and shooting over 1,500 images, I then choose the best moments of the day and night.

Time is this extraordinary thing that we never can really wrap our heads around. But in a very unique and special way, I believe these photographs begin to put a face on time. As technology evolves along with photography, photographs will not only communicate a deeper meaning of time and memory, but they will compose a new narrative of untold stories, creating a timeless window into our world.

C组：continuous eye contact with audience，hand gesture to assist expression.

教学后记

多维度创新英语教学

语言是思维的载体。语言的习得，必然与思维的成长有必然的联系，而成长是需要情境的。在一个激发创新的情境中，给予适当的"刺激"，通过给定的任务与教师引导，学生在模拟的真实环境中，用外语表达实现表达，完成了交际任务，在提高语言水平的同时，也引领了思维的提升。真实的人际交流，是有多个维度的，而如果能够将这些维度进行"细分"，使学生首先在每个维度上体验能力的提升，然后再将各个维度"合并"，在融合创新中，学生的能力，在多个维度得到全面的成长，实现了核心素养的发展。

How to take a "Day to night" picture 这堂课首先从三个角度，拆解了教学内容，通过学生的课前自主学习与合作学习，内化了知识技能，最后通过完成课堂任务，整合了多维度的学习成果。一堂创新的课是需要精心设计的，本堂课的主要创新点如下。

一、 工具性的创新

英语作为一种交流工具，随着人工智能的发展，母语不同的人可能在未来会没有交流障碍，机器翻译有可能完全取代语言的翻译工作，那么学生学习英语的意义何在呢？如果熟练掌握一门外语，学生获取信息的能力、其知识面和眼界会大幅提高，因此在现代语言教学过程中，应有意识地引导学生获取重要信息、培养其思考能力，增强思维的逻辑性、批判性和创新性,提升学生分析和解决问题的能力,使他们能够从跨文化视角观察和认识世界,对事物做出正确的价值判断。在本课的设计中,教师选择的教学素材,是具有创造性的,学生通过学习,能够提升生活技能。具体而言,学生能够获得一种新的拍摄技能,对于静态图片的理解会产生新的高度,同时学生也能够利用这种拍摄方式去"创作"照片,为生活带来了趣味与色彩,满足自我的发展需求。

创新的英语课是为了达成"提高眼界与知识面"的目的而创设的,在每堂课上学生都应有"非语言"的收获,由此英语课堂的内容就需要"跨界",跨界的内容是学生能够体验到的收获,比如某种技能的提升,对某种现象的解释,对某个观点的颠覆等等。英语课堂素材的选择,必须能与学生的生活与学习产生共鸣,并对学生产生积极意义的。由此,英语学科的创新跨界,是由其"工具性"的特点所决定的,这样的跨界创新,也能够给英语课堂带来更多的趣味与勃勃生机。

二、 人文性的创新

有了好的"跨界"语言素材,仅仅是一堂课的开始。英语核心素养的提出,要求了外语教学如何育人,是促进学生个人心智的成长,而不仅仅是知识能力的增加。外语学习的过程,也是他山之石,可以攻玉,通过了解西方文化,反思我国优秀的传统文化的过程。本堂课中"凝固时间"的摄影方式,虽然在 TED 演讲中,主要拍摄对象是外国建筑,但其实它也可以展示我国的地标建筑与地方生活,通过这种方式,可以向世界展现我国的居民生活与城市节奏。在课堂的最后,通过教师进一步的引导,将这种摄影方式运用到传统节日、民俗文化的展示中,学生将会收获更多的启发。

学生通过高中阶段的英语学习,对中外文化知识已经有了诸多的积累,需要有意识地学会用英文讲述好中国的故事。文化修养的培育有助于学生增强国家认同和家国情怀,坚定文化自信,树立人类命运共同体意识,学会做人做事,成长为有文明素养和社会责任感的人。因此,在英语的学习过程中,教师所创设的英语语境,应让学生能够比较文化的异同,汲取文化精华,并坚定文化自信的基础。英语的学习过程,必须要带着人文的关怀,认同全世界优秀的文化,这也有助于促进英语学科核心素养的形成和发展。

三、 学习能力的创新

在这个信息爆炸的时代,学习资源是相当丰富的,只要拥有了学习的动力、掌握了正确的学习方法,就能达成学习目标。英语自主学习,就是学生独立地、主动地进行英语学习活动的能力,但是自主学习并不等于自学,需要教师精心地设计与引导,使学生思维的逻辑性、批判性和创新性在自主学习中获得提升。

自主学习培养了学生的独立思考的能力,这是合作学习的基础。在合作学习过程中,学生带着在自主学习中发现的问题,在讨论中互相质疑,在观点的碰撞中检验、修正自己的思想,培养思维的逻辑性、客观性、理据性,培养创新思维。思想的火花在学生深入对话的时候才迸发出来。在本课中,教师在课前设计了自主学习与合作学习环节,使学生在交流中找到"正确"的答案。但是现实社会中并没有那么多"正确"的答案,而只有相对更好、更合理的答案,因此在课堂中设计了一个需小组合作完成的、"迁移"式的任务,需要团体合作与集体的创新力,小组成员在完成任务的过程中,交流自己的创新智慧,提高自身的思维能力。

在新时代语言学习的目的,除了增加一个工具,更是要提升学生的人文素养、思维品质、跨文化理解与学习能力,创新英语课堂的设计,需要有人文的关怀、思维的深度与广度;创设的学习情境,能够鼓励学生进行自主学习与合作学习,最终实现创新能力的提升。

留个好印象

——刻板印象调查及其拓展应用

基本信息

1. 教师姓名：张文渊
2. 所在单位：上海市晋元高级中学
3. 学科类别：心理
4. 公开展示：市级公开课

创新之处

1. 探究突破点：打破常规的体验式教学方式，引入"刻板印象"的概念，引导学生基于现实问题尝试和体验社会心理学的研究过程，即帮助学生通过文献阅读、观看实验视频、模拟调查研究等方式，充分了解"刻板印象"的内涵及其作用。在探究的过程中，学生不仅要关注"刻板印象"的现实效应，更要学会将理论知识迁移到现实生活中，利用"刻板印象"调查的形式进行自我形象管理。

2. 课堂立意点：学生知晓、内化和迁移"刻板印象"的概念及其人际效应，学会在人际交往中不片面评价他人，能够在平等的交流和沟通中用心体会他人的优点，体验良好的形象管理在人际沟通的积极作用，培养学生自尊、自爱、自信的个性品质；帮助学生跟随课堂教学节奏逐步掌握社会心理学的研究方法，提升学生的问题意识和研究能力、合作品质和沟通能力，塑造学生的科学品格和创新人格。

教学路径

　　游戏引入→文献查阅：刻板印象资料阅读及梳理→小组展示：对刻板印象的含义及作用进行辨析→实验演示：如何利用刻板印象进行自我形象管理→模拟调查：学生进行课堂刻板印象调查→迁移应用：学生设计形象管理方案。

知识体系

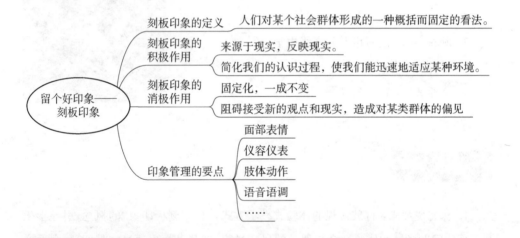

留个好印象——刻板印象

- 刻板印象的定义　人们对某个社会群体形成的一种概括而固定的看法。
- 刻板印象的积极作用
  - 来源于现实，反映现实。
  - 简化我们的认识过程，使我们能迅速地适应某种环境。
- 刻板印象的消极作用
  - 固定化，一成不变
  - 阻碍接受新的观点和现实，造成对某类群体的偏见
- 印象管理的要点
  - 面部表情
  - 仪容仪表
  - 肢体动作
  - 语音语调
  - ……

五元评价雷达图

分值：38/40

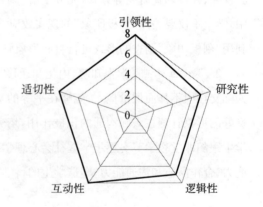

专家点评

　　这节课的教学设计围绕"刻板印象"展开,却不仅仅局限于对于"刻板印象"概念的讲解和分析,而是通过资料查找、课堂调查等方式,让学生学会"利用"刻板印象进行形象管理。这节课不但拓展了学生的学科思维,让学生能够尝试着运用社会科学的研究方法开展学科相关研究,更能够让学生将社会心理学的概念和规律运用于生活实践中,有效提升了学生的沟通和交往能力。

　　　　　　　　　　　　　　　（点评专家：温暖,普陀区教育学院,高级教师、心理教研员。）

教学设计

　　1. 教材及学情分析

　　教育部《德育工作指南》将"心理健康教育"作为德育内容之一,即开展认识自我、尊重生命、学会学习、人际交往、情绪调适、升学择业、人生规划以及适应社会生活等方面教育,引导学生增强调控心理、自主自助、应对挫折、适应环境的能力,培养学生健全的人格、积极的心态和良好的个性心理品质。

　　高一新生进入新环境后,在短时间内会认识大量的新同学和新老师,如何在短时间内,展现自身特点和优势,在别人心中留下一个好印象？如何避开一些人际交往中的"雷区",避免给他人造成不良的第一印象？这些都成为高一新生在人际交往中遇到的新问题。

　　本节课作为上教版《高中生心理健康自助手册》专题二：学会共处中的一课,即以社会心理学为主要理论背景,引导学生理解人际交往中的心理效应,启发学生在尊重和掌握心理规律的基础上,迁移和应用心理规律,学会更好地管理自我形象,更好地与人交往、沟通。

　　2. 设计思路

　　在这节课中教师结合高一新生在人际交往过中的实际困扰,根据高中学生的思维水平,与常规教学不同地引入了"刻板印象"这一社会心理学概念,并通过学生的课堂调查、形象管理方案验证等,帮助学生初步学会如何科学地进行形象管理;同时引导学生在课堂中基于现实问题在课堂教学过程中模拟社会心理学的研究过程,不断尝试和探究,提升学生的思维能力、合作能力和沟通能力,激发学生的问题意识和质疑意识,塑造学生的科学品格和创新人格。

3. 教学目标

(1)通过文献阅读了解刻板印象的概念及其优缺点、思考及分析刻板印象的积极作用和消极作用,并举一反三,学会如何运用刻板印象效应进行自我形象管理,提升学生的人际交往和沟通能力;

(2)体会到在日常的生活中以容貌或其他的表面印象评估他人的片面之处,学会包容他人,在交往中用心体会别人的优点;

(3)通过观看实验视频、模拟调查研究等过程,帮助学生体验学科研究方法,培养学生的学科学习思维和科学创新精神。

4. 教学重点、难点

(1)教学重点及突破

教学重点:如何开展"刻板印象"调查。

突破办法:通过刻板印象调查研究视频的播放,启发学生思考了解他人心中对某一群体的刻板印象的方法,并在课堂中加以模拟练习。

(2)教学难点及化解

教学难点:如何利用"刻板印象"调查进行自我形象管理。

化解办法:循序渐进引入问题,通过引导学生思考刻板印象的积极和消极作用,激发学生进行自我形象管理的意愿,并在其掌握了具体的刻板印象调查方法后,以适当的问题加以引导、总结。

5. 教学过程

(1)游戏引入

照片猜猜看:在PPT上呈现两位男性的照片,邀请学生猜测"哪一位是心理学教授?"

(设计意图:学生对于"哪一位是心理学教授?"这一问题的主观猜测,主要是依赖

图1 两位男性图片展示

学生对于"教授"这一群体的刻板印象。通过"照片猜猜看"活动,引入"刻板印象"的概念。)

（2）刻板印象释义

教师向学生提供"刻板印象"的文献资料及其案例若干,要求学生根据课堂提问分组讨论,并进行小组展示。

问题一：用你自己的语言表达,什么是"刻板印象"。

刻板印象(英语：Stereotype,亦称印刻作用、固定观念),在社会心理学中被定义为人们对某个社会群体形成的一种概括而固定的看法。

问题二：刻板印象有哪些积极作用和消极作用?

刻板印象本身包含了一定的社会真实,或多或少地反映了这类人群的实际情况。所以,利用刻板印象可以简化我们的认识过程,使我们能迅速地适应某种环境。

刻板印象也有非常不好的一面。由于它是固定化的,所以也很难随着现实的变化而发生变化。刻板印象往往阻碍人们看到新的现实,接受新的观点,结果导致人们对某类群体的成见。

（设计意图：引导学生学会通过文献、案例资料的阅读,进行归纳和总结,内化刻板印象的概念并从正反两个方面对其进行逻辑分析;培养学生查阅文献、追踪文献的习惯和能力,提升问题分析的能力、合作探究的能力。）

（3）巧用刻板印象

基于刚刚对"刻板印象"的学习,我们可能意识到片面地利用刻板印象去评价他人,往往会产生误会。例如,有些同学"看上去"似乎难以接近。但是经过相处之后,大家就能发现他的善良和优点,从而和他越走越近。虽然说日久见人心,但是如果能在第一时间给别人留个好印象,相信绝对能让你更好更快地融入集体生活。刻板印象在第一次见面的时候就可以让别人从直觉上判断你,我们可不可以巧用刻板印象,让自己给别人留个好印象呢？

实验演示：教师播放刻板印象调查研究视频：乔治城大学模仿普林斯顿大学2005年的启发性实验开展刻板印象研究,被试根据电脑屏幕上呈现的人像照片判断"谁更有能力"。被试最终认为"有真诚的微笑""能与人有眼神交流""表情冷静"的人看上去更有能力,而那些被被试选中的人有70%最终在选举中当选。学生通过观看视频,理解如何通过实验、调查的方法开展刻板印象的研究,掌握社会心理学研究中调查研究方法的应用。

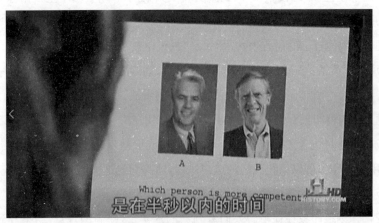

图2　刻板印象实验演示过程

模拟调查：同学模仿调查过程,自选主题(如,进入一个新班级时,什么样的人看上去容易相处？竞选学生会主席,什么样的人看上去更有能力?),在班级中开展"刻板印象大调查"。

迁移应用：学生根据调查结果,依据自选主题,设计形象管理方案(填写表格),并在班级中进行展示交流。

表1 形象管理方案表格

形象管理方案
情境设置：
课堂调查结果：
形象管理要点：（如面部表情、仪容仪表、肢体动作、语音语调等）

（设计意图：引导学生利用调查方法，初步研究班级成员对某一群体的刻板印象，并以此为基础设计形象管理方案，将"刻板印象"的概念迁移、应用到日常的人际交往中；培养学生的学科思维和学科研究能力，引导学生能够在日常生活中运用科学的方法解决现实问题。）

（4）课堂小结

"日久见人心"，不要让刻板印象"蒙住"了你的双眼。学会包容，在交往中用心体会别人的优点。

巧用刻板印象，但是最重要的还是你那颗真诚的心。展现自己最好的一面，但是切记不可过于虚伪。

（设计意图：升华课堂主旨，引导学生在"巧用"但不"滥用""刻板印象"进行形象管理，更要学会包容、以诚待人，进一步提升学生的人际交往能力和培养自尊、自爱、自信的个性品质。）

教学后记

如何让心理健康课变得好玩？
——基于社会心理学知识的创新探究学习

2012 年，教育部颁布了《中小学心理健康教育指导纲要（2012 年修订）》，明确了中小学心理健康课的教学目标及教学内容。一线的心理辅导教师总会发现，要上好一节让高中学生感兴趣的心理健康课，仍然需要不断地探索和实践。

在实际的教学实践中，高中心理健康课常常会遇到这样的困境：讲得浅了，学生觉得幼稚，没有意思；讲得深了，学生觉得听不懂，同样也没有意思。高中心理健康课到底应该怎么上？怎么样让心理健康课变得好玩、有意思？是像初中阶段的心理健康课一样，更侧重于体验式的教学，还是像大学阶段的心理健康课一样，更侧重于理论知识的教授？与学生之间的互动到底应该怎么把握？如何找打那个微妙的"平衡点"，一直是笔者困扰和思考的问题。笔者尝试将基于社会心理学知识的创新探究学习运用于心理健康课的教学实际中，并获得了一些感悟。

一、了解需求，满足学生的课堂期望

在初中学生的心理健康课中，教师往往不会在课堂中引入专业的心理学概念或知识点，而是让学生在团体游戏、互动讨论等过程中，逐步形成对某一教学内容的理解和感悟，从而达到心理健康教育的教学目标。高中学生不同于初中学生，他们的思维层次更高，那些常识性的、感性的心理知识已经满足不了他们的"胃口"。

在与学生交流的过程中，笔者发现，高中学生更期待心理健康课中能有一些"能让自己感到惊奇的"、"没有听说过的"心理学概念或者心理效应。学生甚至认为，专业的心理学知识恰恰正是心理健康课有别于其他学科的关键所在，也是心理老师存在的价值体现。因此，在高中学生的心理健康教育课堂中需要有心理学的专业理论支撑，从而真正地让"心理味道"充溢课堂，激发学生的好奇心。

高中心理健康课的内容需要专业化。这也就需要心理教师在设计教学内容的时候，更多地考虑到高中学生在这一年龄层次的认知特点和兴趣所在，选择适合的内容和难度，适当地渗透一些专业理论。

在上教版《高中学生心理健康自助手册》中，"如何在人际交往中给别人留下一个好印象""怎么样的人在人际交往中更受欢迎"这个话题，高中学生的兴趣度并不高。高中生会觉得这节课"已经在小学和初中讨论过好多次了"或是"没什么意思，有点幼稚"。于是笔者查阅了大量的文献资料，从社会心理学中"刻板印象"的角度切入，展开人际沟通的议题，让课堂中的学科意味更加浓厚，学生开始对教学的内容感兴趣了；同时，笔者在课中为学生准备了刻板印象的资料和案例，让学生自己总结和归纳、用自己的语言表达，这样使得理论知识显得专业但不枯燥，学生在课后也反馈更能接受这样的心理学知识呈现方式，觉得新奇和好玩。

二、 强化探究，拓展知识的迁移应用

高中学生的心理健康课需要专业支撑。但是高中学生不同于大学生，他们的专业性不强，对太过艰涩的专业词汇不太"感冒"，也不太容易理解。如何将高中学生的心理健康课和大学生的心理学专业课混为一谈，那么教学内容虽然看起来"高深"，但实际上对于高中学生的触动和教育意义并不大。因此，课堂的重心更应该偏向于应用和操作，让学生能够将简单的心理学原理应用于实际生活中，从而全方位地提升自己，真正达到心理健康教育的目的。如果说大学强调的是专业性，那么高中的心理健康课程应该更加强调实用性。因此，高中心理健康课的内容需要应用化。

要做到"应用化"并非易事。怎么让学生能够在理解心理学概念或原理的基础上，真正地将其运用到个人的现实生活中？单靠常规的讲授或是心理团体辅导活动，可能已经不足够了。在上教版《高中学生心理健康自助手册》中，"如何在人际交往中给别人留下一个好印象""怎么样的人在人际交往中更受欢迎"这个话题，主要是通过学生的交流、分享和讨论达成的。可是，即使高中学生在课堂上呈现了完美的讨论和交流，是否就意味着他们一定会在生活实际中应用课堂所学来改善自己的人际交往现状、改变自己的人际沟通策略呢？答案肯定存疑。

为什么会产生这样的结果？说到底还是教学设计没有真正地贴近高中学生的学习能力和思维水平。因此，笔者在这节课的教学设计中，充分强调了"探究"二字：引

导学生通过刻板印象调查的模拟实验,了解班级同学对某一群体存在的刻板印象,让学生在模仿心理学家进行试验的过程中,更加深刻地领悟"刻板印象"这一概念的内核和实质;此外,笔者不仅仅满足于将知识点传授给学生,更要求学生在课程中结合模拟试验的结果进行印象管理方案的设计,由此将理论知识应用到学生的日常生活。

三、 聚焦创新,关注人才的创新培养

在高中心理健康课堂中,心理辅导教师到底要让学生学会什么? 其实,答案和其他学科应该是不谋而合的。任何一个教师在教育教学的过程中,关注的不应该仅仅是学科知识本身和解题技巧的传授,而应该更多地关注学生在学科学习之后"素养"的获得。这种素养是学生在生涯发展的历程中,在遗忘了学科知识和解题技巧之后,沉淀下来的,是对于学科思维、学科价值的掌握,更是人生态度、价值观和人格的塑造。也就是说,教学设计只有站在育人的高视点,才会对学生的终生发展产生作用,才是一节真正"好玩"的课。

因此在这节课中的教学设计中,笔者从学科单一问题的引入到现实综合问题的抛出,为学生逐步搭建认知支架,不断引入跨学科知识的应用,让学生切实体会到学科学习的美感和学科学习的价值。学生通过循序渐进的课堂学习过程,在学习知识的同时,更初步体验了社会心理学的学科思维和学科研究方法,为学生后续开展社会心理学的相关研究、培养学生的创新思维和创新能力奠定了基础。

总之,基于社会心理学知识的创新探究学习,让传统的心理课变得更加好玩而有意义,进一步彰显了心理健康课的育人价值。

中国古典舞之舞韵

1. 教师姓名：李卓
2. 所在单位：华东师范大学第二附属中学
3. 学科类别：高中艺术
4. 公开展示：国家级参赛课

创新之处

1. 探究突破点：全班分成五组，分别从不同角度探究中国古典舞的文化内涵之美。在探究过程中，启发学生寻找中国古典舞的形体、动作和风格与其相关的文化背景之间的联系，从而能够更加深刻的体会中国古典舞区别于西方古典舞的独特艺术特征。

2. 课堂立意点：在由中国古典舞的外在美向中国传统文化的内在美纵深挖掘的过程中，学生们重拾对中国传统文化的记忆，体会并感悟源远流长的中国传统文化对中国舞蹈艺术产生的深远影响。

教学路径

聊聊电影《十面埋伏》并欣赏影片中的舞蹈表演→简介中国古典舞相关知识→欣赏中国古典舞代表作品→中国古典舞典型艺术特征分析→中国古典舞文化内涵的探究→全体学生体验中国古典舞。

知识体系

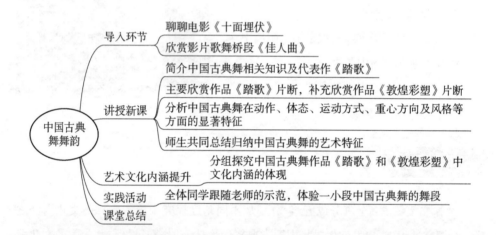

五元评价雷达图

分值：36/40

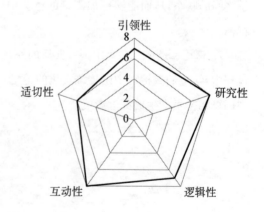

专家点评

本节课教学目标设定明确,通过教学设计和课堂活动,体现了课标对《音乐与舞蹈》模块教学的要求,学生顺利地掌握了中国古典舞风格特点,深入理解了舞蹈背后蕴含的中国文化的博大精深;并初步学会了中国古典舞的几个基本动作。

该课的教学内容安排合理,分别是舞蹈鉴赏、舞蹈常识、文化挖掘和舞蹈表演。将熟悉和掌握最基本的舞蹈语汇作为本课的重点,注重基本动作的学习与练习,把练习的重点放在对舞蹈的艺术表现上和对情绪情感的表达方面。本课的难点是文化渗透,是要通过中西方的文化背景比较,探索关于中国古典舞艺术特征的源泉。为此教师提供了一些启发性的资料,同学们通过深入的讨论,集思广益,找出了舞蹈背后所关联的传统民俗文化,如儒家、道家、周易等学说对舞蹈的影响,使学生在博大精深的中国民族文化中找到了艺术之根。

从教学效果看,教师通过巧妙的设计,在完成舞蹈鉴赏的同时,也找到了对学生有效的审美体验路径,激发了学生舞蹈学习的兴趣,提高舞蹈审美能力,拓展艺术视野,丰富学生情感,提升了艺术品位。

(点评专家:郭迎霞,华东师范大学第二附属中学,特级教师。)

教学设计

1. 教材及学情分析

(1)教材分析

古典舞是各地区、国家、民族经过历代专业工作者提炼、整理、加工、创造,并经过较长时间艺术实践的检验,流传下来,被认为是具有一定典范意义的舞蹈。各国古典舞均承载着本国民族历史和传统文化,不同民族、不同时代所产生的文化差异、审美取向都会在人体的舞动中留下痕迹。

上海二期课改艺术教材中关于古典舞的学习内容有两个章节,分别为西方古典芭蕾舞和中国古典舞,两者虽同为古典舞艺术,但却由于中西方文化背景的差异而呈现出截然不同的艺术特征。

《踏歌》作为中国古典舞的代表作品,以连臂而舞、踏地为节、边歌边舞的舞蹈形式为观众勾描出一副古代俪人携手游春的踏青图。《踏歌》曾荣获首届中国"荷花奖"金奖。在这部作品中,中国古典舞的身韵美得到了充分地展现。

舞蹈《敦煌彩塑》是根据敦煌的壁画和雕塑所创作,1980 年荣获全国舞蹈比赛创作一等奖以及表演一等奖。《敦煌彩塑》展现了一位雍容华贵而又超凡脱俗的仙女的传统气韵,舞蹈淋漓尽致地呈现了中国古典舞独特地体态美和运动方式。

(2)学情分析

具备:我校高中生基本具备分小组讨论和探究问题的能力。高中生在完成了 5 年小学和 4 年初中学段的学习后,知识和阅历有了一定程度的增长和积累,通过对视频欣赏、剧照观察、体态体验等方法基本能够找出作品体现的艺术特征,再运用讨论和研究的自主学习策略,根据学生历史、政治、文学等学科以往的知识沉淀,并经过老师的点拨后也可以逐步领悟作品所蕴含的文化内涵。

缺乏:笔者曾经在高一新生中做过调查,400 多份问卷清晰地显示出我校高中生的艺术学习基础和艺术兴趣取向。从调查结果中可以看出我校学生的艺术欣赏水平参差不齐,大多数学生平时接触最多的是流行音乐,对古典艺术普遍缺乏兴趣,尤其对古典舞蹈和传统戏曲等艺术领域更是接受度较低。大多数同学对舞蹈艺术领域几乎不了解,不具备舞蹈艺术的欣赏常识,对舞蹈艺术特征这个知识点很模糊,对古典艺术形式缺乏深入了解的意愿。这些现象的出现与当代学生所处的艺术环境、学业压力和喜欢热闹,追求生活快节奏的性格有关。

2. 设计思路

这节课是根据上海二期课改艺术教学大纲提出的三维目标拟设的教学目标,根据学生的兴趣特征和二期课改对艺术教学提出的新要求,利用较为先进的教育信息技术手段融入课堂教学中,结合艺术教学的认知规律让学生通过视觉、听觉、知觉去感受舞蹈。

通过分析中国古典舞代表作品的艺术特征、探究中国传统文化和体验中国古典舞的身韵,学生可以较为深刻的体会中国古典舞的艺术美,能够完成教学大纲提出的掌握艺术舞蹈的审美基础知识的要求,并能在中国传统文化的熏陶中得到人文艺术的升华。

3. 教学目标

（1）欣赏舞蹈《踏歌》和《敦煌彩塑》，归纳总结作品中体现的中国古典舞艺术特征；

（2）体验中国古典舞的代表性动作和造型，感受中国古典舞的艺术美；

（3）欣赏中国古典舞代表作品《踏歌》和《敦煌彩塑》，分析作品中体现的中国古典舞艺术特征，思考并讨论中国传统文化与中国古典舞的内在联系，体验中国古典舞独特的动作韵律和造型美；

（4）围绕中国传统文化对中国古典舞的影响展开研究，领略并感叹中国传统文化之博大精深，探寻中国古典舞文化之根，品味中国古典舞的艺术内涵之美。

4. 教学重点、难点

（1）教学重点及突破

教学重点：赏析代表作品《踏歌》和《敦煌彩塑》，体会中国古典舞的艺术美。

突破办法：相较于西方古典芭蕾舞，中国古典舞对于学生们来说更显陌生，因此通过先讲授西方古典芭蕾舞之后再讲授中国古典舞，学生们能够运用比较学习法建立起对中国古典舞艺术特征的大概认知，再结合欣赏视频、观察剧照和女生实践典型的身韵造型等手法分步骤、循序渐进地找出中国古典舞在动作、体态和风格等方面的艺术特征。

（2）教学难点及化解

教学难点：分析中国传统文化与中国古典舞的内在联系，感悟源远流长的中国传统文化对中国舞蹈艺术产生的深远影响。

化解办法：调动学生在历史、政治和文学等学科已有的知识储备，再经过对资料分析、小组成员讨论、全班交流分享、师生共同解析几个步骤，挖掘中国古典舞背后所蕴含的深刻文化底蕴。

5. 教学过程

（1）引入课题

生活中有很多同学都喜欢看电影，那么你曾经看过张艺谋导演执导的电影《十面埋伏》吗？能说一说这部电影的剧情梗概吗？

剧中的男女主人公是通过一段舞蹈相识的，让我们欣赏歌舞《佳人曲》。

这段舞蹈给你留下什么印象？你能看出演员在表演何种舞蹈吗？

（设计意图：本课从学生喜闻乐见的影视艺术入手，欣赏影视剧中与本课相关的古代舞蹈视频，拉进了师生之间的心理距离，唤起学生对本课的学习兴趣，同时巧妙地引入本课课题。）

（2）提出并解决问题

简介中国古典舞及其代表作品《踏歌》。

欣赏作品《踏歌》，与西方古典芭蕾相比较思考中国古典舞在动作、身体形态和风格方面体现了哪些艺术特征？

具体问题的提出及解决：

问题一：中国古典舞以哪个部位的动作为主？

问题二：补充欣赏中国古典舞《敦煌彩塑》，观察舞蹈是怎样的运动方式？

问题三：补充欣赏两幅剧照，观察舞蹈的重心方向？

问题四：请全体女生和老师一起实践中国古典舞典型的体态造型，请男同学观察，并用一个词概括出舞蹈的体态特点？

问题五：补充欣赏两幅剧照，分别观察舞蹈的服饰风格和体态风格？

（设计意图：从中国古典舞与西方古典芭蕾相比较的角度出发赏析中国古典舞作品，使学生在欣赏的过程中有法（比较学习法）可依，明确赏析方向，避免学生产生畏难心理，从而对中国古典舞形成基本印象。而后老师引领学生通过补充欣赏视频、观察剧照、体验体态等手法细致地剖析并顺利地掌握中国古典舞艺术特征的相关知识。）

（3）得出结论

师生共同总结归纳中国古典舞的艺术特征。

（4）人文探究

问题：为什么中国古典舞呈现出强烈的中国舞蹈艺术特色？

结论：在中国传统文化的作用和影响之下，中国古典舞呈现出中国舞蹈艺术特征。

分组讨论：作品《踏歌》和《敦煌彩塑》体现了中国古典舞的哪些文化内涵？（老师提供学习讨论资料）

具体问题的提出及解决：

问题 1.1：为什么舞蹈以上半身动作为主？

问题 1.2：为什么舞蹈中常出现划圆的运动？

问题 2：为什么舞者保持重心下沉的体态？

问题 3.1：舞蹈风格为何含蓄内敛？

问题 3.2：舞蹈风格为何柔美而又讲究韵味？

（设计意图：1.运用"基于问题研究"的学生分组研究教学方法,意在使研究过程中发挥学生学习的自主能动性,锻炼学生之间的合作学习能力,体会通过自身努力获得研究成果的愉悦感;2.分组研究讨论也能够培养学生在与同伴思辨的过程中务实、钻研、求真的品质;3.教师提供参考资料,为学生的探究学习引领方向,避免学生盲目而又缺乏效率的讨论。）

（5）实践活动

请全体同学跟随老师的示范,体验一小段中国古典舞动作和造型。先跟老师学习单个动作,再串联起所有动作,最后尝试结合背景音乐完成此套动作组合。

（设计意图：设计这个环节有三个教学目的,其一,学以致用,在实践的过程中复习刚刚学习过的舞蹈艺术知识;其二,从舞蹈体验的角度,进一步感受中国古典舞的艺术美;其三,在学生结束专注的探究活动后,活跃课堂气氛,增强课堂的师生互动性。）

（6）课堂总结

中国古典舞起源于中国古代,历史悠久,博大精深,它以其柔美的身姿,含蓄内敛的风格,深厚的文化内涵表现出中华民族对美好情感的感悟和向往,因此,中国古典舞作为具有中国古典风范的舞蹈种类在世界舞蹈艺术之林独树一帜。

教学后记

重温中华传统文化　品味中国古典舞舞韵

　　中国古典舞源于古代舞蹈,历史悠久,博大精深,是我国传统舞蹈之一。中国古典舞在动作、体态、韵律、风格等方面均展现出独特的艺术魅力,散发出中国传统文化艺术气息,体现出极高的艺术价值。为了让学生能够对中国古典舞的艺术美有更为深刻的认知,在本课中我设置了文化探究的环节,即探求中国古典舞与中华传统文化之间的渊源。

　　学生们对中华传统文化有着一定的了解,只是大多数同学从未意识到舞蹈艺术与传统文化之间存在着关联,更不知道两者之间存在着怎样的关联。因此在学生们基于问题研究的分组讨论过程中,老师适时和适当的引导就显得尤为重要。课堂分组探究主要围绕着以下问题展开:

一、 舞蹈缘何以上半身动作为主

　　我国古代社会是农耕社会,虽也涉猎海洋领域,但中国古代海洋文化是农业性的,强调"以海为田",开发本国资源。农耕民族定居的生活方式形成了人们行为上的稳重,表现在舞蹈上是偏静偏稳的。在大部分情况下,人们是"脚踏实地"而舞,脚下动作大多起到"踏地为节"的作用,没有大起大落的跳跃和大范围内的位置移动,表现出"静与稳"的特征。

　　除此之外,古代传统文化对中国古典舞重"手舞"轻"足蹈"也产生了极强的影响。学生们大都知道古代对女子制定的礼仪规范,如:《女论语》中第一节立身篇写到:"凡为女子,先学立身,……行莫回头,语莫掀唇。坐莫动膝,立莫摇裙。喜莫大笑,怒莫高声……立身端正,方可为人",与之相对应的礼仪规范有:"行不露足,蹀不过寸,笑不露齿,手不上胸"。亦有封建社会时期的民俗——中国妇女"裹小脚",裹出了"三寸金莲"。这些用来束缚古代女子的封建制度和习俗均导致"足蹈"无法进一步发展,继而造就了舞者上半身肢体动作的丰富性。

农耕文化似乎于学生们来说比较遥远,很多学生未能联想到其与舞蹈之间的关联。而古代传统文化礼仪对于他们来说则不陌生,通过对这些礼仪的回顾,学生们更能理解中国古典舞上半身动作柔美多姿的背景出处,而不是认为以上半身为主的运动方式仅仅是出于舞蹈对审美的需要。

二、 舞蹈缘何常出现划圆的运动方式

圆是自古以和为贵的中国人所崇尚的图腾,浸透着中华民族先民最朴素的哲学,追求团圆、和美乃是中华民族传统文化的形态象征。圆象征着"圆满"和"饱满",圆则满,满则圆,心有圆满便安宁不争。"美"在"和(谐)","和(谐)"在"圆",以和为贵,便能取道中庸。

儒家、道家也有关于圆以及和的观点阐述,如:"和为贵"——出自《论语·学而》"礼之用,和为贵",是儒家倡导的道德实践的原则。道家阴阳学说认为一个圆形,你中有我,我中有你,相互演变,相互转换,即为阴阳平衡,易经"八卦太极图"就是一种曲线和圆的美妙结合,代表着循环无穷、刚柔相济。"天圆地方"观是中国传统文化的重要思想,建筑中的"天圆地方"观,方与圆的空间造型,不仅具有一种空间形式美,而且还具有一种追求与宇宙和谐合一的意境美。

在作品赏析环节,学生们对舞者频繁表现出划圆的肢体动作感到颇为有趣,这种现象的出现是由于学生们不了解划圆动作的文化背景。在师生共同探寻出古代各大学派提出的"圆"及"和"的思想理论对中国古典舞产生的影响之后,大家才进一步地领悟到中国古典舞采用圆形运动轨迹的缘由。

三、 舞者何以保持重心下沉的运动方向

在中国长达两千多年的封建社会中,土地一直是人们赖以生存的关键因素。我们从古代流传下来的诸多的文学、绘画作品以及民俗活动的记载中了解到早在封建社会时期,中国人就对脚下的土地产生了极为深厚的情感,如:先秦《击壤歌》描写了古代人民"日出而作,日入而息,凿井而饮"的生活方式,又如:《祭义》曰:"右社稷(祭祀土地),左宗庙(祭祀的是我们的祖宗)"。中国人历来钟情于土地,百姓祈求风调雨顺,五

谷丰登、丰衣足食，他们从出生到死亡的一生，都会与这土地产生千丝万缕的联系，甚至于最后生命的终程，也会把自己融为这黄土的一部分，成为自己脚下这片土地不可分离的一部分。

除了"土地情结"的生存观对舞蹈的影响之外，以佛教为代表的东方宗教决定了人的精神追求，佛教文化中的修身养性方式养成了席地而坐的习俗，也在舞蹈中反应出了"亲地"的倾向。

在了解了古代人们拥有早期的土地情怀，产生了与农耕文化相适应的人生哲学之后，学生们对舞蹈中采用重心下沉的运动方向加深了理解，并能够领会中国古代人们崇尚人与自然的和谐统一的思想追求。

四、 舞蹈风格因何含蓄内敛

《周易·系辞上》："劳而不伐（自夸），有功而不德（自居）……，德言盛，礼言恭；谦也者……（谦虚能使人恭敬）"。儒家文化也是一个强调个人修身养性的文化，儒家学说的经典著作中有很多做人的解释。儒学强调人要谦虚、含蓄和内敛，儒家文化要求人以谦虚自己，恭敬别人来立身。这使中国人的性格也烙上了这种烙印，同时这种品行也显现于中国古典舞之中。

中国人从小遵循的品德规范之一就是谦逊有礼，所以学生们对相关的典故深有体会。这种性格特征除了体现在舞蹈动作方面，也体现在中国古典舞的服饰风格方面，即服装对舞者（手部）和脚部的遮盖。谦逊、含蓄和内敛是中华民族自古崇尚的美德，这种文化特征在中国古典舞中得到很好的诠释。

五、 舞蹈风格因何柔美而又讲究韵味

女乐是我国古代以女子为中心的娱人舞蹈。它从我国第一个奴隶制王朝起，几乎贯穿了整个中国的历史，可以说我国古代舞蹈史是一部辉煌的女乐史。女乐文化在古代王朝中是用于取悦帝王君主的，因而舞者的面部神韵和身形韵律皆饶有韵味。

道家云："人生三宝精气神"，人要达到精满、气足、神旺的境界。我们的舞蹈讲究面部的神韵，正是讲究"精、气、神"相统一的舞动，在"和"精神的影响下，表现出"刚柔

并济""内外统一""形随心动""形神兼备"等特点。

通常学生们不会留意到中国古典舞舞者的面部神韵,也难以感受到中国古典舞精气神境界的体现,那么传统文化的剖析对于学生理解中国古典舞舞蹈的精神气韵就显得颇为重要。

我国人民的传统文化、风土人情、生活习性以及审美习惯都在中国古典舞的舞动中留下痕迹,中国古典舞承载着我国民族历史和传统文化,成为中华民族传统文化的艺术载体。由此可见,只有带领学生重温中华传统文化,才能更好地品味中国古典舞之舞韵。

心灵的艺术
——表达性艺术治疗在情绪调节中的应用

1. 教师姓名：张文渊
2. 所在单位：上海市晋元高级中学
3. 学科类别：心理
4. 公开展示：市级公开课

创新之处

1. 探究突破点：全班同学通过文献阅读和光谱图技术、雕塑技术的实际操作，领悟表达性艺术治疗的魅力，学会如何用艺术的手段表达自我压力和情绪。

2. 课堂立意点：通过表达性艺术治疗的方式，帮助学生具象化地看见自己的压力、负面情绪，帮助学生意识到自己理解压力的片面看法，引导学生从不同角度更加全面地看待压力，用更恰当、更多元的方式应对压力，学会合理释放自己的负面情绪，形成积极、乐观的个性品质。

教学路径

课前准备：学生在课前查阅表达性艺术治疗相关资料→视频引入→压力分析：教

师展示高中学生压力源分析→压力调查：学生进行课堂光谱图压力调查→压力雕塑：学生分组进行压力雕塑→压力重塑：学生在教师引导下进行压力重塑→"艺"对压力：学生自行选择艺术形式，通过艺术的形式表达对压力的重新认知。

知识体系

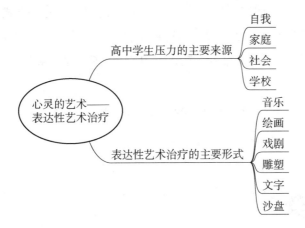

五元评价雷达图

分值：36/40

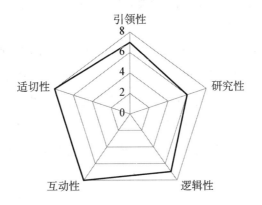

专家点评

这节课的教学设计具有创新性和学科特色。首先,这节课在教学设计中运用了表达性艺术治疗的技术(如,光谱图、雕塑技术等),通过具象化的方式,让每个学生都能展现自身独特的压力来源和压力应对方式,从而在课堂教学中,教师才能够给予学生个性化的指导。其次,这节课不仅仅是一节心理健康辅导活动课,更是一节具有浓厚探究意味的课。在这节课中,学生可以通过资料查找、小组讨论等方式,自主了解表达性艺术治疗的概念及内涵,并尝试在教师课堂教学的基础上,进一步将表达性艺术治疗的技术应用到对压力的感知和调节中,提升学生的研究能力和情绪调节能力。

(点评专家:王华,上海市晋元高级中学,高级教师、普陀区第五轮发展团队班主任高级指导教师。)

教学设计

1. 教材及学情分析

在中国学生发展核心素养中,将"健康生活"作为其中的一个重要组成部分,其主要指学生在认识自我、发展身心、规划人生等方面的综合表现,要求学生能理解生命意义和人生;具有积极的心理品质,自信自爱,坚韧乐观;有自制力,能调节和管理自己的情绪,具有抗挫折能力等等。

本节课是学校心理健康教育校本课程中"压力应对与情绪管理"章节的一课,秉持着培养学生核心素养,引导学生健康生活的理念,通过表达性艺术治疗的团体活动,促进学生感知、认识压力,并学会正确应对压力,从而在生活中更加积极乐观,珍爱生命。

相较于初中阶段,高中学生面对的压力源更加丰富,他们面临着学业、家庭、同伴交往等等的问题,体验到的压力相比以往程度更大。部分学生往往习惯从消极的角度去看待压力,并且将压力认知为是个人独有的问题。而且青少年的自我调控能力仍然比较弱,在对压力无法控制的时候就会出现种种心理和行为上的问题。

2. 设计思路

表达,是人类的天性和生存的需求。人类透过艺术的形式展现最直接的情感和意念是在人类还没有形成文字和语言之前就已经开始形成的一种与生俱来的能力。在心理学上,表达性艺术治疗(Expressive Art Therapy)也源于这种基础的能力,借助音乐、绘画、舞动、戏剧、雕塑、角色扮演等方式,舒缓、化解情绪。

在这节课中,我们尝试着在课堂教学中引入表达性艺术治疗的形式,通过光谱图的技术,让学生体会到压力是班级同学共有的,每一个人都有自己的压力;通过雕塑的技术,让学生用一种具象化的方式去观察和认识自己的压力,体悟到自己对于压力可能存在的认识误区,并尝试着从新的角度去感受和应对压力;通过创意艺术表达,让学生学会用理性、科学的手段释放和表达压力;

3. 教学目标

(1)认识自己及班级同学的压力状态(压力程度及来源),尝试着从新的角度去感受和应对压力;

(2)体验团体辅导中的光谱技术、雕塑技术及其他表达性艺术治疗的方法和技巧,通过具象化的手段让学生实际地观测到自己的压力状态、释放自己的压力;

(3)帮助学生找到合适的应对压力的方式,积极地面对生活中可能出现的压力,从而更加热爱生活、珍爱生命。

4. 教学重点、难点及解决办法

(1)教学重点及突破

教学重点:如何让学生观测到自己的压力并学会压力调节的方法。

突破办法:在压力雕塑的雕塑阶段,通过具象化的肢体表达,让学生对自己的压力状态有更加深入的觉察和体会,意识到自己对压力认识的盲点;及时引导学生对自己现有压力状态进行重塑,从而让学生通过肢体状态的改变,转换对压力的感受和应对方式;学生任选喜欢的艺术手段进行压力表达,学会合理释放压力。

(2)教学难点及解决办法

教学难点:如何让学生逐渐学会用表达性艺术治疗的方式表达内在情绪。

化解办法:循序渐进地带领学生体悟表达性艺术治疗的方式,首先在光谱图环节用启发式问题激发学生思考压力的具象化表达;其次通过雕塑的实际示范,让学生感受表达性艺术治疗的魅力;在此铺垫下再引导学生自选喜欢、擅长的方式进行压力表达,释放自己的内在情绪和压力。

5. 教学过程

(1) 课前准备

向学生提供表达性艺术治疗的资料及心理剧、曼陀罗绘画等案例,让学生初步了解表达性艺术治疗的方法及技术。

(设计意图:引导学生学会通过文献、案例资料的阅读,初步理解表达性艺术治疗的形式。)

(2) 引入课题

播放动画音乐视频《妈妈,我的压力好大》,并用PPT展示上海市高中学生压力源调查结果,将学生在生活中遇到的压力来源进行分类。

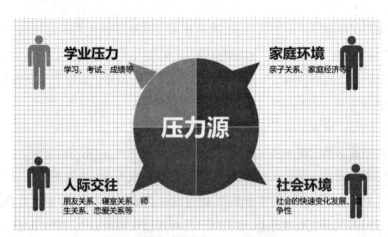

图1　上海市高中学生压力源调查结果

(设计意图:课程导入,以学生自行创作的歌曲和"上海市高中学生压力调查结果"引发学生反思及共鸣,思考自身的压力来源和压力状态。)

(3) 课堂调查

运用光谱图技术,在教室中定义两个位置作为光谱的两个端点,中间的连线成为光谱。请学生根据自己现阶段体验到的压力程度进行打分(0分为几乎没有压力,10分为压力非常大),并根据打分站到光谱图中对应的位置上。提问光谱图中各个位置的学生,让学生尝试着分析一下自己主要压力来源。根据压力来源对学生进行分组。

图2　课堂实录——光谱图技术的应用

　　(设计意图:运用团体心理辅导中的光谱图技术,对班级同学的压力程度和压力来源进行简单的调查,让学生了解班级同学的压力体验情况。在光谱图中,学生会感受到,每个人都有压力,压力并不是个人所独有的。)

　　(4)压力雕塑

　　学生分组讨论以下问题,并运用压力雕塑的方法将讨论的结果具象化:①承受压力时,你的感受是什么? ②应对压力时,你的反应是什么? 小组成员可以运用教师提供的道具,用肢体雕塑表达对压力的感受和反应。讨论结束后,小组之间相互展示。

　　在小组展示的过程中,教师引导小组从新的角度观察和应对压力,并对压力状态进行重塑。

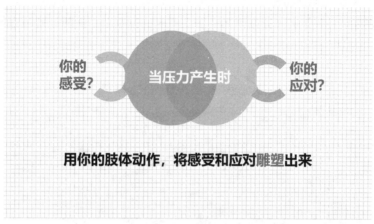

图 3　课堂实录——"压力雕塑"活动要求

图 4　课堂实录——雕塑技术的应用

（设计意图：学生通过压力雕塑的方法，将自己对压力的感受具象化，从而可以让学生从更加形象、立体的角度去重新审视压力，并找到应对压力的新方法。）

（5）"艺"对压力

学生组成小组，任选音乐、绘画、舞动、戏剧、雕塑、角色扮演等方式，释放自己内心深入的压力，表达自己对压力的重新认识。

（设计意图：引导学生在讨论过程中学会合作，互相启发，并尝试以课堂所学的表达性艺术治疗的形式对课堂进行总结。同时，引导学生以合理、积极的方式看待和应对压力，帮助学生热爱生活、笑对压力。）

教学后记

心理与艺术的融合
——基于表达性艺术治疗的创新探究学习

表达性艺术疗法心理课是指在心理课堂上以绘画、音乐、沙盘游戏、文学、OH卡牌等为媒介，让学生表达内心思绪、感受及经验等，从而达到疏解不良情绪、增加自我认识、规划生涯的目的，最终促进学生人格健全发展。在"对话压力　快乐生活"这堂心理课中，笔者聚焦学生的压力，结合心理健康教育课的一般教学程序和表达性艺术治疗的技术，采用表达性艺术治疗中光谱图和雕塑的技术展开教学，将心理与艺术巧妙地结合在一起，促使学生在课堂中尝试了基于表达性艺术治疗的创新探究学习。

一、 运用表达性艺术治疗的技术促进课堂表达

在平时的生活中，学生会感知到自己有压力。但是压力到底有多大？压力主要来源于哪里？是否运用了合适的方法去应对压力？对于这些问题，学生往往觉得很抽象，很难有具体的表达。由此，这节课的亮点、重点和难点其实都在于表达性艺术治疗方式的运用。特别是为了最后一个环节，学生能够选用自己擅长的艺术方式表达对压力的看法，笔者在这节课的教学设计中先选用了表达性艺术治疗中光谱图和雕塑的技术，引导学生体验用艺术的方式表达自己的内心，帮助学生通过具象化的形式表达内心的声音和对压力的感知，而这两个技术学生平时很少接触，特别是雕塑的技术对学生来说难度较大。在试讲的过程中，笔者经历了多次尝试，不断调整技术的应用方式。

以光谱图技术的应用为例。如何应用好"光谱图"这一技术，从而以表达性艺术治疗的技术促进学生感测内心并进一步展开课堂表达？笔者做了以下尝试。

首先,光谱图技术是一种社会计量技术,它能清晰地了解团体动力的状况。定义光谱线的两端,两端之间连结着一条由无数不同点所连结的直线。两端呈现的是两极的向度,一端代表很多(压力很大),一端代表很少(没有压力)。在试讲中,笔者在教室里虚拟地定义了两个位置代表光谱图的两端,学生就很难理解。因此,笔者在实际教学过程中改用两个抱枕具象化地代表光谱图两端,学生马上就能理会光图谱的意义了。

其次,在光谱图排序的过程中,笔者会要求学生不要讨论、自己感受自己的状态并进行排序。这样避免了学生因为同伴之间的相互影响而不敢表达自己真实的想法。由此,学生在没有干扰的课堂情境下进行光谱排序,并通过光谱图的技术,让学生体会到压力是班级同学共有的,每一个人都有自己的压力,从而打开了学生的心扉,促进了学生在课堂中的真实表达。

二、 运用表达性艺术治疗的技术推动学生创新

具身认知理论认为,在教育实际活动中,个体认知的进行和心智的养成是通过身体与环境的交互作用产生的。表达性艺术疗法心理课堂利用绘画、沙盘游戏、影视作品等启动学生的感官,让学生有多感官的具身体验,身体感官与情境产生交互作用,从而积极主动建构认知丰富自身的情感体验。所以,在课堂上,充分的体验至关重要,"过程即疗愈",只要学生创作了、表达了、体验了,辅导效果就产生了。

由此,在这节课的最后一个环节"'艺'对压力"中,笔者要求学生组成小组,任选音乐、绘画、舞动、戏剧、雕塑、角色扮演等方式,释放自己内心深入的压力,表达自己对压力的重新认识,以运用表达性艺术治疗的技术推动学生创新,以学生创新的能量达成对学生压力的辅导。然而,这一环节要能达到真实的教学效果并非易事,因此,笔者在课堂教学中以"雕塑"技术的应用为核心,逐步推动了课堂的进程。

雕塑是一种具象化技术,通过雕塑的形式将个人的情感、心思具体呈现出来。观众可以直接通过视觉感官加以理解,对扮演者而言,则可以立体地呈现自己的盲点,增加对问题的了解。学生在这个环节可以充分发挥想象力和创造力,用生动形象的方式呈现自己对压力的感受,对自己的压力状态也有了更深入的觉察和思考。通过雕塑的技术,让学生用一种具象化的方式去观察和认识自己的压力,体悟到自己对于压力的

认识误区,并尝试着从新的角度去感受和应对压力。

通过这节课对雕塑的应用,笔者有以下感悟:由于雕塑技术的难度较大,在开始雕塑之前最好能给学生展示一下雕塑的方式。笔者尝试过让学生直接雕塑,但效果不佳。但是如何展示呢?笔者也尝试过自己先用道具雕塑做示范,或者用其他学生雕塑的照片做示范,但是这样的方式会限制学生的思维,导致课堂中学生表达出来的状态都是大同小异的。因此,笔者将雕塑技术的示范溶解到光谱图的环节中。例如,在学生在光谱图中站位后,笔者会问学生"你觉得压力像什么?"有学生表达:"压力像流水。"我就会用蓝色的布模拟流水。笔者又会问"为什么压力像流水呢?"学生表达:"因为压力像流水一样,会围绕着我,并推动我。"笔者又接下去问"那如果是这样的话,如果用蓝色的布代表流水,你和压力之间的关系是这么样的呢?"学生表达:"我可能会站在流水上。"通过这样的方式,不着痕迹地帮助学生逐步理解雕塑的意义,学会雕塑的方式。当课堂推进到雕塑的环节时,学生就能有很好的表现。经过前期的两重铺垫,学生在后续的压力创意表达环节的表现就水到渠成了。

"表达"与"创新"相辅相成,让这节课取得了较好的课堂效果,学生的课堂参与度高。学生通过自己的反思和同伴之间相互的支持和观察,能够在课堂中对自己的压力程度、压力来源、压力应对等问题进行表达、认知和梳理,并能通过雕塑状态的改变,理解对压力的不同认知和不同应对会带来截然不同的体验和效果,在表达和创新的过程中释放压力、获取能量。

下篇

实践与感悟

开放"验证性实验"，培养学生创新能力

——以细胞的观察和测量一节课为例

华东师范大学第二附属中学　吕秀华

摘　要： 关注学生可持续发展，培养学生创新能力一直是应试教育所缺乏，教学改革所倡导的教育理念。培养具有创新精神和较强实践能力的人才是中学《生命科学》课程标准认定的教育最根本的价值。基础型课程是培养学生创新精神和实践能力的主要阵地，本文以上科版高中《生命科学》一节实验课为例谈创新素养培育的几点做法。

关键词： 生命科学；实验教学；创新能力

创新能力是当今社会所需人才的最主要特征，上海市《生命科学》课程标准把培养具有创新精神和较强实践能力的人才作为中学《生命科学》课程教育最根本的价值[1]。基础型课程是高中《生命科学》课程中最重要的组成部分，因为其时间、空间以及学生普及范围上都占有绝对优势，所以势必成为促进学生发展和创新能力培养的主阵地，高中《生命科学》实验课是培养学生创新素养的重要平台。

高中生命科学中的基础实验，主要是验证性实验，通过反复操作，获得实验结果，得出预期结论，这类实验主要能够培养学生的动手能力，并有利于其对已学的生物学原理加以理解和巩固。但是这种缺乏弹性的，相对封闭的验证性实验在培养学生具有浓厚的兴趣、创新意识以及掌握科学研究方法方面显得有些不足。在学生综合素质较好，学习硬件设施允许的情况下，适当地对验证性实验进行调整，使其在不同程度上具有探究性，能够为利用有限的时间培养学生的创新能力发挥更大的作用。

本文以高中生命科学实验——细胞的观察和测量为例浅谈学生创新能力培养的几点做法。

一、 精美细胞照片引入，激发学生探究欲望

运动员在大幅度运动之前都要有一个热身运动，其目的不仅是让身体的生理状况调整到最佳状态，同时也是从心理上调动自己的热情，最后全身心投入，达到忘我的境界，发挥出最大潜能。课堂教学活动也是同样的过程，要使学生"渐入佳境"，好的开端非常重要。

本节课实验目的是细胞的观察和测量，为了调动学生的好奇心，在学生开始实验之前，利用幻灯片展示一组精度很高，反差很大的口腔上皮细胞照片，分别是没有染色处理的普通光学显微镜照片，用不同染液染色处理的显微照片和相差显微镜下的显微照片。由于照片的分辨率高，对比强烈，两张黑白照片反差很大，一下子就吸引了学生的眼球，老师还未提问，就已经对学生产生强烈的视觉冲击，学生马上就会发问，同样是口腔上皮细胞，为什么拍出来的效果不同？由通常的老师提出问题变为学生主动发问，主动索取答案，这时候教师不急于回答，而是让学生自己推测，于是各种猜想都呈现出来，前面三张很快就猜出来是因为染色和未染色造成的差异，最后一张几乎没有人知道，这时候教师告诉学生是用一种新型的显微镜叫做相差显微镜的技术观察并拍摄的，引导学生理解生物技术在科学研究中的重要性。然后教师由口腔上皮细胞的讲解过渡到植物表皮细胞的观察，通过这种感官冲击引发学生主动思考，进而产生强烈的尝试欲望，从而激发学生的创新潜质。

二、 验证观察变开放探究，培养学生的研究能力

生命科学中的基础实验多数为任务固定的验证性实验，学生利用给定的材料试剂和方法，重复实验，结果是固定的，缺乏自主研究的机会。在学生能力比较强的学校或班级，可以尝试一下把验证性的单一实验开发为探究性实验。我校创新班同学整体素质很高，很适合这种课堂改革模式。

1. 实验材料开放

课本实验是利用显微镜观察蚕豆叶下表皮细胞固定装片，并用目镜测微尺测量保卫细胞的长度和宽度，是一个给定材料的验证性实验，缺乏活动和思考的自由度，缺乏

挑战性。因为材料单一，综合能力强、兴趣浓厚的同学就会失去进一步探索的机会。基于上述考虑，笔者把这节课设计成指定材料和非指定材料相结合，除了固定装片，还为学生准备了多种校园采集来的植物叶片，包括麦冬叶、美人蕉叶、青菜叶、睡莲叶，这些植物包括两种单子叶植物和两种双子叶植物，有水生和陆生两种不同生态类型。通过对比观察，学生认识不同类型植物细胞形态结构的差异，体会细胞的多样性，理解并形成结构与功能相适应的生物学观点。

在生命科学研究历史上，由于材料的选择对研究成败起决定性作用的例子屡见不鲜，如孟德尔选择豌豆发现遗传学定律，恩格尔曼选择水绵和好养细菌发现光合作用场所等。所以教师为学生提供丰富的实验材料，让他们经过思考后选择合适的材料并在有限的时间内完成实验，或者分工合作完成。由于材料丰富，一节课中会有很多意想不到的发现，有的同学发现美人蕉表皮细胞的排列方式与其他不同，有人发现睡莲叶下表皮没有气孔，上表皮才有气孔，有人发现单子叶植物和双子叶植物保卫细胞形态不同，等等。所有这些都是他们人生中的第一次经历，在老师的表扬鼓励下，同学们非常激动，成就感油然而生，兴趣和成就感是推动他们继续深入思考和研究的动力。

2. 研究问题开放

研究一个问题不能是简单的走马观花，实验材料比较多，时间有限，不可能每人都做一遍，通过老师介绍实验材料的类别后，学生分小组有计划地选择实验材料，如选择单子叶植物和双子叶植物进行比较观察，或者选择陆生植物和水生植物进行比较观察，或者选择一种植物的上下表皮进行比较观察。尝试不同的方法制作临时装片后，观察表皮细胞和保卫细胞的形态及气孔分布。通过自主探究，学会按照"提出问题—设计实验—实施实验—分析结果—得出结论—提出新问题"的步骤来进行科学研究。

三、 用好互动实验平台，提升学生合作意识

良好的合作交流能力是创新型人才必备的基本素质。打造以学生为主体的课堂，采用自主探究式、动手实践式和合作交流式，真正使学生主动动起来，成为课堂的主人。本节课在多媒体互动实验室进行，利用显微镜和电脑相结合，可以方便地对显微镜图像进行拍照记录，平行对照进行对比分析，用电脑快速对数据进行统计分析。同时这是一个多边交互平台，方便实现师生之间、学生之间进行广播交流或个别指导和

问答,大大丰富了信息量,提高了课堂效率。

实验报告里恰当的内容和形式是保障实验课有效性的一种重要手段。笔者在实验报告设计上进行了相应的改变,栏目包括小组成员、研究的问题、选择的材料、研究结果(陈述+图片+实验数据)、发现的问题、小组成员自评(承担的工作+完成情况)。从内容到形式都关注学生参与情况,因为学生参与度对实验能否顺利、高质高效完成起决定作用,参与中分工合作才能取长补短,讨论中思维碰撞才能产生灵感,对于有些惰性的同学也是一个内部制约,促使他们由被动变为主动,实现合作中共同提高。笔者发现,由于同学们的个体差异很大,独立完成实验时总是有的同学不能顺利完成,小组合作之后,这部分同学也动起来了,因为参与之后才能被同伴认同,在团队中实现了成长。

四、 对比分析实验数据,学习使用生物统计方法

科学研究中对实验数据的分析能力是创新能力的重要体现。生物统计方法是生命科学研究常用的分析方法。为了能使学生顺利掌握实验数据差异显著性分析的统计学原理和统计学软件使用方法,在本节课第 1 课时"生命科学研究方法"这节课上就和学生一起学习过相关内容。

本实验原来只要求学生测量 5 个保卫细胞的长度和宽度,然后求平均值。实验经改进之后,学生通过选取不同实验材料,可以进行不同种植物气孔保卫细胞长度的比较分析,运用统计软件对两组数据进行对比,分析差异的显著性,从细胞的个体差异比较上升到分类比较,从而理解实验设计中的重复性和对照性原则的科学性。

五、 开放式课后作业,引导学生深入研究

一节课的时间有限,功夫在课堂,功效在持续,要能达到"余音绕梁"的效果才算是一节成功的课。通过本节课的开放式探究活动,学生对不同类植物保卫细胞的大小、形状以及气孔的大小有了直观的了解,通过统计分析对其中的差别有了规律性的认识,为了引导学生理解实验数据的获得和统计分析对于科学研究的重要性,笔者还准备了一组文献数据,作为课后阅读分析的开放性作业,关于盐胁迫下水稻叶气孔保卫细胞和气孔密度的变化[2],通过对文献数据分析方法的学习,学生不仅学习了统计方

法,并且了解了看似简单的保卫细胞和气孔的细微变化却预示着植物生态环境的改变,从而引导其关注生态问题,认识到环境变化对生物产生的影响,保护生态环境就是保护包括人类在内的生物本身,形成良好的生态道德,培养学生的责任感和使命感。

对于学生在课堂上发现的问题要及时捕捉,课后跟踪关注,指导学生查阅资料,总结现有的研究结果和存在的问题困惑,或者经过师生共同讨论形成研究性课题,鼓励并指导学生完成课题研究,在课题研究中从更高层次上提高学生各方面的创新研究能力,培养创新精神和形成良好的创新品格。下面列举几个学生进一步探究的课题:

(1)室内二手烟污染对吊兰气孔器的影响研究;

(2)睡莲叶片气孔器变化预警水体环境污染;

(3)水体重金属污染对浮萍叶气孔的影响研究。

由于时间和条件限制,学生形成的很多课题不能在高中阶段进行研究,但是能够通过大量阅读文献,深入思考。由问题到课题的探索过程本身就是非常难能可贵的,高中阶段经过这样的尝试锻炼,培养问题意识,养成从小处入手,有大局观念,能全局把握,必定会对学生的将来产生深远影响。

总之,本节课通过这种多渠道尝试,很好地达成了三维目标中的过程与方法目标,重视过程与方法,知识与技能自然得到生成巩固,情感态度价值观自然得到升华。开放式课堂中只有做到实验材料开放,方法开放,才能使学生的视野开放,思维开放。通过允许试错学习,允许模仿学习等多种学习方式,问题由课内延伸到课外,知识由课本延伸到文献,构建一个平等、自由、合作、借鉴的课堂环境,这正是适合青少年创新素养形成的基本条件。

参 考 文 献

[1] 上海市教育委员会.上海市生命科学课程标准[M].上海:上海教育出版社,2002.

[2] 赵姝丽等.盐胁迫对水稻叶片气孔特征的影响.垦殖与稻作[J].2006(6):26—29.

注:本文发表于《当代教育家》(浦东教育),2014 年 12 月下半月。

课堂上的"好问题"与创新素养的培育

华东师范大学第二附属中学　任念兵

摘　要：数学课堂教学承载着培育学生的创新素养、谋求学生长远发展的重任，"好问题"是数学课堂上培育学生创新素养的主要载体和优质媒介。课堂引入"好问题"可以激发学生的好奇心和学习兴趣，课上研究"好问题"可以体悟研究方法、锻炼创新能力，课后提出需要深入研究的新问题的最终目的是引导学生提出新奇的"好问题"。

关键词：好问题；创新素养

创新是民族的灵魂，培养学生的创新素养是现代数学教育的基本任务。2011 版义务教育阶段数学课程标准就明确指出，"创新意识的培养应从义务教育阶段做起，贯穿数学教育的始终。"进入高中阶段，由于升学压力等因素的影响，应试教育在当今功利化社会环境中占据着主导地位。因此，数学课堂教学作为数学教育的主阵地，承载着双重责任：既训练学生的解题能力、关注学生升学的眼前利益，又培育学生的创新素养、谋求学生发展的长远利益。

创新素养包括创新品格和创新能力两大方面[1]。数学最讲究推理的严谨和结论的准确，这种理性精神正是培育科学态度等创新品格的优质载体；数学学科具有连贯一致的内在逻辑体系，是培养发现、提出、分析、解决问题等创新能力的良好平台。

问题是数学的心脏。好的数学问题具有以下基本条件：反映数学本质，与重要的数学概念和性质相关，不纠缠于细枝末节，体现基础知识的联系性，解题方法自然、多样，具有发展性，表述形式简洁、流畅且好懂，等等[2]。"好问题"的解决，不但有利于训练解题能力、掌握双基,帮助学生通过选拔考试升入理想的高校深造,而且有助于学生学会思考,培养和发展自身的思维能力和创新素养。笔者先后任教过三届科技创新班的数学课(下文中出现的学生均为 2014 届科技创新班学生),在课堂教学中一直以"好问题"为媒介,充分发挥数学学科的育人功能,引导学生逐渐学会数学地认识和解决问题的研究方法,培育学生的创新素养。下面谈谈利用"好问题"在数学课堂教学中培育学生创新素养的一些做法和思考。

一、 引入"好问题",激发学生的好奇心和学习兴趣

好奇心和兴趣是创新品格的重要方面,是培养创新能力的起点,数学教学的成败在很大程度上取决于学生对数学学习是否怀有好奇、充满兴趣。没有兴趣的学习是一种消磨智慧的苦役,创新更无从谈起。在《数列的概念》教学中,笔者设计了下面的教学环节:

案例 1:王小丫主持的"开心辞典"节目中,有一种"找数字规律"的游戏,有次节目中给出数字 $2,2,4,12$,你知道第五个数字是多少吗?

很多学生给出的答案是 48。而实际上,问题的答案有无数个,随便填写一个数字即可。这个结果立即激发了学生强烈的好奇心,此时教师分析这个问题本质上就是"由数列前几项写出一个通项公式"的问题,但是符合要求的数列通项公式有无数个,所以第五项的值也就不确定。记这五项分别为 $a_1=2$, $a_2=2$, $a_3=4$, $a_4=12$, $a_5=k$,则由拉格朗日插值公式得到该数列的一个通项公式

$$a_n = \frac{(n-2)(n-3)(n-4)(n-5)}{(1-2)(1-3)(1-4)(1-5)}a_1 + \frac{(n-1)(n-3)(n-4)(n-5)}{(2-1)(2-3)(2-4)(2-5)}a_2$$

$$+ \frac{(n-1)(n-2)(n-4)(n-5)}{(3-1)(3-2)(3-4)(3-5)}a_3 + \frac{(n-1)(n-2)(n-3)(n-5)}{(4-1)(4-2)(4-3)(4-5)}a_4$$

$$+ \frac{(n-1)(n-2)(n-3)(n-4)}{(5-1)(5-2)(5-3)(5-4)}a_5。$$

根据数列的前有限项,总可以利用拉格朗日插值公式得到一个多项式结构的通项公式。因此今后这种找规律游戏随便填数字都是"言之成理"的。这节课给不少学生心灵以强烈震撼,后来有学生在做小课题时就想到过利用拉格朗日插值公式来做"曲线拟合"。

二、 研究"好问题",引导学生独立思考和学会思考

数学创新的前提是理解,独立思考、学会思考是创新的核心。数学教学中的最大弊病是学生不知道自己在做什么,知其然而不知其所以然。因此,教师的主要任务是引导学生理解数学概念的含义和价值,揭示数学内在逻辑体系的构建框架和数学思维的过程,像数学家一样独立思考、体悟数学研究的方法、锻炼创新能力。

引导学生学会思考、锻炼研究能力的"好问题",可以根据问题的产生背景和价值分为三种类型:

第一类是引发某个数学分支创立的基本问题。以在数学发展进程中产生重要影响的、有里程碑意义的数学问题为线索和载体组织数学课堂教学,可以将数学分支创立和发展过程的艰辛,创立过程中出现的瓶颈及突破瓶颈的关键思想的产生过程,数学家在这个创立过程中的伟大贡献和不达目的誓不罢休的精神,一一呈现出来。比如笔者开过一节市级公开课《解析几何序言》,以平面解析几何的产生和发展为线索设计教学过程。数学先哲们探索解决数学问题的新方法的过程,不但有助于学生体悟研究方法的价值,而且对于他们情感、意志等创新品格的形成起到一定的促进作用。

第二类是体现数学知识的发现和组织的过程的问题。比如在立体几何中研究线面平行,为什么要用线线平行来判定? 因为线面平行时,该直线与平面内的直线平行或异面;线面相交时,该直线与平面内的直线相交或异面,要区别"线面平行""线面相交"这两种位置关系当然要利用它们之间的不同点,所以要用线线平行来判断线面平行。这是一个体现数学知识发现过程的问题。再比如立体几何中"空间直线与平面、平面与平面的位置关系"的知识组织脉络是:线面平行、线面垂直、面面平行、面面垂直的判定定理都是从低维到高维,相应的性质定理都是高维到低维。通过对这些"好问题"的课堂探讨,学生经历了完整的数学思考过程,包括明确研究的问题、获得研究的对象、确定研究的内容、选取研究的方法、建构研究的过程、获得研究结论,等等。在这个过程中学生不仅获得了系统性的知识,而且学会了研究问题的方法,数学思维能力和创新素养的培养也就自然贯穿其中了[2]。

第三类是反映数学本质、锻炼创新能力的较难问题。这些"好问题"在理解的基础上,培养学生解决数学问题的技能,磨炼解决问题的技巧。知难而进,别出心裁,独辟

蹊径,反映出独立思考的数学品质和创新能力。

在《圆的标准方程》教学中,笔者选取了下面的问题。

案例 2:已知圆 C:$x^2+(y-2)^2=1$,Q 为 x 轴上的动点,QA,QB 分别切圆 C 于 A,B 两点,求动弦 AB 中点 P 的轨迹方程。

课堂上,学生们畅所欲言,平面几何法、交轨法、向量法等诸多较常规的优质解法——"出炉",而郭懿同学想到的"反演法"则击中了此类问题的"要害"——本题的背景是射影几何中的反演问题:

点 Q 在直线 l:$y=0$ 上,圆 C 的半径 $R=1$,由 $|CP|\cdot|CQ|=R^2$ 知,点 P 轨迹是 l 关于 C 的反演,即为过 $C(0,2)$ 的圆,且该圆在 $C(0,2)$ 处的切线平行于 l。不妨设该圆圆心为 $(0,b)$、半径为 r,则有 $\begin{cases} 2\times 2r=R^2=1, \\ b+r=2, \end{cases}$,解得 $\begin{cases} r=\dfrac{1}{4}, \\ b=\dfrac{7}{4}, \end{cases}$ 所以点 P 的轨迹

方程为 $x^2+\left(y-\dfrac{7}{4}\right)^2=\dfrac{1}{16}$。

三、 精选"好问题",鼓励学生的质疑精神

创新品格的核心是质疑品格,课堂教学就应该营造氛围,成为学生质疑品格培育和发展的主渠道。有些"好问题"看似波澜不惊,机械套用解题模式来处理这类题会显得"一帆风顺",而善于观察思考的学生,则会质疑其中"显而易见"的美丽结论。在课堂教学中,应该精心设置一些这样的"好问题",鼓励学生质疑和辩论,用"火热的思考"揭示问题中"冰冷的美丽"。在《解三角形》教学中,笔者设计了下面的问题。

案例 3:某渔轮在航行中,遇到飓风发生险情,发出呼救信号。我军舰在 A 处收到呼救信号后,立即测出渔轮的方位为北偏东 $45°$,距离 A 为 10 海里的 C 处;并测得该渔轮正沿南偏东 $75°$ 方向以每小时 9 海里的速度航行。若我军舰以每小时 21 海里的速度营救,求最快靠近渔轮的时间及军舰航行的方向。

很快就有学生给出常规的解法:设军舰 t 小时靠近渔轮。

在 $\triangle ABC$ 中,$\angle ACB=120°$,由余弦定理得:

$$(21t)^2 = 10^2 + (9t)^2 - 2 \cdot 10 \cdot 9t \cos 120°$$

$$\Rightarrow 36t^2 - 9t - 10 = 0 \Rightarrow t = \frac{2}{3} \text{ 或 } t = -\frac{5}{12} \text{（舍）。}$$

所以 $AB = 14$，$BC = 6 \Rightarrow \cos \angle BAC = \dfrac{14^2 + 10^2 - 6^2}{2 \times 14 \times 10} = \dfrac{13}{14} \Rightarrow \angle BAC \approx 21°47'$。

军舰沿北偏东 $66°47'$ 的方向航行，最快 40 分钟靠近渔轮。

然而，这种常规解法默认了走直线段 AB 是最快靠近渔轮的路线，实际上这并不是显然的。令笔者欣慰的是，曹烁同学在课堂上立即对上面的解法提出了质疑。笔者因势利导，鼓励大家对这个问题进行讨论，好几位同学都提出了自己的看法，其中许瀚云同学的观点最具说服力：

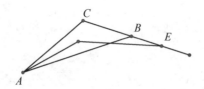

如图，若军舰沿曲线拦截渔轮，则必然是在线段 CB 外（不妨设为点 E 处）拦截到渔轮，而此时有 $CE > CB$，即渔轮航行的距离增加，而渔轮的速度确定，所以耗费的时间增加，所以沿着曲线 AE 也不是最短路径。

综上，沿线段 AB 是最快靠近渔轮的路线。

四、提出"好问题"，激励学生的创新意识

学生自己发现和提出问题是创新的基础，数学教学应当通过培养学生"发现、提出、分析、解决问题的能力，包括将实际问题上升为数学模型的能力"，从一开始就注意激励学生的创新意识. 我们的学习和生活中有很多"好问题"值得去"发现"和深入钻研，包括数学内部的有趣问题和利用数学知识解决的实际问题。

为了激励学生的创新意识，笔者在《数列的应用》教学中提出问题：你能否整理出可以利用数列知识解决的有价值的实际问题，或者发现新的相关问题？

这个问题的相关资料是下面的案例。

案例 4：2011 年 8 月，美国一名 13 岁的小男孩 Aidan Dwye 在观察树枝分叉时发

现它的分布模式类似斐波那契数列，这是大自然演化的结果，可能有助于树叶进行光合作用。因此 Dwye 猜想按照斐波那契数列排列太阳能电池，设计了太阳能电池树，结果使得输出电力提高了 20%，每天接受光照的时间延长了 2.5 小时。

"提问"是数学创新的重要标志。学生在数学上善于提出新奇的问题，是会做"学问"的表现，而不仅仅是学习解答、重复别人的工作。没有自己的问题，就谈不上创新。做别人提出的问题，和自己提出一个新颖的问题，在学术上是不同的。

在《圆锥曲线》教学中，笔者立足于几何定义，将阿波罗尼斯圆、椭圆、双曲线、卡西尼卵形线等统一为"到两定点距离之和（之差、之积）为定值的点的轨迹"，将四则运算作为连贯一致的数学内在逻辑。在这个问题的启发下，学生也会迸发出许多妙趣横生的问题。比如课后吴眉同学就提出了一个有意思的问题：平面内到两定点 $F_1(-3, 0)$，$F_2(3, 0)$ 的距离倒数和为定值 1 的点的轨迹是什么图形？

总之，"好问题"可以激发学生的好奇心、学习兴趣和质疑精神等创新品格，可以锻炼学生的观察、思考、表达等创新能力，是数学课堂上激励创新意识、培育创新素养的主要载体和优质媒介。只有全面、清楚地认识数学学科的育人功能，才能选取合适的"好问题"，充分发挥数学的内在力量，使数学在培养创新人才方面发挥独特作用。

参 考 文 献

［1］娄维义. 基于问题研究的创新教育［M］. 上海：华东师范大学出版社，2011.
［2］章建跃. 发挥数学内在力量为学生谋取长期利益［J］. 数学通报，2013(2)：1—6.

注：本文发表于《当代教育家》（浦东教育），2014 年 12 月下半月。

在艺术课堂教学中培养学生的创新品质

——对"表演舞《千手观音》的审美"一课的实践与反思

华东师范大学第二附属中学　李　卓

摘　要： 本文以"表演舞《千手观音》的审美"一课为例，从舞蹈的文化内涵到艺术美感再到主题思想做了较详尽的解析，对学生创新精神、创新能力、创新人格的培养进行了实践与反思。

关键词： 研究能力；创新意识；社会责任感

上海市二期课改新的《艺术》教学大纲提出了艺术课的总体目标要求："培养学生具有丰富的审美情感、健康的审美观念，并能主动参与多种艺术体验和实践活动，初步掌握表演艺术和造型艺术的审美基础知识。重视学生的创作与研究性学习能力的培养，重视全脑开发与多元智能发展，激发审美情感，促进人格完善。"那么如何在一节课中既能让学生掌握艺术知识和技能，又能培养其艺术创新精神，锻炼其研究和创造能力，塑造创新人格呢？笔者选择了舞蹈《千手观音》一课作为研究案例。

舞蹈《千手观音》是 2005 年春晚最精彩的艺术作品之一，其蕴含了浓郁的佛教文化气息，极高的艺术审美价值，与观众形成了强烈的情感共鸣。下面就以"表演舞《千手观音》的审美"一课为例，谈谈本人在舞蹈课堂教学中对于上述艺术课课标的实践与反思。

一、探求传统文化，培养艺术研究能力

佛教于公元前 6 世纪产生于古印度，佛教文化艺术包括文学、美术、音乐、建筑等，

主要用于表现佛教信仰和宗教生活。古印度佛教文化随着佛教的发展取得了较高的艺术成就,随着佛教的传播而传向世界各地,并与当地文化相结合,成为它们民族文化的组成部分。

这节课把了解传统文化,体会文化对艺术作品创作的影响作为主要研究方向,创设问题研究情境,形成浓厚的文化研究氛围。在课前布置预习作业:请学生欣赏《千手观音》舞蹈,分组查阅佛教文化资料,思考佛教文化对这个舞蹈作品产生了哪些影响。经过同学们的研究和讨论,得出了一致的答案:在这个舞蹈作品中,佛教文化对舞蹈的形象、动作、音乐、舞美设计等方面都产生了极大的影响,可以说佛教文化是这个舞蹈的灵魂。

在"表演舞《千手观音》的审美"一课中教师把舞蹈审美的环节划分成舞蹈设计、音乐设计、舞美设计、演员表演、舞蹈构思等几个部分与学生共同探讨。首先教师展示一幅千手观音的舞蹈形象,并询问学生这个舞蹈形象的来源。学生们根据课前查阅的资料发现这个舞蹈形象与佛教的石刻和壁画很相似。此时老师追问学生是否知道千手观音的来历,有的小组搜集到关于千手观音来历的小故事,教师请他们和全班同学分享。通过课前研究和课上分享得出结论:《千手观音》的舞蹈形象来源于佛教的传说和寺庙中壁画、雕塑上的千手观音形象。

接下来,教师要求学生再次观察这个舞蹈形象,请学生思考舞蹈依靠手部运动划成的圆形图案有什么寓意。同学们认为"圆"象征着中华民族和谐圆满的追求,舞蹈中"盛世开屏"的造型反映了中华民族的文化和审美观念。

在聆听舞蹈《千手观音》的背景音乐时,学生们发现引子和 A 段的舞蹈音乐中融入了寺庙的钟声,结合人声的合唱和民族乐器演奏出平稳舒缓的旋律,让人仿佛置身于佛教圣地。B 段音乐伴随着欢快跳跃的节奏流淌出异域民族风情,老师请同学们猜想这段背景音乐是否和佛教音乐文化相关,大多数研究小组课前忽视了对佛教音乐的研究,经老师提醒这段音乐元素取材于佛教发祥地西域后,同学们才恍然大悟。

在呈现舞美设计后,同学们发现观音背靠拱门,脚踩莲花座,周身投射出万丈光芒,金色的服饰与敦煌壁画的颜色一致,这与佛教文化对观音形象的描述十分贴合。教师在这里及时补充了相关知识:观音的千手表示法力无边,可以拯救众生于危难,千眼表示智慧无穷,可以普观世界,明察秋毫。

最后师生共同得出结论:这个舞蹈取材于佛教文化、模仿佛教雕塑的设计、借鉴佛教音乐元素、佛教壁画中的服装元素,充分显示了中华民族丰厚的文化底蕴。

作品中蕴含的强烈的传统文化气息,使学生领悟到文化底蕴是艺术的基石,并引发学生对佛教传统文化浓厚的兴趣,鉴于同学们对佛教音乐文化的研究有所疏漏,所以老师布置了新的研究课题:研究近年来央视春晚的舞蹈作品,除了《千手观音》之外,还有哪些舞蹈借鉴了佛教音乐元素。

二、 感受舞蹈的艺术美,掌握审美方法和规律

舞蹈是一种表演艺术,以经过提炼、组织和艺术加工的人体动作作为主要表现手段,塑造出具有直观性和动态性的舞蹈形象,与诗歌、音乐、美术等相结合,表达人们的思想感情,反映社会生活。

在表演舞《千手观音》一课中,老师以表演性舞蹈艺术美的构成要素为出发点,指引学生从不同角度发现表演性舞蹈的艺术美感。在完整欣赏了舞蹈《千手观音》后,请学生思考这个舞蹈的美体现在哪些方面。作为以肢体语言为主要表现方式的舞蹈艺术来说,舞蹈的美感首先在举手投足间产生,舞蹈的设计就成为观者最为关注的艺术元素。这个舞蹈共分成三部分,ABA的结构使舞蹈前后呼应,深化主题。课上请学生们依次欣赏并思考三个舞蹈段落分别体现了什么风格特征,经过归纳得出结论:动静相结合的手法生动形象地突出了大佛庄严与小佛灵动的不同动作风格。通过对舞蹈形体的观察,发现这个舞蹈具有重心下沉、以上半身动作为主、凸显曲线美、呈现圆形运动等特点,属于典型的中国古典舞作品。

通过作品赏析,同学们还发掘了构成表演性舞蹈艺术美的其他元素,比如音乐、舞美、演员表演等。音乐是表演性舞蹈听觉美的主要构成要素,这个舞蹈在音乐设计上同样体现了三部分结构的特点,欢快和舒缓的旋律相继出现,与动态和静态的动作造型相契合。舞美设计是构成表演性舞蹈视觉美的另一关键要素,舞台的莲花座和拱门的背景设计、发散型射光的运用、演员整体的服饰造型、精致的局部造型都十分贴近艺术形象,增强了舞台艺术效果。演员的肢体表演刚柔并济,情绪表达真挚细腻,演员之间配合默契,表演气势大气磅礴。

由于表演性舞蹈具备专业舞蹈特征,因此要求观者拥有较高的审美水准。根据同学们以往的知识经验,几乎无法找出表演性舞蹈艺术美的全部构成要素。这时,教师

用试探性口吻提出"还有没有能体现表演性舞蹈美感的艺术要素"的问题,学生们对于这个追问显得比较迷茫,最终这个答案由教师揭晓:舞蹈一切外在的形式都离不开编导缜密的艺术构思和他赋予作品丰厚的艺术内涵,因此舞蹈构思也是表演性舞蹈艺术美的构成要素之一。学生们在教师的启发下基本掌握了表演性舞蹈审美的主要方法和规律,这种方法和规律可以有效地迁移至其他的作品欣赏当中,从而更快、更好地提高自身的欣赏水平。

三、 分析编导的独特创意，增强艺术创新意识

创新是任何领域发展的关键,舞蹈艺术发展也离不开创新。在原来的舞蹈语汇基础上,它让舞蹈艺术语言更新颖,表达情感更丰富,舞台效果更生动。

在这节课上同学们完整地欣赏了舞蹈《千手观音》之后,教师尝试提出这个问题:A段舞蹈的动作和造型有什么特色。同学们回答"这个舞蹈大多数时间都是原地不动,基本靠手部动作的变化完成的,虽然这个舞蹈有很多演员表演,但是大多数时间只能看到第一个演员的样貌"。继而老师可以这样进行解释和补充:"这个舞蹈在创作过程中,采用了静态定点动作造型,21人在持续长达3分28秒的时间里原地不动,仅用42只手在原点上舞蹈,领舞加群舞的表现形式,幻化出符合千手观音各种化身的舞蹈动态,队形不变,却气象万千。关于领舞加群舞的表现形式我们来做个假设:如果换个表现形式,比如借鉴京剧中刀马旦的角色,只用领舞演员表演,把演员的背后插上假手,继而取代其他的群舞演员,这样的设计是否可行。"这个假设的提出引来学生的哄堂大笑,由此我们看出编导对艺术形式的独特处理是建立在为舞蹈艺术主题和内容服务的基础之上,这也是舞蹈《千手观音》能够深植人心的原因之一。

接下来教师引导学生观察舞蹈的动作连接,同学们马上发现这个舞蹈改变了动作的单一性,打破了传统的动作连接逻辑,甚至在运动方向和线条、造型上也多选择不对称性。这种多重处理法,打破了原有的舞蹈组合的规整性,加强了舞蹈动作变化的莫测性和流动性。根据学生课前对佛教文化的研究,舞蹈中"半扇观音"等造型的设计以及变化,在现存的所有佛教造像、浮雕和壁画中从无有过,这也充分体现了编导独具匠心的创意。

在服装设计方面,教师请学生们观察舞蹈中千手观音的服装样式:分体、露脐装,

时尚的艺术形象与传统的端庄含蓄的观音形象形成对比,编导大胆地借鉴了西域流行服饰的特点,体现了与时俱进的艺术观念。

表演性舞蹈属于专业领域范畴,当代学生对传统民族艺术缺少丰富的欣赏知识,在这个前提下让学生主动接受创新概念,挖掘创新点确实非常有难度。在教师第一次提出舞蹈创新这个词汇时,发现学生们表现出不同程度的疑惑,随着课堂内容的推进,这种疑惑渐渐地趋于明朗,最后师生共同得出结论:创新是艺术发展的动力,是艺术发展永恒的话题。在答疑解惑的过程中,同学们明确了艺术需要探索和创新的观念,增强了艺术创新的意识。

四、 模仿舞蹈动作与造型,激发创造欲望

舞蹈是人体动作的艺术,是一种表演艺术,着重表现语言文字或其他艺术表现手段所难以表观的人们内在深层的精神世界,通过模仿和实践才能更好地感受舞蹈的美,体会舞蹈内在的精气神。

这个舞蹈中最典型而又最具技巧难度的动作是"盛世开屏"。把全班同学分成两组,模仿这个动作及造型,在实践之前老师带领同学们复习中国古典舞知识,在老师的示范下要求领舞者表现古典舞的体态造型美,全体学生无论男女均需采用古典舞兰花指的手势,动作跟随老师的口令有序完成,注意掌握动作的力度和柔韧度,最终同学们需连续完成"盛世开屏"的静态和动态造型。

鼓励学生们在分组实践的过程中展开想象,创造符合舞蹈含义的新动作。由于亲身体验,学生们的创造欲望不断上升,创造能力得到了提高。

五、 关注弱势群体,提升社会责任感

舞蹈的主题思想,通常称之为作品的灵魂,主题思想来源于生活,是编导在对现实生活进行加工整理的基础上,通过提炼而挖掘出来的。

学生们共同回顾千手观音来历的小故事,故事中千手观音集智慧、慈悲,救苦救难等优秀品质于一身,受到人们的尊重和爱戴,这部作品的主题思想正是来源于人们对千手观音的人格感知,以观音的奉献精神为典范,倡导博爱和宽容的良好品格。随后

教师朗读编导张继刚先生说过的一段话："一个人只要善良,只要心中有爱,就会有一千只手来帮助你;一个人只要善良,只要心中有爱,你会伸出一千只手去帮助别人。"这段话的核心思想正是编导赋予这个舞蹈的新的精神内涵:互助、和谐。

这个舞蹈倡导的人文精神让同学们联想到 2008 年汶川大地震,地震无情地摧毁了人们的房屋,甚至是夺走了人们的生命,然而地震无情人有情,在这场大灾难中许多人都奉献了自己的一份爱心,更是涌现了许多英雄人物、英雄事迹,创造了一个又一个生命的奇迹,用实际行动诠释了大爱无疆。2013 年雅安地震,中国民众面对灾难仍然携手同心,众志成城,体现了互帮互助,和谐友爱的民族精神。

接下来谈谈这个舞蹈的表演者,这个舞蹈的表演者是一群聋哑人,聋哑舞蹈演员克服了自身的障碍,在手语老师的帮助下用心聆听音乐,用爱舞动奇迹,用精湛的表演和不屈的精神感动、震撼着每一位观众。自从这个舞蹈播出之后,全国上下的观众都受到了强烈的感染和鼓舞,全国各地掀起了学习手语的热潮,人们用这种方式更好的关心和帮助聋哑人。

手语歌曲《真心英雄》,见证了聋哑人自强自立的优秀品质,在整节课即将结束之时,老师请全体同学共同学习手语歌曲,同时也提倡利用业余时间去聋哑学校或边远学校做志愿者,并践行帮助他人从身边做起,帮助他人从现在做起的理念。

课堂教学是一门学问,更是一种智慧。通过对本节课的实践与反思,笔者意识到在艺术课堂教学中教师不仅要重视对学生艺术知识的传授和艺术内涵的培养,更要注重开发学生研究性和创造性学习能力。在今后的艺术教学中,笔者将会以利于学生持续发展为目标,不断探索研究,尽力完善课堂教学。

参 考 文 献

[1] 娄维义.基于问题研究的创新教育[M].上海:华东师范大学出版社,2011(4):33—44.

注:本文已发表于《当代教育家》(浦东教育),2014 年 12 月下半月。

利用智慧教室支持高中物理学科核心素养的培育

华东师范大学附属东昌中学　潘祎文

摘　要：在美国，教育技术的使用十分普遍。美国加州地区由信息技术支持的素养培育途径与评价方式对我国高中生素养的培育具有借鉴意义。本文基于在加州研修期间的观察和感悟，以《力和力的平衡》《牛顿运动定律》两个单元为例，探讨教师如何聚焦核心素养、借力智慧教室、立足融合创新，促进和评价学生核心素养的达成。

关键词：信息技术；智慧教室；高中物理；核心素养；单元教学

2016 年 9 月，《中国学生发展核心素养》研究成果在京发布，自此，核心素养培育成了教育界十分热门的话题。在中国知网中，有 1 000 余篇论文是研究物理学科核心素养培育的，体现了培育策略的多样性、教学案例的丰富性、物理实验的重要性。另有十几篇论文谈到中美核心素养培育的比较研究，或是探讨美国 21 世纪技能及其对中国教育教学和评价方式的启示。

笔者已对高中物理学科核心素养培育进行了两年多的实践研究，虽取得了一点成效，但不能很好地培育每一个素养。

一、 加州研修与问题提出

在信息化和全球化的背景下，日新月异的信息技术进入了人类生活的方方面面，加州地区信息技术与教育的深度融合，对课堂教学产生了前所未有的变革。在加州沙漠沙子学区的几周浸润式学习中，笔者对信息技术如何与教师教学、素养培育、教学评价融合进行了系列观察。

美国教育部门与谷歌公司合力打造了一款称为"谷歌教室"的教育专用运行系统（称为 Chromebook 项目），使技术与教育实现了无缝对接，开创了真正意义上的"互联网＋教育"时代。教师在 Chromebook 上发布教学内容、管理课程与教学、批改学生作业、组织在线测试、进行系统诊断和分析、量身定制学生个性化学习方案，并组织师生交流指导。

除了研修期间所见，《美国中小学课堂观察：一位教育学教授的笔记》等书籍和诸多文献也都表明，美国在素养培育上有许多优良的做法，已经形成科学的教育评估指标体系，而信息技术无疑为素养的培育和评价提供了强大的支持。

美国 21 世纪技能的核心是学习与创新技能，包括合作、交流、批判性思维与问题解决、创造力与创新能力。将其与国内物理学科核心素养进行比对，可以找到明显的对应关系："创造力与创新"对应科学思维中的"创新"要素，"批判性思维"对应科学思维中的"质疑"要素，"问题解决"对应整个科学探究过程，"交流与合作"对应科学探究中的"交流"要素。进一步研究加州地区各素养的培育方式，可以发现笔者自身在培育素养方面存在以下两个问题：

1. 质疑创新素养的培育不受重视

学生习惯了教师的讲解、教授与指令，处于被动接受状态的时间多于主动学习和积极思考的时间。很少有学生提出自己的见解，说出与给定方案不一样的想法。笔者也尝试过改掉他们的惰性，但没有找到有效的方法，久而久之就不重视了，导致学生在质疑创新素养上一直有明显欠缺。

2. 合作交流素养的培育流于形式

注重科学探究，但还是更重视形式和结果，而忽视了过程中学生的深度思考以及学生之间的有效合作。这样往往导致学习能力薄弱的学生获得能力提升的机会不多，而学习能力优秀的学生也只能按部就班地完成任务，合作交流素养并没有被真正培育起来。

虽然国内没有"谷歌教室"，但现有的以"智慧教室"为标志的智慧教育学习环境，同样可以推动从数字化学习环境向智能化学习环境的根本转变。合理地使用智慧教室，也同样可以实现发布教学内容、组织在线测试、进行系统诊断和分析等功能。将这些功能与教育教学进行有机的整合，可以更好地促进学生质疑创新、合作交流等素养的形成。

二、 本土实践与问题解决

笔者于 2018 年 11 月 3 日完成学习任务回国后,在加州研修和已有研究的基础上,从学科本质的角度再进行思考,在核心素养目标的导向下,将技术使用与教学活动、教学评价等一起设计,立足智慧教室与教学的融合,转变传统的教学方式,保障学生的主体地位,促进核心素养的达成。

(一) 聚焦核心素养,设计单元目标

高中物理学科核心素养是学生发展核心素养在特定学科的具体化,是学生在接受物理教育过程中逐步形成的,适应个人终身发展和社会发展需要的必备品格和关键能力,是通过物理学习内化的带有物理学科特性的品质,是科学素养的关键成分,包括物理观念、科学思维、科学探究、科学态度与责任四个方面。

由于各素养之间相互联系、相互补充、相互促进,在不同情境中整体发挥作用,故不将物理学科核心素养分裂开来,还是作为一个整体进行研究,但研究时侧重于质疑创新与合作交流素养。

核心素养的形成并非一朝一夕的事,单课时间太短,学生不可能在四十分钟内全面达成复杂的核心素养目标,而当单课设计被包含在单元设计中时,通常整个单元中的每一节单课就会更有目的性、连接性和系统性。

依据教材和学情分析,对"相互作用与运动定律"单元中的各项指标进行梳理,罗列出学生在学习了每个单元后需要达成的每个核心素养要素,将知识与技能、过程与方法、情感态度与价值观的三维目标转化为核心素养的四个方面来进行具体描述。单元目标设计图如图 1 所示。

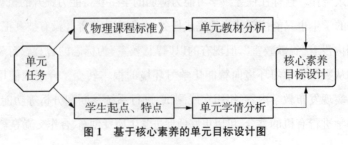

图 1　基于核心素养的单元目标设计图

(二) 借力智慧教室,制定评价方案

明确了预期目标后,下一步就应明确如何借助信息技术证明学生达到了预期。依据目的明确、可信有效、全面深入、激励进步、主体多元及方式多样的原则进行设计,找到智慧教室的各项功能与需要评价的各项内容之间的双向融合关系,形成多元评价方案。

表1　多元评价方案

评价方面及要素		评价内容	评价方案
物理观念	运动与相互作用观念	能否从物理学视角形成关于力的相互作用、运动与相互作用的关系的基本认识,分析自然与生活中应用力、惯性和牛顿运动定律的简单实例,解决实际问题	当堂测试
科学思维	模型建构	能否将实际问题中的对象和过程转化成运动学和力学物理模型	当堂测试
	科学推理	能否在运用力的合成与分解、力的平衡、牛顿运动定律和运动学等规律解决实际问题的过程中进行分析和推理	
	科学论证	能否恰当使用证据证明物理结论	
	质疑创新	能否对已有结论提出有依据的质疑,采用不同方式分析解决物理问题,能否在设计科学探究方案时具有创新的意识	手写涂鸦拍照上传
科学探究	问题	能否分析相关事实或结论,提出并准确表述可探究的物理问题,作出有依据的假设	实物投影交流互动
	证据	能否制定"共点力的合成""加速度与作用力、与质量的关系"等的科学探究方案,选用合适的器材获得数据	
	解释	能否分析数据,发现规律,形成合理结论,用已有的物理知识进行解释	
	交流	能否撰写完整的实验报告,对科学探究过程与结果进行交流和反思	
科学态度与责任	科学本质	能否认识到物理研究是一种对自然现象进行抽象的创造性工作	当堂测试课堂表决
	科学态度	能否具备学习和研究物理的内在动机,坚持实事求是,在合作中既能坚持观点又能修正错误	
	社会责任	能否依据普遍接受的道德规范认识和评价物理研究与应用,具有保护环境、节约资源、促进可持续发展的责任感	

【评价方案分析】

质疑创新素养通过客观题难以反映学生的达成度,将其单列出来,通过多问开放性问题,给学生主动思考和提出不同见解的时间和空间,有质疑或创新意识的学生可

结合"手写涂鸦""拍照上传"等功能来表述自己的观点,教师对学生的表述进行表现性评价,由此解决质疑创新素养的培育不受重视的问题。

上述素养都与对话、讨论、合作、交流密切相关,利用智慧教室的各项功能实现过程性评价,避免对形式和结果的过度重视,提高对探究过程的重视程度,由此解决合作交流素养的培育流于形式的问题。

(三) 立足融合创新,开展教学活动

在头脑中有了清晰明确的预期目标和评价目标达成度的方案后,就该全面考虑如何在智慧教室中开展合适的教学活动了。

1. 引入活动

在"温故知新,抓住特性""情境创设,问题导入"活动中,教师在屏幕上呈现内容或进行批注,与全班学生共享。

2. 探究活动

在"概念建立,方案设计"活动中,教师将学生的屏幕调到电子白板上展示,学生在移动设备屏幕上涂写,并进行讲解,就平板上的方案设计进行讨论、交流、共享。在"实验探究,寻求规律""成果交流,结论归纳"活动中,用实物投影展示实验,用分割画面方式同时展示多组学生作品,用标记、拍照、录像、截图等功能动态呈现学生探究的过程和结果。

3. 应用活动

在"比较异同,实际应用"活动中,学生将填写完的纸质内容拍照,上传到教师终端。在"应用规律,解释现象"活动中,学生在屏幕上直接涂写答案、解释观点,并提交,也可基于涂鸦作品与同学讨论。

4. 反思活动

在"反思收获,课堂小结"活动中,教师发放测试题给学生,学生当堂完成,客观题可实时得到统计结果,主观题可经教师挑选后进行评价或分享给学生。

【活动方案分析】

教师在设计单元教学活动和选择智慧教室功能时,努力使每一个功能与活动相融合,对学生的学习产生激励和促进作用,调动他们的积极性,使他们在讨论、交流、共享的过程中,成为建构知识的主体。此外,教师还通过搭建信息化平台,为学生提供更广

阔的探究空间,使他们在设计科学探究方案等过程中,能借助智慧教室各项功能更好地表达有依据的质疑和有创造性的想法。最终达到有效提升学生质疑创新、合作交流等核心素养的目的。

三、结语

首先,为了更好地培育学生素养,笔者不是对某个教学案例进行描述或者对某节新课的教学活动进行设计,而是以单元为整体进行研究,并且采用了美国格兰特·威金斯博士和杰伊·麦克泰格主任提出的追求理解学科本质的逆向设计法,"以终为始",在考虑如何开展教与学的活动之前,先努力思考学习要达到的目的到底是什么,以及哪些证据表明学习达到了目的。

其次,智慧教室各项功能的使用不是为了体现信息技术的强大,而是为了满足教学与评价的需求,尽可能使每一项功能与每一个教学活动、每一个评价内容高度融合,并允许在实践过程中灵活调整。

总之,教师应从学科本质的视角去深入思考,对单元做系统分析,由核心素养目标做向导,借助智慧教室的强大功能,把人类社会积累的知识转化为学生的个体知识和观念,把前人从事智力活动的思想、方法转化为学生的认知能力和思维方式,把蕴含在知识载体中的观念、态度转化为学生的行为准则,在教育信息化的推进过程中彰显物理学科的育人价值。

注:本文发表于《当代教育家》(浦东教育),2020 年 2 月。

利用希沃授课助手辅助减数分裂建模及评价初探

上海市青浦高级中学　杨　玲

摘　要：以"减数分裂"为例，应用教育信息技术改进教学，并对教学效果进行评价。通过希沃授课助手进行预学单和微视频上传，课中进行课件演示，课后利用希沃平台调查和统计学生学习效果。结果表明，利用希沃授课助手不仅提高了学生知识学习效率，而且在课堂参与度和小组合作有效性上成效突出。

关键词：微视频；希沃授课助手；减数分裂；建模

随着信息技术的发展，教学信息技术如多媒体、微视频、信息技术平台等频繁地应用于课堂教学活动中，其中希沃授课助手就能够基于 Wi-Fi 网络，在手机、平板电脑、计算机等不同多媒体终端之间进行多媒体内容（音频、视频、图片）的传输、解析、展示、控制等一系列操作，构建应用和内容在不同设备之间便捷分享的桥梁。

减数分裂是沪科版生命科学第二册第七章《细胞的分裂和分化》中第三节内容，是本章的重点和难点，通常采用建模的方式进行突破。传统的模型建构是通过教师讲解，学生模仿的方式，多数学生仅进行了浅表性的知识记忆，课后依然对减数分裂的过程不清楚。将微视频和希沃助手结合，借助信息技术辅助模型建构是极有价值的探索。

一、教学过程设计

1. 设计制作微视频和预学单,通过希沃助手上传到班级计算机

在减数分裂一课中,教师设计了预学单,对有丝分裂的知识进行复习,并录制了6分钟的"减数分裂"微视频,将减数分裂的过程进行呈现。在视频播放的时候,通过希沃助手补充展示了1883年马蛔虫精子和卵细胞染色体数目发现的历史。学生分析马蛔虫的精子和卵细胞无法通过有丝分裂产生,并在观看微视频及阅读教材的基础上,初步感受减数分裂。预学单如下。

表 1　预学单

1. 概念回顾:染色质、染色体、染色单体、DNA 的关系可以用下图表示,请辨析。

___条染色体 ___个 DNA	___条染色体 ___个 DNA	___条染色体 ___个 DNA	___条染色体 ___个 DNA

2. 植物细胞有丝分裂的过程如下:

间期　　前期　　中期　　后期　　末期

(1) 间期:是细胞分裂物质准备的重要阶段,完成_____和_____。
(2) 前期:_____和_____出现,_____和_____消失。
(3) 中期:染色体的_____排列在赤道面,染色体的_____和_____最清晰。
(4) 后期:_____分裂,_____分开,成为_____,移向细胞两极,染色体的数目_____。
(5) 末期:_____和_____消失,_____和_____重新出现。细胞中央出现_____,形成细胞壁,把细胞质隔离开,形成两个新的子细胞。
(6) 动物细胞有丝分裂与植物细胞相比有两个不同的地方:
a 动物细胞和低等植物细胞有_____,前期由中心体发出纺锤丝。
b _____动物细胞膜向内凹陷,溢缩成两个子细胞。
(7) 有丝分裂是_____细胞分裂的主要方式,DNA 复制_____次,细胞分裂_____次,产生_____个染色体数目和形态结构与亲代细胞完全相同的子细胞,保证亲子代之间遗传性状的_____。

预学的好处之一是将复杂的教学内容进行前置学习,将宝贵的课堂时间留给问题解决。借助希沃助手,将微视频和预学单在课前一起上传到班级计算机,不仅可以让学生随时学习,还可以对学生预习单完成效果进行在线评价,准确把脉学生的学习基础和起点。

2. 充分利用希沃助手"四重"功能,建模减数分裂过程

课上先点击希沃助手中的"演示课件""切换到 PowerPoint 演示""播放 PowerPoint",然后围绕"减数分裂有几次分裂,每次分裂有哪些阶段",教师通过 PowerPoint 呈现每一个时期的图片,让学生观察并描述该阶段的特征,然后教师选用"画笔功能"对减数第一次分裂各时期特征进行圈画、批注,利用"聚光灯功能"屏蔽其他内容,有效突出重点,接着学生在准备好的白板上利用教师准备的材料进行减数第一次分裂过程搭建,教师在各个小组进行巡视,利用希沃教学助手,拍照呈现学生建模的图片,并投屏到计算机上,各小组仔细观察其它组搭建的模型图片,寻找问题,并进行纠错,自主建构减数分裂过程核心知识。同时,学生在学习单上记录减数分裂染色体、DNA 和染色单体的数量变化。课堂学习单如下。

表 2　课堂学习单

任务 1.理解同源染色体概念。
　　一条来自_____,一条来自_____,_____和_____一般相同的两条染色体,减数第一次分裂能两两_____的两条染色体叫同源染色体。

(1) 右图细胞中有_____对同源染色体,它们分别是_____
(2) 哪几条是非同源染色体?_____
(3) a, a′; b, b′; c, c′, d, d′是_____
(4) a, b; a, b′; a′b, a′, b′是_____
(5) 细胞中非同源染色体有_____种组合? 他们是_____
_____
(6) 如果原细胞有染色体 a, a′是_____来的? 两者何时分开? _____。

任务 2.下图是减数分裂的过程图,请将各时期的特点填写下来,并填写各时期染色体、DNA、染色单体的变化情况。

续　表

染色体										
DNA										
染色单体										

(1) 减Ⅰ间期：完成_____和_____。
(2) 减Ⅰ前期：同源染色体_____，称为联会。有时会出现_____，即同源染色体上的_____交换一部分_____，这是导致生殖细胞中_____发生变化的原因之一。
(3) 减Ⅰ中期：同源染色体排列在_____。
(4) 减Ⅰ后期：_____分裂，_____自由组合，移向细胞两极。
(5) 减Ⅰ末期：_____细胞一分为二，每个细胞染色体数目_____，DNA数目_____。
(6) 减Ⅱ分裂的间期短暂，_____不复制，减Ⅱ前、中、后、末期过程与有丝分裂相似，减Ⅱ后期_____分裂，_____分开，成为染色体移向细胞两极，每个子细胞又分裂成_____个细胞，一个亲代细胞最终分裂。

随后，教师利用"拖曳功能"，将有丝分裂各个时期的特征拖入 PowerPoint，与减数第二次分裂的特征进行对比，然后再指导学生进行减数分裂Ⅱ过程的搭建，同样采用抓拍图片投屏的功能（见图1—4），引导学生纠错，完善建模的过程。

图1　学生在白板上搭建模型

图 2　学生展示,教师抓拍图片

图 3　同步投屏的图片与实物

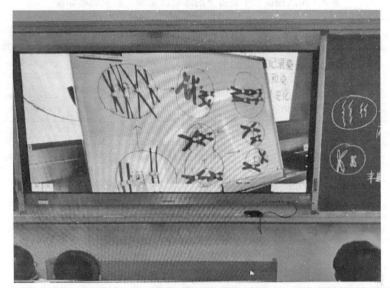

图 4　投屏的图片

　　利用希沃助手的画笔、聚光灯、投屏和拖曳四重功能,对减数第一次分裂和第二次分裂过程进行搭建、质疑、纠错,自主建构了立体的减数分裂知识体系。同时,希沃助手提供的直观、充分的教学素材,增强了学生学习的兴趣,拓展了师生和生生互动的时空。

二、教学效果评价

　　通过课前微视频学习和课上希沃授课助手辅助的建模学习,学生的学习效果是否有所提升? 学习状态是否有所改观? 在本节课上,教师还利用希沃软件对学生课堂学习的实效进行了调查,利用课堂观察量表的形式对学生课堂参与度和小组合作学习有效性进行了测评。

　　1. 学生课堂学习效果的问卷调查

　　教师设计了 10 道课后反馈题以调查课堂学习效果,下课后利用希沃软件发布到计算机端,学生花 5～10 分钟完成调查的题目,学生调查的结果统计如下表 3。

表3　希沃授课助手支持下的建模课堂学习效果问卷调查

序号	考核内容	正确率
1	多图判断细胞所处的时期(减数分裂)	90.47%
2	多图判断细胞所处的时期(有丝分裂与减数分裂)	71.43%
3	同源染色体的概念	95.24%
4	减Ⅰ后期的特征	95.24%
5	减Ⅱ的特征	90.47%
6	减Ⅰ前期染色体、DNA的数量	85.71%
7	判断某个细胞所处时期	92.86%
8	同源染色体对数	100%
9	非同源染色体自由组合种数	83.33%
10	减数分裂实质	88.09%

　　调查的结果可见,除了第二道多图判断细胞分裂所处的时期正确率是80%以下外,其余题目正确率均高于80%,平均正确率达到89.28%。分析第二题错误较多的原因主要在于其中一个后期的图两极各5条染色体,学生并不能把握是减数分裂Ⅱ后还是有丝分裂,分析原因就是部分学生对有丝分裂和减数分裂的比较并没有参透,教师在作业评讲或者用于复习的二次微视频中要予以强调。

　　2. 学生课堂参与度及小组合作有效性观察

　　教师设计了学生课堂参与度的观察量表,观察者扫描全班同学,观察眼神、语言、动作,判断学习的投入程度,记录每个学习环节参与、投入和游离的学生数。

表4　学生课堂参与度观察表

学习环节	借助微视频自学	减Ⅰ特征描述	减Ⅰ特征重点标记	减Ⅰ搭建	减Ⅰ搭建交流、纠错	减Ⅱ搭建	减数分裂概念
参与	100%	95.24%	100%	69.1%	100%	95.24%	95.24%
投入	95.24%	36%	95.24%	55.4%	95.24%	92.9%	95.24%
游离	0	2.36%	0	30.9%	0	2.36%	4.76%

　　由表4可知,观看视频、减Ⅰ特征重点标记和纠错三个环节,学生都是100%参与

的,说明学生利用希沃授课助手进行多感官互动学习(看、听、想、说),能够保持高度注意力。对于投入率,减Ⅰ各阶段特征描述这个环节最低,只有 36%。在其余环节,有 2 个学生在第二、四和最后两个环节游离,看上去比较疲倦。

三、 结语

在希沃助手的辅助下,为了更好地探究究竟什么问题/任务适合小组合作学习,合作的时间以及采取何种合作方式有效,设计了小组合作学习有效性观察。总的来说,在希沃助手辅助下的小组合作学习,教师提出的问题,创设的情境,让学生"想"的机会比较多,使学生的思维得到训练,但是"写"的任务相对较单一。"做"的任务就是搭建减数第一次和第二次分裂的过程,这个任务给了学生想、做、写,说结合的训练机会,充分地锻炼了学生的创新思维和实践能力、表达能力。

参 考 文 献

[1] 秦东方. 信息技术与生物教学整合的实证研究[D]. 南京:南京师范大学,2005.
[2] 欧爱燕. 希沃白板在初中生物学复习教学中的应用[J]. 福建基础教育研究,2019(4):133—134.
[3] 邱乙伟,宋怡. 希沃授课助手在初中生物学教学中的应用[J]. 中学生物教学,2019(Z1):111—113.
[4] 许文龙,陈士来. 如何利用同屏软件提高课堂教学效率[J]. 实验教学与仪器,2018,35(10):42—44.

注:本文发表于《上海教育技术装备》,2019 年 4 月。

基于创客教育提升学生创新素养

华东师范大学第二附属中学　王振堂

摘　要：创新素养是学生在教育过程中逐步形成适应个人终身发展和社会发展需要的创新品格和创新能力，它是学生核心素养的重要组成部分。创客教育蕴含做中学、多领域跨学科整合、基于创客空间提高综合素质等教育理念，有利于学生创新精神和创新能力的培养。通过创客项目的实施提升学生创新素养可体现在以下几个方面：选取创客项目，提升学生创新意识；在项目设计中培养学生的创新能力；在作品制作过程中培养学生意志品质和团队协作能力；在创客活动中培养学生的交流表达能力。

关键词：创客教育；创新素养；创客项目

进入 21 世纪以来，新一轮科技革命正在加速发展，并以前所未有之势影响着人类的生活方式。创新成为时代的主题，并高度渗透到社会的各个方面，也是当代国家战略发展的核心。在很多发达国家开展的核心素养体系中，都明确强调了创新素养的重要性。其中，美国 21 世纪技能联盟提出，核心素养主要包括学习与创新技能，其具体指标有创造力与创新思维、问题解决能力、交流沟通与合作精神。[1]可见，重视与创新相关的品格、能力是国际社会在人才培养方面的共同经验。[2]2014 年，教育部印发了《关于全面深化课程改革　落实立德树人根本任务的意见》，研究制订学生发展核心素养体系，重视中小学思维能力和学习方式的培养，强调培养学生的创新意识、问题解决能力和合作交流能力。如何在学校教育中提升学生的创新素养，是中小学面临的一项重大而意义深远的任务。

近年来,随着世界各地创客运动兴起,创客教育在培养适应全球发展的创新型人才教育中的地位日益提升。何克抗等学者普遍认为,创客教育的发展与 2009 年 11 月美国总统奥巴马在"教育创新"大会上的发言有直接关系。[2]奥巴马在这次大会上呼吁"每个学生都应成为创造者,而不是消费者",并且启动了"创客教育计划",旨在通过推动创客空间的建设以及各种创客活动激发青少年的兴趣、信心和创造力,让每个青少年都成为创客,从而引导创客教育成为学校文化的一部分。[3]创客教育作为一种新型教育模式,它以"在创造中学习"为主要学习方式,以创新、实践、合作、共享为主要教育理念,以培养创新型人才为目的,迅速获得国际与国内教育专家的普遍认可。创客教育成为培养学生创造精神和创新能力的有效途径,为发展学生核心素养助力。

一、 创客教育理念

2015 年,李克强总理在政府工作报告中提出"大众创业、万众创新",把创新提升到了一个前所未有的新高度。[4]创客教育以培养具有创新精神和创新能力的新型人才为目标,成为培养学生创新素养的新途径;以推动世界的发展和进步为使命,引发了社会各个领域尤其是学术界的极大关注。随着创客教育在国内深入和发展,它将逐步走入中小学,改变学生的学习方式,减少应试教育和标准化学习对学生个性化发展带来的伤害,用一种全新的方法鼓励学生创造和创新。创客教育是创新教育与当代科技结合的实践部分,它继承了创新教育的思想与方法,它主要采用项目方式学习(Project-based Learning, PBL),以激发学生学习兴趣、贴近学生生活为出发点,运用最新技术把创意变成现实,对学生的创新意识、创新思维和创新能力的培养至关重要。创客教育将成为未来创新教育的一种新型教育模式,它在实施过程中主张做中学,重视跨学科教育、重视解决真实问题以及学生的全面发展,这与我国提出以培养"全面发展的人"为核心的中学生发展核心素养不谋而合。

1. 做中学的教育

学生核心素养特别是实践创新素养的培养,注重学生发现问题和解决问题的能力,而创客教育正好吻合了这一点。创客教育主张"做中学",从经验中积累知识,从实践中学习,这就要求课堂不再是传统满堂灌的形式。它更加尊重学生个体,强调并培养学生的自主学习能力。创客教育把"基于创造的学习"或"在创造中学习"看作学生学习方式,具体的实施基于项目学习,围绕一个特定的任务来展开,选择与确定一个优秀的项目是创客教育的基础。在学校中开展创客教育,其实施载体就是基于一个项目的开展,学生在做项目的过程中发现问题、解决问题,学生不再是被动的知识接收者与消费者,而是主动的知识应用者与创造者。[2]学生围绕某一创客项目或主题展开活动过程中,借助于网络资源、整合其他的学习资源把创意变成真实的东西。学生在做项目的过程中,不仅培养了发现问题能力和运用所学知识解决实际问题能力,而且在探究、创造的过程中提高了学习能力,这正是杜威"做中学"理论的现实体现。

2. 多领域、跨学科整合的教育

为培养学生核心素养尤其是实践创新教育素养的培养,中小学教育应重视多领域、跨学科有机融合,而创客教育本身就具备了多领域、跨学科特性,同时强调在跨学科的综合应用中达到知识的创新。创客教育整合了各个学科知识,不仅涉及科学、工程、技术、数学、艺术与人文,还包括 3D 打印机操作、Arduino 智能硬件开发、激光切割技术、创意编程等多领域的实际操作类课程。因此,创客教育有利于改变传统教育分科教学的现状,学科之间不再是孤立的。学生通过项目问题的解决把各个学科割裂的知识有机融合在一起。同时真正地把各门学科所学的知识,运用到解决实际生活问题中,搭建了学科知识与真实世界的桥梁。在实现创客项目的过程中,学生学会了整合各学科知识,在对跨学科知识的理解中达到融会贯通,并通过知识的综合运用提高自身解决实际问题的能力。创客教育重视跨学科综合能力的培养,这种教育方式有效地激发了学生的创造力和学习热情,使学生从内心感到学习与创造的乐趣。

3. 基于创客空间提高综合素质的教育

根据皮亚杰的认知发展理论,学习者在与不同的环境、不同的人接触过程中,通过同化与顺应逐步建构与外部世界的知识体系。创客空间为学生提供了更多的相互学习、交流、讨论的环境,学生开展的每个项目,都遵循着规范的设计环节,包括提出问题、头脑风暴、确定问题、设计方案、动手制作、测试优化、作品分享,这些环节可以有效提高学生的综合素养。[5]与传统的实验室相比,创客空间有更高的开放性、自由度、灵活性等显著特征,为学生开展项目提供了便利条件。创客空间可以满足不同学生的学习兴趣,也可以引入各个年级的学生参与,高年级的同学可以带低年级的学生一起做项目。学生一起交流经验和心得,一起分享课程资源、硬件、软件、工具、作品等,在沟通中提高合作意识,在合作中提高工作效率,进而促进自身综合素养的提升。

二、 创客教育对创新素养的影响

1. 激发学生的创新意识、创新思维和创新精神

创新意识是创新型人才对创新活动的自觉认识和自主意识，是创新创造的起点。创客项目是基于学生兴趣的自主选择，主要来源于现实生活问题，有了问题意识学生们就会去探索、去发现、去改变，这就促成了创新意识的产生。创新思维一般表现在思维结构的灵活性、思维方向上的求异性、思维空间上的整体性、思维程度的深刻性等方面。在创客教育过程中，学生在开展创客项目的过程中一直贯穿创新思维，要一直思考如何让项目更具有创新性，作品更加具有新颖性。创新精神则体现为不断开拓、锲而不舍、勤于探索、大胆质疑等品质。创客教育开展基于项目和问题的学习，直指创新精神的培养。对问题的反复探究，可以磨练学生的意志、提高抗挫折能力，从创新点的提出到创新项目的形成无一不体现和培育学生的质疑精神。

2. 提高学生的创新知识素养

创新知识是培养创新型人才的重要中介与桥梁，也是将来学生在升学和就业中不可缺少的。创新型人才应该具有前沿领域新知识、专业领域精结构、广泛领域多素养的知识结构。[5]创新素养的核心在于创造性，"做中学"是创客教育的本质，创造即学习，即基于兴趣而开展的作品创造与实践创新。学生在做创客项目过程中能接触前沿的科技知识，利用先进的知识和技术把自己的创意变成现实，进而不断地激发对创造的兴趣。每一个优秀项目的完成涉及到多学科、多领域的精深知识，在动手实践过程中需要学生深度学习该领域专业知识，达到对该领域知识的精深理解。这种亲自动手的学习体验超越了传统课堂的认知，学生在做项目的过程中，运用所学的知识解决遇到的问题，真正做到学以致用，同时在探索、创造过程中主动发现新知识，获得创造的愉悦和成就感。

3. 培养学生的创新能力素养

创新能力的培养一直是 21 世纪技能教育中的重中之重，对学生未来的发展至关重要。创客项目的选取锻炼了学生的选择能力，提高了他们的思考力。创客项目在实施中不仅培养了学生的动手操作能力，同时在做的过程中还需要统筹安排、克服困难、团队合作，这就培养了他们的执行能力和团队意识。在项目的展示过程中，每个学生

都学会了如何向同学和专家展示他们的项目,培养了他们的交流能力和表达能力。此外,创客教育还能促进学生形成敏锐的观察力、动手操作能力、搜集与检索信息能力、系统的分析、逻辑推理能力、终身学习能力,必将对创新型人才的培养起到重要的作用。[5]创客教育"超越了传统课程中以认知为核心的间接经验,而是将学生的兴趣、直觉、反思、情感、价值等相关要素也囊括其中,并承认这些要素之于学习的合法性和价值性,使得整个学习过程与意涵更加鲜活立体、深刻丰满"。[6]

三、 实施创客项目提升学生的创新素养的策略

1. 选取创客项目,提升学生创新意识

创客项目主要来源于日常生活、社会需求和学生兴趣爱好,将创客项目和学生自身生活结合在一起,能激发学生的好奇心,让学生感到亲切而又有趣。学生从自己的兴趣出发选择一个创客项目,其实是选择了一系列问题,项目的研究过程实际上是伴随着一系列问题的提出和解决的过程,问题引领项目研究的方向。[7]在创客项目的选题过程中,教师要注重培养学生发现问题的能力,提高他们的问题意识和创新意识。例如,有学生发现每天放学回家时书包都很重,携带十分不便。他想如果自己动手制作一个自动运行的书包,每天放学后书包跟随人走就很方便。于是,他和同学合作做了一个"基于蓝牙控制行李箱"的创客项目。又如,有学生去聋哑学校做志愿者,发现跟聋哑人无法正常交流,他想到现在比较流行的穿戴设备,然后就想可不可以做一个手套去帮助聋哑人跟正常人交流,最后制作了一个"低成本手语手套设计与中等词汇量连续手语识别"的创客项目。类似的很多创客项目都来源于学生因好奇心、兴趣和社会责任感激发的问题意识,他们会提出很多问题,然后不断地去寻找答案,在这个过程中有效地提升了自身的创新意识。

2. 在项目设计中培养学生的创新能力

创客教育重视在具体实践中培养学生的创新实践能力,学生在设计项目时,可以把教材知识的学习转变成对问题的解决和能力运用。目前,用于开展创客教育的载体有很多,如 Arduino 开源硬件,进一步降低了科技创新门槛和成本,有利于学生创造各种新奇发明和产品。与此同时,随着 3D 打印机技术水平不断提高并逐渐走入学校的创客空间,学生可以通过 3D 建模软件,把建成的模型用 3D 打印机打印出来,让知识

可视化。在项目设计过程中,学生基于不同的项目,还要学习很多课本以外的课程如Scratch、APP Inventor、Processing 交互设计等。创客教育的项目式学习使学生在设计项目的过程中,不断地去学习并熟练掌握各种硬件、软件和编程知识等,保证他们每一个有创意的项目都变成实物。学生动手设计的过程也是知识的运用过程,有助于学生对所学知识的理解和运用。在设计项目的过程中学习,能够对学生的认知发展产生积极的推动作用,也能激发学生的学习兴趣并创造潜能。

3. 在作品制作过程中培养学生意志品质和团队协作能力

创客项目本身就是一个极其复杂的过程,一个创客项目的完成需要制定方案、实施方案、测试优化、项目改进等过程。没有持之以恒的信念和一丝不苟的坚持是很难完成这一任务的。例如,学生制作一个"电解食盐水吸收甲醛装置"创客项目时,从最初想到这个项目,到最后参加全国创新大赛,在模型的建立和实验方案确定总共经历了六次大的改进,每一次改进都有新的突破。学生之间的团队合作也是完成创客项目的重要组成因素,团队协作也是学习的一部分。在完成创客项目的过程当中,每位同学都会对项目有贡献。因为在团队中每个成员都有他们自己擅长的领域,如有的比较擅长数学建模,有的比较擅长理论推导,有的比较擅长程序编程,有的擅长项目策划,有的动手能力很强,他们在项目实施中可以充分发挥自己的优势。例如,"基于蓝牙控制行李箱"的创客项目中,其中一位同学动手能力和编程能力很强,主要负责项目的开发和制作,另一位同学沟通能力和表达能力很强,主要负责项目介绍和撰写等工作。创客项目组员通过一起合作、一起完成创客项目,这是一个相互学习和共同进步的过程。

4. 在创客活动中培养学生交流表达的能力

创客项目完成后要进行成果交流,学生可以通过参加创客大赛、创客嘉年华、青少年创新大赛分享他们的创客成果。首先,教师组织学生在创客空间分享他们的项目,促进学生内部交流和讨论。由于学生的项目涉及不同领域,学生的不同思维和创意会碰撞在一起,进而引起学生构建新的认知。通过学生之间的内部交流讨论,学生会从不同的角度思考问题,能比较客观的认识问题。其次,通过创客大赛、创客嘉年华、青少年创新大赛等多渠道分享他们的作品,学生能收获更多的建议和鼓励。最后,参加青少年创新大赛的学生需要提交一篇研究论文和制作展板,在答辩的时候学生结合展板和论文接受评委专家的点评,熟练的答辩会逐渐培养学生的自信心和表达能力。在逐级比赛的过程中,学生学会关爱、学会合作、学会沟通、学会如何做研究。在成果展示过程中,学生学会了综合考虑专家和其他人士的意见,从各个角度来评价项目,加深对项目的认识。这些使得学生对项目的研究不再是停留在简单的情感层面上,而是达到理性认识层面的新高度。

参 考 文 献

[1] Framework for 21st century learning [EB/OL]. [2018 - 01 - 05]. http://www. p21. org/about-us/p21-framework.

[2] 何克抗. 论创客教育与创新教育[J]. 教育研究,2016(4):12—24.

[3] 杨现民,李冀红. 创客教育的价值潜能及其争议[J]. 现代远程教育研究,2015(2):23—34.

[4] 郑贤. 基于 STEAM 的小学《3D 打印》课程设计与教学实践研究[J]. 中国电化教育,2016(8):82—86.

[5] 万超,魏来. 创客教育:高校创新型人才培养的新视角[J]. 东北大学学报,2017(5):528—534.

[6] 陈刚,石晋阳. 创客教育的课程观[J]. 中国电化教育,2016(11):11—17.

[7] 娄维义. 《基于问题研究的创新教育》[M]. 上海:华东师范大学大学出版社,2011:130—134.

注:本文已发表于《创新人才教育》,2018 年第 1 期。

一种值得强化的实际情景式物理作业试题设计研究

华东理工大学附属闵行科技高级中学　张　亮

摘　要：新的课程标准强化对学生核心素养的培养，但目前的作业试题还是以知识点考查为主要目的的传统式作业。在这样的试题中，教师已经帮助学生建立了合适的物理模型，但缺少真实情景，大量试题的强化最后就变成题海战术，学生只知道解题，而往往忽略知识后面的真实问题。因此设计这种实际情景式物理作业试题，显得尤为重要。

关键字：物理作业；作业设计；实际情景；能力培养

一、引言

由于教学改革的重心已发生了明显变化，从让学生接受结论转向让学生自己去探索知识形成的过程，这必然引发考试试题重心的大转变。因此笔者针对 2000—2018 年的高考和模拟试题进行统计，提出一种值得强化学科能力培养方法的物理作业试题设计，即联系实际生活情景的物理作业试题。这种"实际情景式"的作业试题设计称为"现实、情景、需求"试题设计，因为它是基于学生对客观世界的认知兴趣的现实，通过情景展现、提出问题、解决问题的过程，使学生的认知情感和需求得以满足，价值取向得以拨正与提升。因此笔者针对这种类型作业试题进行问卷调查，学生面谈，以及对一线教师进行走访，得到一些一手的信息。然后笔者分析学生及教师对这种类型试题的兴趣及意见，总结一些这种类型作业的设计来源及注意事项，希望会有更多这种类型题作业出现在学生面前。

二、"生活情景"物理题有无必要大力提倡

(一) 物理教学新理念

新一轮课程改革的实施,物理教学理念发生了根本性的转变。物理教学新理念的要求:

1. 注重从自然与生活现象引入问题,激发和引导学生的学习兴趣;
2. 注重密切联系学生生活,克服以往以学科为中心的倾向;
3. 注重探究式学习和动手实践等各种学习方式的运用;
4. 注重学科之间的联系,加强科学精神与人文精神的渗透与融合。[1]

(二) 现代教学理念下的物理作业要求

从新一轮课程改革到物理教学理念上的根本性改变,使密切联系自然与生活现象、密切联系学生生活、社会发展和科技进步等问题越来越被重视。要想学生在学习探究的过程中,养成良好的科学精神与科学态度,富有时代感,那物理作业的设计更要多从这些方面入手。这样有利于学生在学习过程中,更加注重和生活的联系,细心观察生活的物理,并能用所学的知识来解决实际生活中的一些问题,让学生能学以致用,活学活用,物理就不再是学生常认为的繁琐公式和枯燥知识。

(三) "生活情景"物理题是否符合学生的身心发展

1. 学生对这类试题的看法

为了更好地回答这个问题,本人利用上述四个试题的情景设计了问卷(见附录),并在上海市某重点中学对 560 名高二学生做了实际调查。同时在华理科高高一六个班 440 名学生中做了该问卷的调查。

问题一:你是否对"生活情景"物理作业感兴趣?

表1　学生兴趣调查表

	人数	百分比(%)	排序
很感兴趣	698	69.8	1
较感兴趣	202	20.2	2
一般	85	8.5	3
不太感兴趣	12	1.2	4
不感兴趣	3	0.3	5

调查结果发现,无论是市重点中学还是普通高级中学都有90%以上的学生对"生活情景"物理作业题十分感兴趣,进一步统计还发现,其中75%的学生感兴趣的原因是由于"事情是平时关心的""实际生活相联系的事例"。并有64%的学生认为,如果在老师的指导下研究一下这种情景中的物理问题,若成功地解决了情景中物理问题,学物理就变得生动了,有意义了。

问题二:你喜欢"生活情景"物理试题在什么样的情况下(平时讲课例题、平时作业、平时测验、期中或期末等大型考试、高考等)出现? 并简单说明原因?

表2　学生对联系实际生活试题出现情况调查表

	人数	百分比(%)	排序
平时作业	718	70	1
平时测验	204	20	2
期中或期末	87	9	3
高考	10	1	4

统计发现有70%的学生喜欢在平时物理教学中以例题的形式出现和在平时作业中出现;20%的学生喜欢在平时测验中出现,9%的学生喜欢在期中或期末等大型考试中出现;只有1%的学生喜欢在高考中出现。喜欢在平时物理教学中以作业的形式出现的原因是:可以在老师的指导下完成对联系实际生活实例的理解,并可以利用所学的知识来解决实际生活中的问题,活学活用,使得学习物理更加有趣。喜欢在考试或者大型考试中出现这种物理试题的原因是:这种试题可以有效地考察自己学习物理

知识应用的能力,同时对自己也是一个挑战。不喜欢这种类型试题出现在考试或者大型考试中的主要原因是:这种联系实际生活的物理试题都比较长,又需要学生在有限的考试时间内把生活的实例转化成相对应的物理模型,对于学生来说有一定的难度,而大型考试对学生又关系重大。

2. 老师对这类试题的看法

带着上面第二个问题,本人与上海市某重点中学和华理科高的物理教学组老师展开交流。其中95％的老师喜欢这类试题在平时课堂上和平时作业中出现,原因是这类试题可以很好地考查学生的学习能力。学生要解决这类问题,必须从具体的实际情景中抓住物理条件、物理过程,再构建出物理模型来解决问题。实际应用题能够真正考验学生的物理知识水平和物理分析能力,能够真正选拔出学习物理的优秀人才。但是老师并不希望这类物理试题太多出现在大型考试中,原因是这类试题的设计要求比较高,现有的这类试题较少,学生平时接触这类试题较少,若在大型考试中这类试题占的比例太大,势必会影响学生的成绩。

总之,中学生物理学习的兴趣引导和动力激发很大程度上受影响于能否将物理学习与生活情景相结合,能否将物理学习的内容纳入学生的正常心理范畴。而从上面的调查访谈中,我们可以肯定“生活情景”物理作业试题是完全符合学生的身心发展的。让学生在情景中学,在过程中练,不仅能够提高学生对物理世界的认知,使创造性思维能力得到真正的培养,使学生能深刻地、高水平地掌握知识,还能把已有的知识广泛迁移到学习新知识,解决实际问题和提高动手能力中去。[2]由此可知,培养学生在平时学习物理过程中自觉地与生活情景相结合的思维习惯,在平时多进行联系实际的物理例题的演练,在有一定积累的情况下,逐渐增大作业中这方面物理试题的比例,是一种有效取得中学物理教学效果的突破口。

物理竞赛是以人才的选拔以及特殊人才的培养为主要目标。针对的是少部分的人,重点考查学生利用所学知识来进行实际应用的本领。因此在竞赛试题中这种联系实际生活的问题可能占的比例较大些。高考面对的是大部分学生,高考既要考查学生的能力,又要注意现实的教育教学背景,因此这种类型的题虽呈逐年增长趋势,越来越多被广大教师和学生喜欢和接受,但在现在的教育教学环境和高考的各种压力下,如果要大力推广这一类试题,还需教师在平时的教学中广泛引起重视。因此这类试题在目前的高考试题中比例不宜过大。

三、 如何利用生活情景设计出合理的可供常规学习之用的物理作业试题

(一) 试题的来源

1. 从典型的纯粹物理试题中找回所对应的实际生活事例

传统的物理课堂上，教师为引入一个新概念或一条新规律，设计的物理情景往往也是理想化的物体模型加理想化的过程模型。也就是对实际研究客体和过程已经进行了抽象而建立起的一个轮廓清晰、主体突出、易于研究的新形象。比如，求物体自由落体运动一段距离需多少时间？这个情景中，小球是质点模型，单一的匀加速直线运动是其经历的过程模型，问题的解决也很简单，利用公式，代入数据即可。但是很明显，这样模型化的情景一点都不生动，不能引发学生的兴趣，最后很可能导致学生认为物理学不过是一些规律和数学公式的堆积。如果变换为一个实际情景结果如何呢？《北京晚报》报道了一位青年奋勇接住一个从15层高楼窗口落下的孩子的事迹。设每层楼高是 2.8 米，这位青年从他所在的地方冲到楼窗口下方需要的时间是 1.3 秒，请你估算出他要接住小孩，他的反应时间至多是多少？（反应时间是指人从发现情况到采取相应行动经过的时间）。一般以这样的新闻故事引出的物理问题都能吸引学生的目光，原因是将匀变速直线运动的规律放在实际情景中，诱导学生急于想知道下落孩子的运动情况等结果。一道实际应用题，不但复习了刚学的新知识，锻炼了学生分析与解决物理问题的能力，而且能使学生体验善心与爱心，人文素养得到了升华。这样的教学是真正落实了二期课改的三维目标，是智育，更是情育和德育。

2. 利用科技前沿中的最新信息或借助科技事实等实际问题进行物理作业试题的命题

这种类型题的命题，首先我们要关注它的时代背景，在一个良好的情景中进行命题，学生会以很积极的心态来对待它，同时学生也有浓厚的兴趣来希望把它解决掉。在这种类型题的命题时，要掌握好学生对此相关知识背景的熟悉程度，然后在命题时，要恰当的取舍。如果学生对相关前沿的应用原理不太了解，老师在命题时就要把简单的原理在试题中呈现。如果像天宫二号等最新科技成果的相关试题，在报纸、电视、网络等媒体中大量出现过，基本原理和运行过程学生都有大致了解，就不用再长篇累牍进行介绍了，那样不仅会使整个试题冗长，还让学生难以抓住有用信息，致使会做的学生都做不出来。

（二）设计这类试题时应注意

1. 学生认知结构

以浙江物理学业考第 24 题为例。家里收音机调台主要用可变电容器，电容器的动片和定片间的绝缘介质是什么，教师大多会认为这题比较容易，因为教师的认知结构中都有回答这题的知识，不需要进行推理分析等思维过程就可以从认知结构中提取答案，但是实际上只有一半甚至不到的学生回答正确，其中还不排除有猜的成分。学生缺少这些知识的原因，是因为这些不属于主干知识，平时学生生活中接触不多，也不会仔细观察生活和思考，许多学生对此都没有感性认识。因此教师在进行物理命题时要注意学生的认知结构，才能更好地让学生留心生活、观察生活和思考生活。

2. 知识点考查的准确性

在试题设计时教师一定要注意知识点考察的准确性。因为一个命题可能涉及很多物理现象和知识点，所以命题一定要使考查的知识点尽量突出化，次要因素理想化，抓住重点避免试题的冗长繁琐。要知道这类试题本身已对学生提出了更高的要求，学生必须先经过一个把实际问题转化为物理模型问题的过程，因此在这个过程中要尽量避免一些次要因素的影响。

为了能对此问题做出客观的分析，本人摘取了两道试题分别在上海某重点中学 2 年级 10 班和 2 年级 7 班（这两个班的物理成绩基本相同）进行了测试，要求十分钟交。结果发现做对试题简练、物理模型清晰的题的学生占 80%，而做对试题冗长、需要学生把生活情景转化为物理模型的试题的学生占 47%。究其原因，大部分学生是因为试题冗长第一感觉有些怕，再加上测试时间有限，不能很好地抓住重点进行分析，同时物理模型的转化也存在一定的困难。

3. 作业的试题设计形式多样化

同样是"现实、情景、需求"试题，对学生要求不一样，试题的形式也可以多样化。这里介绍两种：一种是要求学生直接用已有概念规律解释和解决问题；另一种要求学生通过从具体的实际情景中抓住物理条件、物理过程构建出物理模型来解决问题，对学生提出了较高的要求。

2006 年上海物理高考试卷中的第 16 题，这题的实践操作性就很强，解题要求属于上段所述的第一种。题目取材于生活厨房中的高压锅的安全阀，贴近生活，又高于生活。从理论上来深刻剖析高压锅的工作原理,学生需充分发挥想象力身入其境,凭借基本的实验操作能力作答。再如上海市高中基础物理知识竞赛试题中的第25题,这题以天体运动为题材,创设实际问题情景,解题要求属于第二种。学生必需首先阅读题干,理解题意,抽象出圆周运动的物理模型,再联系已学过的概念与规律解答。

四、 总结

通过试题创设实际问题情景,展现物理现象的探究过程,学生亲历学习创造的过程,感悟理性的光辉,同时学习物理学科的思维方式和研究方法。在这个过程中,学生在实现认知飞跃的同时,也获得世界观和价值观的升华。这种联系实际生活的作业题,通过教师的精心设计是可以达到让学生直接从试题中感悟生活,同时在实际生活中也可以灵活应用物理知识,更是能使学生体会到学有所用、学以致用,人文素养也得到了升华。

同时我们也看到这无疑对试题设计者提出了更高的要求。试题的设计者应把握好尺度,根据学习者的不同层次设计出合适的,能满足需要的试题,“现实、情景、需求”试题设计形式必须多样化。这里我们呼吁广大教师在物理试题的设计时,多联系实际生活,那样物理的试题将会丰富多彩,不会是物理模型的简单叠加,学生学起来也会对物理更加感兴趣。

参 考 文 献

［1］中华人民共和国教育部. 普通高中物理课程标准(实验)［M］. 北京:人民教育出版社. 2003.
［2］陈琦等. 教育心理学［M］. 北京:高等教育出版社,2005.

附　录

1. 关于一种值得强化的学科能力培养方法,请您阅读下面四个情景下的问题,按要求回答以下问题:

   (1) 太空中天体运动情况,卫星的运转,发射等。

   (2) 摩天轮转动中能量变化情况?

   (3) 电子技术,传感器的应用情况?

   (4) 一些自然现象的解释?

2. 您感兴趣的程度,并简单说说你感兴趣的原因? ＿＿＿＿＿＿＿＿＿＿＿＿＿＿＿

   A. 十分感兴趣,也很愿意自己去研究思考

   B. 感兴趣,如果有老师的指导下可以研究一下

   C. 感兴趣,但是不会花时去研究

   D. 不感兴趣,也不想知道

3. 如果把这些于生活结合紧密的话题出现在物理试题中,你喜欢在什么样的情况下?并简单说说你为什么喜欢在这种情况下出现这种物理试题,和不喜欢出现的原因?

   ＿＿＿＿＿＿＿＿＿＿＿＿＿＿＿

   A. 平时物理教学中老师用来引导课题,并能在例题中有所出现

   B. 在平时测验中出现

   C. 在期中或期末考试中出现

   D. 在高考试题中出现

信息化高中英语词汇教学的德育渗透

——以 What is ecotourism 词汇课为例

上海市吴迅中学　宋　飞

摘　要：《普通高中英语课程标准》提出外语教育的根本任务是立德树人，以德育为魂，以能力为重，以基础为先，以创新为上。学科核心素养背景下的英语学习倡导以听、说、读、看、写的方式理解表达意义；注重英语学习活动化，鼓励教师开发多种形式的英语教学资源，发展学生多模态语篇理解能力。因此充分挖掘英语学科课程教学对落实立德树人根本任务，发展素质教育的独特育人价值。本文以一节信息化高中英语词汇课为例，探讨在教育技术支持下，学科德育如何从多模态文本、信息化交互及教学评价中渗透到高中英语词汇课堂，逐步培育学科核心素养。

关键词：词汇教学；德育渗透；学科核心素养；信息化

一、引言

　　党的十九大提出要全面贯彻党的教育方针，落实立德树人根本任务，培养德智体美劳全面发展的社会主义建设者和接班人。《普通高中英语课程标准（2017 年版）》[1]提出了英语学科核心素养，其中包括语言能力、文化意识、思维品质和学习能力。新课标注重思想性，德育为魂，素养为重。外语学科的课程价值在于立德树人。因此，如何在新课标的背景下，利用信息技术让传统的词汇课堂上"活"，培养学生的学科核心素养显得尤为重要。本文通过高三词汇课教学实例，探讨如何利用信息化交互式白板的特点，关注学生学习实际需求，以促进学生英语思维能力发展为目标，将词汇教学融入语境,渗透德育,基于主题,塑造学生正确的人生观、价值观及生态观,促进英语学科核心素养的形成和发展。

二、 英语学科核心素养的内涵

在新修订的课标中,明确了英语学科核心素养的概念:学科核心素养是学科育人价值的集中体现,是学生学习学科、逐步形成正确价值观念、必备品格和关键能力。包括语言能力、文化意识、思维品质和学习能力。其中将学生的语言能力定义为"借助于语言以听、说、读、看(Viewing)、写等方式理解和表达意义的能力"。教育部在 2018 年增加了"看"的能力,更加凸显多媒体和多模态教学资源对英语教学的促进作用。[1]课程标准也对教学方式提出了新要求,提出了指向学科核心素养的英语学习活动观,活动是学习者尝试运用语言与表达意义、发展多元思维、培养文化意识、形成学习能力的主要途径。[2]因此,在高中英语教学实践中,践行英语活动观,将信息技术灵活应用于英语词汇课堂,可以改变文本的局限性及教学策略单一导致学生思维能力发展受限的问题,不仅能提高学生学习兴趣,还能有效进行德育渗透,培育学生的学科核心素养,促进学生逻辑思维能力及发散思维能力培养。

三、 渗透德育的信息化词汇教学实践

下文以一节利用交互式电子白板为载体的高三英语词汇课 What is Ecotourism 为例,结合具体教学实践,践行英语学习活动观,探索信息化课堂如何渗透德育,促进学生的学科核心素养的培育。本堂课的单元主题是"人与自然,环境保护"。学习目标是让学生通过关键词汇准确理解语篇内容;提升对环境保护乃至人与环境相互关系的认识。主要的授课环节是通过猜词游戏,引出主题,同过视频关键句"If you don't take care of me, I'll not take care of you."引导,抛出课程的三大板块:人类对环境的破坏、环境对人类的警示(报复)、解决方案。再利用新闻语篇、广告语篇,复习与环境相关的词汇。最后利用小组活动,完成演讲,复习巩固环境词汇。从而加强学生对环保的意识,热爱自然,与自然和谐相处。

（一）在整合多模态文本中渗透德育

德育并不是空洞的口号，需要落到实处，因此通过多模态语篇，从视听方面输入环保内容，为环保意识的加强做好铺垫。新课标强调在语境下运用语言知识获取信息、吸取信息、综合信息和传递信息，同时提出多模态语篇概念，即利用新媒体语篇如网页视频，锻炼看（viewing）和视觉技能，让学生解读这类图像视觉信息，因此视频引导，是丰富课堂，锻炼语言能力的手段之一。而多模态语境融合多种交流模式（图片、声音、文字等）传递信息。这种学习方式融图、声、影为一体，充分调动学习者的多模态认知。[3]此外，贴近学生生活经验的情景学习，能够降低学生的认知负荷，激活学生已有的图式。认知负荷理论认为在教学设计时应该考虑学习者在学习任务过程中所承受的认知负荷，要保证"学习者承受的认知负荷总量不超过其个体所能承受的认知负荷总量"。[4]鉴于普高学生的语言输出能力较弱，联系实际激发学生兴趣，利用图片降低学生认知负荷，是课堂由被动转向主动的第一步。

因此，本课以文章主题环保为切入点，在导入环节将上海牛津高中三册书中的以环保为主体的文章进行罗列。将课文以图片的形式进行白板出示，带动学生积极思考，猜测本堂课词汇主题。在让学生主动回忆复习的过程中，激活词汇背景知识，为下阶段深入文本的词汇教学做铺垫。利用白板擦除显示功能，通过猜谜引出课题，用幕布一级级拉开线索，揭晓谜底，极大地调动了学生积极性，成功地引入话题。经过图片回忆导入主题环节，利用环保视频进行拓展延伸，让学生从看到听，双感官刺激、多模态输入。让学生记录视频观点及原因，并让学生根据所看视频信息，罗列要点。利用视频打点功能，截图"If you don't take care of me, I will not take care of you."的关键画面以提示学生，为学生搭建脚手架，锻炼学生语言能力及自主学习能力。

（二）在信息化课堂交互中渗透德育

在多模态环保主题的视听材料铺垫后，需在课堂交互中循序渐进加强渗透学科德育。交互式白板具有课堂分类活动、配对活动、即时反馈功能等。白板互动改变了"一言堂"的传统课堂模式，具有师生互动、生生互动、人机互动等形式，使课堂互动的形式更加多元化。笔者在任务配对、排序活动中，利用白板自带的配对游戏：趣味分类、超级分类、选词填空、知识配对，进行垃圾分类英文配对、环保词缀英文配对、环境问题词汇图片配对,丰富课堂形式,调动学生的学习主动性。这种白板互动的方式改变了传统的教学方式,让学生和课件之间有了互动,学生由观望者变为实际操作者,当拖拽不成功、出现问题时,他们的求知欲大大得到了激发,其他学生的第二次、第三次探索尝试无疑使课堂互动更加频繁,做到学生真正主动参与。学生边看操作边听讲解,对整个过程一目了然,使本来抽象的思维过程形象化。课堂变得更有智慧,更加适合学生自主学习。德育在潜移默化中轻松顺利地渗透在人机互动、师生互动中。

在读中环节,让学生小组合作,以空气污染为主题,找出解决问题的各种方式。笔者将课前准备好的主题思维导图,利用希沃白板聚光灯功能进行"关灯"分解,并用手指进行边拖拽边点亮某一部分,引导学生说出相关词汇,激活迁移学生的思维。使学生的学习兴趣继续保持。经过分解思维导图,让信息逐一罗列排开,使学生逐个突破难度,迁移发散,开阔思路。最后通过问题总结,升华到环保主题。此环节帮助学生在深入理解文本材料之后,超越文本,把握语言词汇材料,实践内化所得知识,探究现象背后的问题,挖掘文本的隐含信息,也为下一总结环节进行了铺垫过渡。

在读后的环保演讲环节,小组代表进行组内观点及原因的分享,各小组各抒己见,有重合也有补充,对每组的发言,学生们有赞赏,有质疑,有思维的碰撞,充分锻炼了学生的思维品质和语言表达能力。为了让学生更好地产出,笔者给出了模板,程度低的学生可以按照此模板进行演讲,程度高的可自由发表演讲,为学生的顺利产出做好铺垫。此项活动增强了学生的参与意识,学生们在主动积极参与课堂活动中,通过合作学习,逐步加强环保类词汇的输入与输出,从听说读看写各个方面循序渐进,潜移默化地理解人与自然的关系,主动增强环保意识。

(三) 在教学评价中渗透德育

在教学过程中注重课堂内学生德育目标的实时评价是实现有效渗透的重要方法。教师要鼓励学生积极发言,进行师生评价、生生评价、自我评价等不同形式的多样性过程性评价,将教学目标、教学内容、学生学习环境与个人差异相结合,制定有效的评价标准,将德育贯穿在评价过程中。

在读后总结环节,利用白板思维导图功能,引导学生步步回忆文章脉络把关键词environment 写在白板上,然后进行各个支点的回顾,如环境问题、解决方式、后果(惩罚)等。与学生共建思维导图,提高课堂互动度。采用小组深层思考讨论、复述重构及互评反思等教学活动,展示文字云图,继续引导学生关注线索词。通过重温文本材料进行主题词汇的巩固、复习、总结,进一步提高学生的反思学习能力。引导学生根据文字云图中的线索巩固课堂已学内容,再次巩固新知,升华学生文化品格,加强学生对环保的意识,学会热爱自然,与自然和谐相处。文字云图增加了英语词汇教学的趣味性,使僵化的传统词汇教学得以改善,提高教学效率,利用文字云图特有的形状特点强调主题意识。本课例是以环保为主题,因此笔者利用文字云图借外在的"绿树"来升华环保的主题,引导学生建立科学的环保观,形成良好的行为取向,使学生的文化品格得以塑造。最后学生利用 checklist 核查单自查是否达到德育层次的学习目标。

四、 结语

在英语课堂中渗透德育需要不断积累,贯穿高中英语全过程。教师需要挖掘教材所包含的深层次内涵和现实意义,选择恰当的德育切入点,辅以有效的手段,让学科德育潜移默化、循序渐进的开展。本文以一节环保主题词汇课为例,探讨了教师如何利用白板设计课堂活动,通过多模态文本的整合,信息化交互,在教学评价中渗透学科德育,培育学生的学科核心素养,以及英语学习的积极性、主动性、和创造性。英语课堂的语言知识需要借交互白板之力从静态的灌输变为图文声像并茂的动态传播,从而增强课堂的生动性。交互式电子白板与高中英语课堂结合有助于学生认知能力、信息素养、实践技能和创新能力的培养。

总之,基于学科核心素养,促以生为本的信息化英语词汇课堂需要融合不同的英语课堂活动如学习理解、应用实践、迁移创新等。本课例无论是图片、提问、朗读、视频、辩论或是白板演示,都是使学生基于已有的知识,依托语篇,在分析问题和解决问题的过程中,促进自身语言知识学习、语言技能发展、文化内涵理解、多元思维发展、价值取向判断和学习策略运用能力的提升。这一过程既是语言知识与语言技能整合发展的过程,也是思维品质不断提升、文化意识不断增强、学习能力不断发展的过程。最终致力于培养将知识、技能、态度有机融为一体的具有品格和能力的人。

参 考 文 献

[1] 教育部. 普通高中英语课程标准(2017 年版)[M]. 北京:人民教育出版社,2018.

［2］上海市教育委员会教学研究室.上海市高中英语学科教学基本要求（试验本）［M］.上海：
上海教育出版社，2016.

［3］张德禄.多模态语言理论与现代媒体技术在外语教学中的应用［J］.外语教学，2009（4）：
15—20.

［4］张慧，张凡.认知负荷理论综述［J］.教育研究与实验，1999（4）：45—47.

当乐学与创意擦出火花
——以晋元高级中学的创新教育实践为例

上海市晋元高级中学　张文渊

摘　要： 上海市晋元高级中学基于学生核心素养的培育，充分尊重学生的个体差异，开展生涯规划教育、重构学校课程体系和打造创新创意学习空间，从而通过学生的自主选择激发内在需求，通过学生的主动学习促进志、趣、能协调发展，通过学生卓越发展达成学生对学习的快乐体验，让学生在"乐学"中创新和创造。

关键词： 创新教育；乐学；生涯

一、学习：苦？ 乐？

学习的本质是"苦"？还是"乐"？是"头悬梁、锥刺股""学海无涯苦作舟，书山有路勤为径"？还是"学而时习之，不亦说乎""饭疏食饮水，曲肱而枕之，乐意在其中"？或许在中华民族历史发展的长河中，人们对"学习"的感受早已五味杂陈。就好像"一箪食，一瓢饮，在陋巷，人不堪其忧，回也不改其乐"的颜回，身苦而心乐。

在《中国学生发展核心素养》出台的大背景下，我们的育人目标是培育兼具人文底蕴、科学精神和实践创新等多种能力的、符合社会不断发展需求的人才。如果学生学习中的苦味浓郁，甚至只有苦味，就会逐渐磨灭学生的学习热情和兴趣，何谈实践创新，何谈激发学生的创意灵感？本着晋元人的教育理想，笔者希望学习的过程更多地充满着快乐，希望学生们能够在学习的五味杂陈中体会到收获的甘甜，能始终抱有对未知的好奇和探索，能随着学习的进程将创意的火种点燃至燎原。

二、"选择教育"理念下的导乐观

学习的快乐源自哪里？心理学家告诉我们，客观事物本身并不能单独决定个体的情绪体验，决定个体情绪体验的是客观事物与个体之间的关系，若客观事物能够满足个体需要，就会引发积极的、正向的情绪体验。

在晋元人的"选择教育"理念之下，如何能够让学生体会到快乐？这就需要充分尊重学生的个体差异，通过学生的自主选择激发其内在需求，通过学生的主动学习促进志趣协调发展，通过学生的卓越发展达成学生对学习的快乐体验。在此过程中，学校、教师要做的，就是对学生充分的引导，引导学生发现、认识自我的能力、兴趣和志向，搭建充分满足学生学习选择需求的、丰富灵动的课程架构体系，营造开放包容、民主和谐的环境氛围，从而让学生在晋元的校园中充分彰显自己的个性色彩，找到自己适合自己的发展路径，并在主动学习、自主探索和解决问题的过程中掌握知识，实现对已有认知的突破和创新。这就谓之为"选择教育"理念下的导乐观。

三、"选择教育"理念下的导乐实践

1. 提供"乐学"指导，奠定"创意"基础

要让学生"乐学"，首先要引导学生了解、认知自己，找到自己的发展需求，为"创意"表达奠定了基础。

由此，学校通过"课程+平台"的方式，从"认知规划"和"实践体验"两方面着手，积极推进基于"'选择教育'理念的高中学生生涯规划课程体系"建设。学校建构了由校本生涯规划课程、专家生涯规划教育课程、家长生涯规划教育课程、学科渗透生涯规划教育课程等组成的"生涯认知和规划课程"，以及由"进行一次职业采访""走进一次高校校园""参与一次职业体验""观看一部生涯电影""阅读一本名人传记"等系列生涯社会实践体验活动构成的"生涯实践和体验课程"。此外，学校给每一位学生配备了生涯规划的导师，开展对学生的学涯、职涯、生涯的发展性指导。

晋元学子在主动参与社会实践、主动思考与社会的关系的过程中，在正确认识和评估自我的基础上，唤起了自我成长的意识，明确了自我的发展方向和学习需求，找到

自己的实践创新生长点。

学生感言：

职业体验的当天是周四，茅医生打趣道，每个周四都是他的噩梦。医生每天的工作节奏都是十分紧凑的，虽然在这一天里我们连午饭都没顾得上吃，但还是对这收获颇丰的一天十分满足。直到17:00，我们离开医院，回忆起白天的工作，还是感悟良多。这一天我们协助茅医生一起诊断了至少80名门诊病人，并在早上完成了一次查房、会诊和交接工作。一些病人会抱怨自己大热天的赶到医院，排队排了3个小时，在诊室里却只待了三分钟；有些抱怨医生的态度不好；有些抱怨繁琐的预约过程。换个角度想想，医生也是马不停蹄地一个接着一个看了一整天的门诊，为了可以赶着给病人看病，减少等待的时间，可能是饭都没有吃，一路小跑来到诊室的。医生最大的希望便是每个人都能够不受病痛的侵扰。若是每位病人都可以换位思考一下，或许就会少了许多医患矛盾。在这一天里，我们体验到了医生的辛劳、忙碌和有时因为不被理解而感受到的辛酸。

但同时，我们也感受到了医生因治愈病人而获得的成就感和满足感。现代医学的发达，给了更多患者生的希望；不过更可贵的是医者仁心，为更多人送去幸福与健康。五点多的时候我们的职业体验结束了，可是医生的工作还在继续，他们奋斗在手术室，奋斗在门诊室，奋斗在病房里，仅仅是为了让更多的人远离病痛的侵扰。这次职业体验让我们深深体会到医生工作之艰辛，责任之重大。感谢医护人员，我们身边的白衣天使，因为有他们，才让我们得以有更多的时间陪伴我们爱的人，陪伴这个我们爱的世界。正因如此，心怀这份感激的我们，将更加勇往直前地在自己的梦想之路上奋斗，为未来造福于社会积蓄成长力量。

2. 构建"乐学"课程，提升"创意"能力

要让学生"乐学"，还要优化课程结构，丰富课程资源，引导学生表现出基于个人个性化发展需求的、主体的、能动的、选择的和创造的课程学习选择，充分地、全身心地、快乐地投入学习实践中，夯实学科基础知识的获取，并进一步提升自己的实践创新能力。

由此，学校聚焦课程的选择性和开放性，倡导"尊重差异、丰富选择、满足需求"的

课程理念,建构了"因能分层、因志分类、因趣分群"的课程结构体系。

在基础型课程的实施过程中,学校根据学生的学科发展能力和学科发展志向,对学生进行分层、分类教学引导。同时,学校基于晋元学生的学习特点和思维习惯,对基础型课程的校本化实施进行了深入的、有效的探索。各学科秉承"导学"观念,形成了以"课前引导""课中指导""课后疏导"为基本策略,以"导读""导思""导研""导行"为基本路径的《导学案》,通过教学情境中的问题设计,引导学生在解决问题的过程中主动建构知识体系。此外,学校打造智慧课堂,开发智能导学系统,利用学习分析系统有效引导学生的学习进程,利用网上助学系统精准引导学生的课外学习。

在拓展型、研究型课程的实施过程中,学校根据学生的学科学习兴趣,组建课题开发及指导教师团队,开设了强调学科发展性学习的"因趣分群"课程,着力培养学生的学科思维和研究能力,指导学生开展课题实践研究。学校目前已开发了人文学科群、理工学科群、工商学科群、技术学科群、艺体学科群等分群课程类型,为学生提供了开放、灵活、丰富的课程选择,提供了专业水平高、针对性强的课题研究指导。

晋元学子在横向贯通、纵向链接的课程链和学习链中,主动学习,积极进取,将知识主动内化到自我的认知结构中,形成了理性思维和批判质疑的精神,养成了乐于学习、勤于反思、勇于探究的行为习惯,增长了实践创新的意识和能力。

3. 营造"乐学"环境,点燃"创意"火花

要让学生"乐学",更要营造学校兼容并蓄、海纳百川的文化氛围,打造学校智慧校园环境,优化"互联网+"时代的教学空间,积极推进智慧教学场所和学科教室建设。

学校依托同济大学、上海财经大学等高校,创建了"结构与设计创新实验室""金融创新实验室""天文地理创新实验室""艺术结构创新实验室""人体结构创新实验室""化学创新实验室"等学习空间,为学生的问题化学习、项目化学习提供了空间保障,成为了学生"创意"灵感的孵化地。

学生感言:

感言1:学校无线网络全覆盖,让我们可以随需、随地上网查找学习的资源。我可以通过登录我的账号知道我学业上的各种数据。课前,我们会收到老师推送给我们的课前预习资料,在课后复习中,我们可以得到可供选择的多种学习方

案,依据自己的学情和兴趣,选择适合自己的方案开展个性化的学习或研究。

感言2:我通过学校选课平台,选择了我喜欢的"人工智能基础"群课。在课上,有用机械臂、摄像头和视觉控制模块的机器人,实现了手势的控制,与传统遥控器智慧的机器人相比,好像多了几分智能的"大脑";拿起手机,通过APP就能进行声音控制的无人飞机,让我们看到了未来的模样。

学生学习的苦乐与否,在于教师的精心引导。晋元人在多年的教育改革浪潮中,始终秉持教育的初心、磨练教育的匠心,协同合作,砥砺前行,细心呵护着学生的好奇火种,精心营造着学校的乐学氛围,让乐学与创意在晋元擦出绚丽的火花!

基于绿色教育的劳技课堂教学实践

闵行区青少年实践教育基地　茅天翼

摘　要： 对于教师而言，将绿色教育理念渗透到课堂教学行为中去，就是把尊重、兴趣和激励带进教室，并传递给每一位学生。基于笔者在劳技教学中存在的问题，倡导在课堂中以关注学生的个性、和谐发展为基础，以创设情境、互动探究、重视激励、多元评价为手段，激发课堂活力。

关键词： 绿色课堂；以人为本；劳动技术教学

课后反思，笔者一直在纠结这几个问题，为什么学生对劳技课不够重视，甚至有厌学的情绪？为什么劳技课教师身心疲惫但学生却并不领情？在教学过程中，笔者又发现如今的学生都具有明显的个性特征，对劳技学科的敏感度、接受度和兴趣等各不相同。劳技教师要如何根据学生个性营造自然、和谐的学习氛围，提供合适的学习内容呢？2013年闵行区教育局颁发实施文件《推进中小学课堂教学改进三年行动计划》，历经三年的课改实践，笔者认为打造绿色劳技课堂优化课堂文化为这些问题找到了答案。

一、绿色教育的内涵

绿色教育是指尊重学生与学生之间在认知水平、认知规律、思维方式等方面存在的差异，理智面对学生的学习成果，根据不同学生的特点进行教学与评价，实现"因材施教"。它的根本规律是顺应学生的自然发展，而不应控制学生的身心、压抑学生的灵性宣泄、羁绊学生的创新实践。在绿色课堂中,学习情境应该是生动的,课堂氛围应该是活泼的,师生交流应该是积极的,互动方式应该是多样的。对于教师而言,就是把尊重、兴趣和激励带进教室,并传递给每一位学生。

二、 劳技课堂中渗透绿色教育的策略

(一) 尊重个性,和谐发展

学生与学生之间在认知水平、认知规律、思维方式等方面都存在差异。每一位学生都是与众不同、独一无二的,他们是独立的个体,有着自己独特的精神世界,教师需要做的就是保护学生的独特,尊重学生的个性,认同他们的价值,这是构建绿色课堂的基础。

《软陶——兔子挂件》一课上,笔者让学生观察兔子模型的形状分析制作的技法,尽管笔者课前准备得充分,问题设计得也比较好,但回答问题的学生却寥寥无几。刚开始的时候还有七八个学生举手,到最后只有三四个学生,而热衷于技法探讨的也就是那固定几个人。课后,笔者询问一位学生"你一开始举手回答问题,为什么后来不举了?"他说:"老师,您提问,喜欢让李同学答,即使我们同时举手,您也总是先招呼李同学答,我觉得比不上李同学答得好,就不举手了。"

"亲其师,信其道",一语道破了师生关系对于学习的重要影响。良好的课堂需要一个和谐、融洽的学习环境,良好的师生关系是激发学生学习兴趣的载体。情感的迁移功能告诉我们,一个人对某对象的情感会迁移到与该对象有关的其他对象上去,这一情感现象在教学中表现为当一个学生对教师有好感时,就容易对这位教师上的课感兴趣。李同学能够热衷于技法探究,不仅是因为她性格外向,善于思考,更是在课堂上与教师建立了和谐的师生关系。那么面对全班不同个性的学生,是否都能建立和谐的师生关系呢?

《软陶——兔子挂件》的平行班上,笔者仍然让学生观察兔子模型的形状分析制作的技法。但课前,笔者预先有目的地将学生按异质分组方式分成 6 个小组,让性格外向的学生组织小组活动和分发材料,让动手能力强的学生尝试制作,让书写端正的学生填写学案,为了调动"藏"起来的学生,笔者规定最后的小组汇报由他们来完成。课堂上,学生的学习积极性大大提高,他们似乎都找到了自己的角色,并努力去完成,技

法探究的汇报环节更是精彩万分，"藏"起来的学生往往性格内向且基础差，他们在阐述时遇到了困难，马上有小组成员出面提醒和帮助，最后也出色地完成了任务。课堂上，学生对"团""搓""捏""接""压"的五大技法要领分析得十分到位，达到了预期目标。

　　教育的目的就是让学生最大可能地发展自己，能跑的，让他跑起来；能跳的，让他跳起来；能飞的，让他飞起来。这基于教师是否了解学生的特长、兴趣和爱好，为学生的个性发展提供尽可能多的条件。教师更要根据学生不同的个性特点，有针对性地引导其扬长避短。让性格内向的学生学会与人交往，感受大胆展示自己风采的快乐；让性格外向的学生学会在做事之前多思多想，不能马虎；让意志薄弱的学生在困难中锻炼，培养他们勇敢的精神。在尊重学生个性的基础上去帮助学生克服自身缺点，实现全面成长，是构建绿色课堂的出发点和归宿点，也是绿色教育的精髓。

（二）创设情境、互动探究

　　如果说尊重学生的个性、和谐发展是构建绿色课堂的基础，那么创设情境、互动探究就是构建绿色课堂的手段。探索、交流和实践是劳技课的重要学习方式。学生在探究过程中，难免会遇到障碍，这时情境创设最能激发学生的学习欲望，帮助学生突破学习的障碍，实现师生互动、生生互动，促进互动多元化。所谓情境就是指学生在学习时所接触的完整、具体而真实的背景，这一情境依据教学目标，将教科书上抽象的知识内容进行具体化设计，还原知识的现实性、生动性、丰富性，并减少知识与解决问题之间的差距，以此建构动态、成长、自然的绿色课堂，下面以《无土栽培》课程为例谈谈情境创设的策略。

　　1. 巧设问题情境，引起认知冲突

　　在导入环节中，学生开始接触与学习内容有关的情境，这个情境可以是材料、实物、问题、任务。这一阶段的主要目标是引起学生的认知冲突，为教学环节的展开做好铺垫，并大致上圈定学生探究范围和对象。教师要巧妙地把学生要学习的内容转化为问题情境。

　　在《无土栽培》课堂中，笔者在导入环节采用了问题导入法，即：无土栽培中如何固定植物的根系？学生的注意力马上集中到固定植物根的问题上来，课堂的教学节奏马上从前一个教学环节（营养液配置）转移到包根定植的教学环节上来，这一问题既成功地引起了学生的认识冲突，又为展开下一个教学环节作出了铺垫，为引入包根定植的概念做了准备。探究始于问题,这个问题是在学生接触或置身于教师精心设计的教学情境,捕捉到情境中与原有知识水平之间的联系,但又与答案有一定距离的背景信息后形成的。也就是说,当情境中隐含的信息与学生现有观念、知识结构产生冲突的信息时,学生便会产生困惑,提出许多"是什么?""怎么样?""为什么?"等问题,进而促使他们寻找对策。

创设问题情境是学生与教师之间的交流,碰撞出思维的火花,促进学生潜能发挥,培养学生的素养,从而有效地促进他们创新思维的发展和实践能力的提升。有问题情境的课堂涌动着生命的灵性和求知的渴望,形成了绿色课堂动态的美。

2. 展示线索情境,促使知识的迁移与转化

最有效的学习方式是让学生通过自己的实践活动,体验和发现知识产生与被发现的全过程,即:在学习中引入科学研究的过程和方法,进行探究学习。由此,最有效的教学应该为学生的探究活动提供能够引起良好的支持和促进,这种支持和促进大部分反映在教师所创设的线索情境中。

《无土栽培》的一个教学难点是采穗技术,笔者设置了两处线索情境,即:"采穗的位置在哪里?""选穗的标准是什么?"。其一,"采穗的位置在哪里?"笔者把解决问题的线索藏在了母本植株根系的生根点上,学生通过亲手操作,获得亲身体验,当他们小心取下定植小钵,拨开母本植株的包根岩棉,观察母本植株的根系着生点,并联系已习得的有关"节"的知识,便可以得出正确的结论。其二,"选穗的标准是什么?"通过三种子穗的对比分析,联系有关叶片的功能(蒸腾、光合作用),来分析哪个子穗最适合作为标准子穗,从而得到选穗的标准。

线索情境可以是学生在课堂探究过程中发现的现象,也可以是学生已知的知识和已获的经验。事实上,任何人面对一个问题,都会自发地将现象与原有的知识经验产生联系,选择原有的知识和原理来尝试解决。如果说创设问题情境是学生与教师之间的交流,那么分析学生学情,有意图地将新旧知识联系起来,创设线索情境就是让学生与过去的自己交流,从已知得未知,促进学生的可持续发展,形成了绿色课堂成长的美。

3. 走进社会情境,让课堂回归生活

课堂是通向社会的桥梁,而不是封闭学生心灵的围墙。劳技课程标准明确要求要努力建立开放而有活力的课堂,教师应该引导学生走出课堂,走进生活。从课堂走向

社会,可以让学生对学习产生足够的兴趣,由被动学习变成主动学习,由狭窄的课堂教学变成融入生活的生活化教学。

为了创设社会情境,笔者把学生带进园艺大棚里,把农场(校外基地的基础设施)作为教室,让学生以实习农艺师的身份学习采穗的方法。在社会实践环境中,没有教室座椅的制约,学生的相互合作、互动交流自然比在课堂里多,使《无土栽培》课达到源于生产实践,高于生产实践的效果。除了将课堂搬到社会场所外,笔者还将生活问题搬到课堂中来。在《无土栽培》课上,让学生对简单的泡沫塑料盒做改装,制作成简易无土栽培装置,以解决阳台种菜的生活问题,学生对知识有了直观的感受。在分享设计方案时,学生还讲了自己或者家人在阳台种菜(花)的经历,将自己的生活融入课堂,使课堂充满活力。

通过引入社会情境,设计丰富多彩的教学活动,营造逼真的教学环境,使学生在特定情境、角色任务中去学习。社会情境缩短了学生与教师之间的距离,缩短了学生与学生之间的距离,缩短了学生与教材之间的距离,也缩短了学生与生活之间的距离,这无疑能激发学生的兴趣,使学生在不知不觉中学到知识、学会运用知识,形成了绿色课堂自然的美。

绿色教育理念为教学工作指明了方向,以尊重学生的个性、和谐发展为基础,创设情境、互动探究为手段,学生的学习潜能得到激发,学习思维的空间得到有效拓展。绿色课堂成为学生喜欢的一种学习活动,能够解放教师的教学压力,促进师生、生生之间的互动,带动整个课堂教学效果。困扰笔者的难题也迎刃而解。三年课改让笔者学会了有效教学的方法,更加转变了笔者的教学观念。

利用科学史材料提升学生生命科学素养的教法探索

上海市卢湾高级中学　田翠平

摘　要： 科学史是科学的高度概括、结晶和升华，是一种非常重要的教育资源。科学史的教育不是简单的史实记诵，而是重在挖掘其内在的价值，使其成为学生学习科学的一种有效途径和手段。本文结合教学实践，谈谈如何充分利用科学史培养学生的生命科学素养。

关键词： 科学史材料；生命科学素养

一、 教学中科学史的引入与生命科学素养的培养

1. 科学史展示知识发生过程，帮助学生深刻理解生命科学知识

科学史使学生了解科学理论中的概念和原理是如何被提出的，从而帮助学生深入地理解这些概念和原理。因此，结合科学史可以更好的解决教学中的重点和难点。

2. 帮助学生学会科学的思维方法，培养学生思维能力

生物学知识既是科学思维的结晶，也是科学先驱们在探索中采用了正确的方法取得的成就。如果把科学巨匠独到的科学思想和科学方法渗透到知识传授中，学生就能从前人设计实验的过程中学到科学的研究方法，知其然，更知其所以然。孟德尔在研究豌豆遗传时独辟蹊径采用数学统计方法，并设计测交实验，发现了遗传规律。这里运用了观察、假设、归纳、推理、分析和实验等方法，有助于学生领会科学研究的基本步骤和科学的思维方法。

3. 帮助学生体会科学的人文内涵

感受科学家的人文精神，这也是生物学教学与人文教育相结合的有效途径。真正的科学家不仅增长人类的自然知识，而且传播一种在思想上独立思考、有条理地怀疑的科学精神，传播一种在人类生活中相当宝贵的协作、友爱和宽容精神，是最富有人性的。真实的人性的科学家形象只有在科学史中才能得到恢复，因为只学习科学理论，我们可能完全不知道该理论的创造者是一个怎样的人。

4. 激发学生对科学的兴趣

在科学史的展现过程中，科学活动中的直觉、想象、理性、怀疑、激动以及观察、实验、调查、搜集数据、处理数据等的能力尽在其中，也可使学生获得科学思想、科学精神、科学态度、情意品格等的熏陶和培养。所以在相关主题的教学中，如果能利用相关科学史的素材来创设学习环境，让学生感受到是在科学、技术的历史长河中扬帆，这种激动和喜悦之情，将会持久地波动于他们的脑海之中。如在学习"微生物"之前，向学生讲述微生物的发现过程，特别是法国微生物学家巴斯德只用一个简单的曲颈瓶做肉汤实验就否定了"自然发生说"，证明了发酵的生物学性质。在这些实验设计中，闪烁着智慧的光芒，体现了朴素的理性之美，激发了学生对科学的兴趣。

二、 科学史在教学中具体教法探索

不同的科学史材料在提升学生素养方面侧重点不同，有些科学史材料有利于引导学生获取新知识，有些科学史材料更适合学生从中学习科学研究的方法，而有些科学史材料则偏重于感悟科学精神与态度。为此需要从繁多的材料中进行选择、归类，去繁取精，采取不同的教法进行处理。

1. 生动有趣的科学史的教法——用来创设情境，激发兴趣

许多科学史生动有趣，引人入胜。如果用它们来创设情境，引入新课题，则能激发学生的求知欲望，吸引学生的注意，为学生铺垫良好的心理基础。如用1921年加拿大多伦多大学弗雷德里克·班廷和查尔斯·贝史发现胰岛素的故事，引出激素调节内容；用巴甫洛夫做的狗实验，引出条件反射。有些科学史本身就充满了疑问，这些疑问就把学生带入那充满曲折的探索之旅中去。

2. 偏重于科学方法的科学史材料的教法——设计合理问题和任务,启迪思维

上海科学技术出版社高中《生命科学》(试用本)第二册第六章第一节是通过噬菌体侵染细菌的实验证明了 DNA 是遗传物质。教学中通过一系列的思考问题和描述实验等表达任务为驱动引导学生对实验进行分析和比较。这一系列的问题和任务:①他们实验之所以取得成功,一个很大的原因是选择了正确合适的实验材料,请大家回忆噬菌体的结构特点和生活方式,初步了解为什么噬菌体是合适的实验材料;②通过课件展示噬菌体的结构组成和生活方式后提问:噬菌体是整个都进入到细菌体内还是其中某个部分进入了呢?③放射性同位素标记法被用来追踪到底什么物质进入细菌体内从而决定噬菌体后代性状。为什么选择这两种同位素?不用 ^{14}C 或者 ^{18}O?④请大家仔细看图 A,并能讲述整个实验过程和结果,详细讲解过程中几个关键步骤(培养、搅拌、离心、检测等);⑤检测结果说明了什么?⑥再次看图 B,并能讲述实验过程和结果;⑦联系亲代和子代噬菌体的物质是什么?子代噬菌体性状是由什么物质决定的?⑧阅读 P40 图,请同学简述噬菌体侵染细菌的全过程。

因此,学生通过以上问题链的思考和表达,领悟科学实验的思想方法并提高推理、归纳科学结论的能力,最终结合烟草花叶病毒的学习从而理解 DNA 是主要的遗传物质,达到突出重点、突破难点。

类似教法的科学史材料还有梅塞尔森和斯塔尔用同位素示踪技术和等密度梯度离心的方法证明 DNA 半保留复制方式。上海新一轮课改教材把这一科学史安排在"阅读与思考"栏目。这一科学史如果恰当地应用在 DNA 复制教学中,则能启迪学生思维,提高学生的思维品质。可以这样利用这一科学史:在讲授完 DNA 的复制以后,向学生发出疑问:通过什么样的方法和技术可以证明 DNA 是通过半保留方式进行复制的?学生展开讨论,部分学生能够说出用同位素示踪技术。在此讨论的基础上再引导学生去阅读梅塞尔森和斯塔尔是如何证明 DNA 半保留复制方式的。为了进一步启迪学生思维,向学生提出了一个具有思考空间的问题:第 3 代大肠杆菌的 DNA 经离心后在离心管中会形成几条带,分别位于离心管的什么部位?请在图 6 - 12 中画出条带的分布情况和 DNA 复制模拟图,这样的一个带有任务的问题既能引导学生阅读材料过程中深入的思考,提高学生思维品质,又起到检测学生思维品质和相关知识点的反馈作用。

3. 补充选择相关科学史材料，引导学生通过分析材料获得新知识

教材由于篇幅和编排的限制，一些结论和知识点的得出是非常直接简练。如果教师再把教材中的知识点重复复述给学生，则是一种效率极低的教学方法。利用相关科学史材料，通过针对性较强的问题引导学生利用所学的知识获取新知识。

例如：教材中关于病毒的化学组成成分只用以下一句话来概括："病毒是由蛋白质和核酸组成的"。我在教学中把这一结论的相关科学史进行了检索、处理。首先呈现科学家对病毒化学组成的研究过程和结果："1935 年，美国生化学家斯坦利（Stanley）提取到烟草花叶病毒的结晶。根据各种试验结果，证明这种结晶物质是蛋白质，然而，斯坦利在他的结晶工作中，并未注意到病毒的含磷组分，1936 年 Bawden 和 Pirie 等在纯化的烟草花叶病毒中发现了磷和五碳糖成分。"然后提问：病毒含有磷元素和糖类，推断病毒可能含有什么化合物？这样引导学生通过前一章节中所学的化合物组成的相关知识来得出结论，达到温故而知新的效果。

4. 将科学史材料处理成学习训练进行知识过程与情感态度的三维一体教育

由于课堂时间的限制，科学史材料过多的引入势必影响教学任务的完成。而将科学史材料处理成学习训练，引导学生在自主阅读过程中巩固知识，训练思维，感受科学家的人文精神。例如以下的学习训练，吸引学生在有趣的阅读过程中，通过有趣的故事理解了维生素的定义，通过适当的问题提高思维表达能力，同时感悟到科学家的创新思想。

《维生素的故事》

人体是一个复杂的化工厂，每天这个化工厂需要 40—50 种不可缺少的营养物质作为原料以保证正常的生理功能，例如吃饭、睡觉、运动、谈恋爱甚至眨眼睛。其中二十余种营养物质十分关键，他们是大家族，并且有一个十分洋气的名字——维生素。人类在漫长的发现和利用维生素的历史过程中，有许多有趣又感人的故事，令人难以忘怀。

一百多年前的冬天，欧洲大陆白雪皑皑，到处一片银装素裹，在瑞士巴塞尔大学里，一个叫鲁宁的学生正在做一个有意思的营养实验。他面前有两组老鼠，模样长得一般大小，分别在两只笼子里。他给他们喂相同的食物包括肉、大米、盐和水。不同的是：第一组喂的是带壳的谷子，第二组喂的是精细大米。鲁宁认为，第二组应该比第一组长的好，因为吃的"高级"。但是实验结果却出乎意料，吃粗粮的老鼠健康活泼，可

以繁殖后代;而吃精制食物的老鼠却无精打采,四肢无力,几周后陆续死去。鲁宁不相信实验的结果,把这个实验重复了很多次,但结果却一模一样。他产生了疑问:_____
_____?

在以后的日子里,他反复检查了实验的环节,并没有发现致病细菌,没有任何资料可以解释这个奇怪的结果,他陷入了困惑。

一天深夜,鲁宁看着实验室里的老鼠,一个笼子里活泼乱跳,追着游戏,另一个笼子里全身痉挛,眼屎靡靡,喘息艰难,心情烦乱的他不小心把手里的牛奶泼进了老鼠待得笼子里。第二天,他回到实验室,令他惊讶的是,奄奄一息的老鼠全部都活着,而且有的还竖起了耳朵,精神多了。为什么这次他们活了? 难道就是因为那瓶碰翻的牛奶? 于是他又给它们喂了更多的牛奶? 不久这些老鼠和正常的老鼠一样了。经过多次的重复对比实验,他推测_____
_____。

随后,不同的科学家开始重复这个瑞士硕士生的实验,有人用猩猩和猴子代替老鼠,发现水果也是动物不可缺少的东西;有人发现米糠中存在一种人类和动物都不可缺少的成分。十年后,荷兰科学家凯哈林通过实验认为,食物的营养价值不仅仅是食物中的糖、脂肪、蛋白质、矿物质和水,还存在另外一种重要的成分,这种成分究竟是什么? 人们当时一直无法见到它们的踪影,直到 30 年后,人们才真正看到了这种被称为"维他命"的微量物质。

(1) 从短命的富贵鼠可以看出精米精面比不上五谷杂粮,其根本原因在于:_____
_____。

(2) 请根据相关内容将文章中横线上的空白部分补充完整。

(3) 请根据以上内容对维生素下个定义:_____。

三、 利用科学史引导学生进行探究过程中"度"的把握

考虑到学生的认知程度和课堂有效时间的利用,如果一节课中科学史材料引入过多的话,学生会因为信息量过多而消化不良,从而失去科学史的教育价值。因此在选用科学史材料的过程中,应根据教学重点和难点的需要,对科学史材料进行筛选和处理。切勿引入过度。

如何优化高中物理作业的设计

上海戏剧学院附属高级中学　方建放

摘　要：物理作业与练习，无论是课外的还是课内的，都是物理教学的重要环节和有机组成部分，是学生学习物理知识、发展思维、培养能力最经常性的一项实践活动。因此，在高中物理教学中，如何优化高中物理作业的设计，是一个很值得探讨的实际问题。本文从作业设计的科学性、开放性、分层性、趣味性等方面探究如何优化高中物理作业的设计。

关键词：科学性；开放性；分层性

物理作业与练习，无论是课外的还是课内的，都是物理教学的重要环节和有机组成部分，是学生学习物理知识、发展思维、培养能力最经常性的一项实践活动。然而个别高中物理教师只顾及物理学科自身的发展，总认为物理作业做得越多越好，甚至担心作业做少了，学生会把时间花到别的学科上去，抱着不做白不做的心态，试图通过增加数量来提高教学质量。事实上，这样做不仅加重了学生的学习负担，还会引起学生的逆反心理，不少学生整天疲于应付，更有甚者迟交、不交、甚至抄袭作业。因此，在高中物理教学中，如何优化高中物理作业的设计，是一个很值得探讨的实际问题。

一、优化高中物理作业的设计，须体现科学性原则

学生学到的知识是科学的，因此，作业与练习的内容、数据等等，都应当是准确无误的。这就要求教师在设计作业与练习时要认真思考题目的科学性，要学生做的题目

自己先做，保证题目的正确无误。另外，作业的量是影响作业效果的一个重要因素。一般情况下，作业量过少，不利于学生知识的巩固、技能的形成，不利于促进知识内化与智力发展；作业量过多，则会加重学生的负担，影响作业的情绪与作业完成的质量，不利于形成良好的作业品质。因此教师在设计作业时要考虑学生完成作业的时间，从学生的实际出发，精选题目，科学地设计题量。

二、 优化高中物理作业的设计，须体现开放性原则

在目前高中物理教学中，作业基本上是为了使学生了解和掌握物理概念、规律而设计的，在这种情况下，学生在学习过程中产生了以死记硬背代替主动参与、以机械方法代替智力思考的倾向，为了改变这种状况，使物理教学更多体现积极探究的精神，适当增加物理问题的开放性，使学生的学习冲破课堂的封闭圈子，向课外延伸，将作业的触角伸向生活的每一个角落，使知识得到延续和发展。作业的开放性可表现为条件的模糊性和答案的多种可能性，题目本身没有提供各种可能的具体线索，需要解题者广开思路予以揭示。

三、 优化高中物理作业的设计，须体现趣味性原则

我国古代思想家孔子曾经说过："知之者不如好知者，好之者不如乐之者"。兴趣不但是走向成功的动力，还是学生主动完成作业的内驱力。缺乏兴趣的作业，不但单调乏味，而且易使学生疲劳；还会使学生产生抵触情绪和厌倦心理。所以，物理作业的设计必须强调激发兴趣。古人云："教人未见其趣，必不乐学。"所以，能否调动学生的学习兴趣，影响到作业设计的成败，影响到教学的成败。作业设计只有能够激发学生的兴趣，才会使学生乐于去做，才会使学生乐于去思考，才会使学生竭尽全力的投入到学习中。新课程物理作业的内容应该富有趣味性，问题的背景及情境应是学生熟悉的，而且生动活泼可以有效激发学生的作业兴趣，满足他们求解问题的心理需求。例如让学生研究"过山车""水流星"的问题，使学生在熟悉而又奇特的现象中掌握物体在竖直面内做圆周运动的有关知识。

四、 优化高中物理作业的设计，须体现分层性原则

"最近发展区"理论认为：每个学生都存在着两种发展水平，一是现有水平，二是潜在水平，它们之间的区域被称为"最近发展区"。维果斯基的这一理论告诉我们，教学只有从这两种水平的个体差异出发，把最近发展区转化为现有发展水平，并不断创造出更高水平的最近发展区，才能促进学生的发展。所以，在作业设计时，我们一定要摒弃那种"削足适履"的思想，避免"一刀切"的作业模式，从学生的实际出发，并针对学生间的个体差异，结合教学要求，设计分层作业、分层作业是作业改革中的一种。每个学生都是一个独立的个体，在认知水平、思维品质等方面都不尽相同，实施分层作业，可以使不同特点、不同层次的学生均能得到充分的发展，关注每一个学生，实现因材施教。如：物理作业从量上进行分层，结合作业难度，对不同层次的学生提出适量、适当的作业和练习要求，既能使其体会到成功的喜悦，有利于培养自信心，又可以缓解学生的心理负担和学生的课业负担；即可解决部分学生"吃不消"的问题，又可以解决优等生"吃不饱"的问题，还能使每个学生都能通过"跳一跳"摘到自己心目中的桃子。从完成作业的时间上分层。布置相同的作业，但根据学生基础的差异来规定不同的完成时间，对不同层次的学生提出不同的要求。根据个性、性别、兴趣分层。前面一直强调，针对不同能力、不同成绩的学生，布置分层作业。但是，每个学生的个性及社会能力也各不相同。所以布置分层作业，还要考虑到学生的个性、性别、兴趣等。在布置分层作业的同时，作业的编选应能体现学生的主体地位。作业的设计应给学生留足空间，让学生自己控制，自我安排，鼓励学生自布或自编作业，引导学生参与到作业的全过程，变作业"要我做"为"我要做、我能做"的事情。

结束语

高中物理作业也必须适应新课程的需要，创建一个富有个性化的作业体系，让学生通过完成作业实现自主学习、合作学习、探究学习，使学生在知识与技能、过程与方法、情感、态度与价值观各方面的素质都得到提升。

注：本文发表于《中学生数理化》，2015年1月。

例谈微信公众平台在高中英语词汇教学的应用与实践

上海市回民中学　宋国辰

摘　要： 随着时代的发展、科技的进步，网络已成为传递信息、促进交流的日常工具，其可以为教育服务。英语教师也能成为"自媒体人"，利用微信公众平台，基于词汇，开展"一词一读""一词一练""一词一议"与"一词一创"等活动，引导学生进行认知学习、基于任务与项目开展学习，从而使英语学习更高效，发展其核心素养。

关键词： 微信公众平台；英语核心素养；认知法；任务教学；项目教学

一、引言

词汇教学是英语教学的起点，传统的词汇课堂，对于绝大多数学生来说等同于一节笔记课。学生参与量不足，虽然教师在讲台上滔滔不绝，学生却仍处于默默低头记笔记的状态。在学生错误的认知中，单词课上做好笔记，考前背诵下来即可。由此形成一个恶性循环，学生只是死记硬背，不能做到灵活运用，学习英语的兴趣可能会渐渐消失，自主思索和积极参与课堂的学习能力将大打折扣，英语素养得不到有效发展。

随着自媒体的兴起，腾讯公司开发的微信公众平台，也被称为微信公众号，慢慢成了主流的信息获取平台。新技术不仅给我们的生活带来了便利，也能够为教育事业增光添彩。由此，笔者的脑海中就有了一个设想：利用微信公众号提高英语词汇教学的有效性。

首先，笔者在微信公众号平台上，注册了"微火漫羹"的公众号，随后在公众号中开设了一个"壹詞壹耕"的栏目。所谓的"壹詞壹耕"，就是"一个单词，耕种一片天地"。

每篇推文,都分为四个部分,分别是"一词一读"、"一词一练"、"一词一议"和"一词一创",这个四个部分统一围绕同一个单词,设计具有综合性、关联性和实践性的教学活动,从而促进词汇学习。下面笔者将对这四个部分逐一开展研究。

二、"一词一读": 确定并设计微信公众号推文

"一词一读"是推文的第一部分,其从一个具有"一词多义"或"一词多性"的单词为"切入点",基于时下热门的话题,设计多个语境,让学生在阅读中,在不同的语境中,理解词语的准确意义与表达功能。

"一词一读"的推文是以中外时事为话题,通过创设有意义的中英文双语语境、用图文并茂、结合流媒体的方式,增强了推文的感知力,同时也降低了阅读的难度。基于语篇所承载的语言文化知识,引导学生在合作学习的过程中,比较、批判和反思不同的物质和精神文化,同时拓宽国际视野,理解和包容不同的文化,增强对国家的认同和家国情怀,坚定文化自信,学会做人做事,成长为有文明素养和社会责任感的人。以下是"feature"这篇推文的部分案例。

今天故事讲的是一种在最近引起了公众关注的动物。

Today's story features a kind of animal that has aroused public attention recently.

(features   v. 提到 mention)

图1 蝙蝠(公众号推文配图)

蝙蝠,既有飞行动物的特征——一双会飞的翅膀,也有哺乳动物的特点。简而言之,它是世界上唯一会飞的哺乳动物!

The bat combines(结合) the features of flying animals and mammals(哺乳动物).

图2　蝙蝠的特点(公众号推文配图)

(features　n. 特点 an important quality)

同时,携带数百万致命病毒是蝙蝠生物系统的另一个特征。

Meanwhile, carrying millions of fatal virus is another feature in bat's bio-system.

(features　n. 特点 an important quality)

蝙蝠因为以吃野果子为生,所以身上的肉带着一种果香,所以它也变成了"野味"餐厅里的"佳肴"。

Featuring a unique taste of fruits, bat has become a dish of some restaurants, whose menu features "wild animals".

(features　v. 包含 include (someone or something) as an important part)

2010 年美国拍了一部叫做《传染病》的影片,当时是被称为超级烂片,但现在却被奉为神片。影片讲述的是蝙蝠如何导致数以万计的美国人得了流感并因此而死亡。

The feature "contagion" tells a story of how millions of Americans get infected by bats.

(features　n. 电影 movie)

图3　《传染病》影片剪辑(公众号推文视频)

这个电影可是从一个在报纸上刊登的故事改编而来的。

The film is adapted from a feature story in newspaper.

（features n. 故事专栏 a special story or section in a newspaper）

最后,美国通过了一项禁止食用野生动物的新法案。

Ban on eating wild animals features in the new bill(法案)。

（features in 是······的一部分 to be a part of）

现在,有许多动物保护主义者提倡素食,他们认为人类的饮食应当不危害动物。

Our diet should be encouraged to feature no harm to the animal world.

（features v. 涉及 include）

如果不吃动物肉,那么如何获得每天必须的营养呢? 近年来,人造肉(artificial meat)行业在国外非常火热,有两大主力品牌,分别是 Beyond Burger's 和 Impossible。

Beyond Burger's protein comes from ground（碾碎的）peas, Impossible's from soy and potato; fats are from various oils. The lab combines these materials, out of which non-animal meat can be made.

明白了吗? 完全来自于植物(All features plants)。

整理一下图片,复习一下 feature 的 6 个用法:

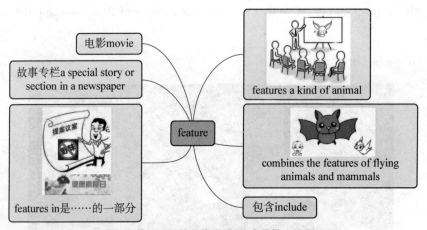

图 4 单词总结的思维导图(公众号推文配图)

本案例中的单词 feature,是一个具有一词多性(具有名词和动词两种词性)和一词多义(共有 6 个不同的意义)的单词,针对单词的不同意义,笔者设计了不同的语境,并配图片与视频以辅助理解,充分利用互联网流媒体技术,将这些语境巧妙地串联成语篇,由世界上唯一会飞行的哺乳动物蝙蝠,谈及一部电影与动物保护,最后说到植物肉,这是形成集文字、图片、视频的"多模态"的推文,且在内容上重复利用网络优势,与时俱进,具有众多英语出版物所不可及的优势。

三、"一词一练": 发展核心素养

在推文的第二个部分"一词一练"中,通过"植入"问卷星,运用"认知法",通过多种"练习形式",使学生获得学习反馈与评价。练习主要从英语学科核心素养的"语言能力"、"文化意识"和"思维品质"的角度,要求包括"运用关键词造句"、"运用关键词描述现象"、"辨析关键词词义"等,对公众号推文中的内容进行迁移式的考查,内容有一定的开放性,为学生提供发散和想象的空间,促进学生的思维品质的发展,提高其创新能力。

认知法又名"认知符号法",是"关于外语教学中发挥学生智力作用。重视对语言规则的理解,着眼于培养实际而又全面地运用语言能力的一种外语教学法体系"。认知法认为教师要充分利用和开拓学生的逻辑记忆和推理能力促使其通过语言现象去分析、理解和运用语言,从而自觉地掌握外语。

请用带有 feature 的句子描述以上甜品。
[填空题] *
Translations:

_____

(答案: The dessert features strawberries.)

图 5 评价样题

以"feature"这篇推文为例,从语言能力的角度,评价样题为: 图 5 与图 6。

3. The current reality is that a considerable number of neighboring countries _____ the precious natural and intellectual resources, which our country needs urgently.

注意：这是一道多选题哦~ [多选题] *

A. raise

B. feature(正确答案)

C.have(正确答案)

E. own(正确答案)

F. shoulder

G. destroy

H. mission

图 6　评价样题

图 5 中案例评价中，基于图片意向，在更为具体的语境中，鼓励学生适当地展开联想，运用英语表达对于图片的理解；图 6 中利用多项选择题，考查学生识别恰当的词义表达方式，这些利用"问卷星"制作的题目，可以即时反馈学生学习的困难（如图 7），更加明确了学习内容的重难点和班级学生学习的差异，从而帮助教师更细致地掌握学生的学习反馈。

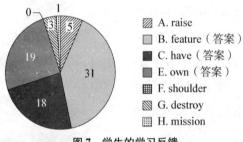

图 7　学生的学习反馈

词汇学习不是单纯的词语记忆，也不是独立的词语操练，而是结合具体主题、在特定语境下开展的综合性语言实践活动。学生通过参与问卷，整合性地运用已有语言知识，在语言运用的过程中，增强了语言意识和英语语感。

认知法则认为人能够进行感知、记忆、分析、综合、判断、推理等一系列智能活动，强强调在把握外语学习的认知规律和学习者的心理特点的基础上，在译码、操作、提取、运用语言知识的过程中，培养学生能动的思维能力。它重视语言知识和语法规则的理解和创造性运用。由此，在"一词一练"中的练习题与学生生活学习的关联性很大，引导学生在练习中熟悉掌握对关键词的理解与运用。

四、"一词一议"：基于问题，开展合作学习

在推文的第三个部分"一词一议"中，基于任务教学，建立微信群，学生在议论中，开展合作学习。基于任务的教学，其特点是"在用中学"，推文展示任务大纲，学生通过微信群组成学习小组，同时教师也入群，对于学生的过程性学习进行指导，借助于任务，学生能够在讨论中创造出真正有意义的交流互动，使学生在以任务为指向的交际活动中，更好地表达自我、传递信息、倾听和理解他人。推文中的任务，主要以词汇为线索，利用"信息差"，设计相关任务，以"roll"这篇推文为例，其"一词一议"部分为：

让我们来开开脑洞，如果小明想买一部4 000元的新手机，而平日积攒的存款只有2 000元，有什么好办法可以帮助他 roll in another 2 000 Yuan 呢？快来填写下面的表格吧。

How to roll in 2 000 Yuan				
Ways	Expected earning	Duration	Additional harvest	Degree of difficulty
Work in coffee shop	2 000 Yuan	20 days	Skills in making coffee	★☆☆☆☆
Work in bakery	2 000 Yuan	20 days	Skills in making dessert	★★☆☆☆

在案例中，以"roll in 2 000 Yuan"为任务目标，引发学生思考，在查阅资料、小组讨论的过程中，完成任务单，由于教师也在微信小组群。因此，可以及时给予学生帮助，把要表达的思想组织成语言。

在任务单中，给出了两个示例，这是教师和其中一组学生作为示范，告诉大家如何完成任务。目前的学生，都是网络的原住民，因此在网络中表达自己的思想，对于其来说，是非常自然的，由此，教育应该因势利导，利用网络，组织引导学生进行合作学习，在学生的交流中擦出思想碰撞的火花，在逻辑性、批判性、创新性等方面引领开展思

考,提升学生分析和解决问题的能力,鼓励学生表达自我,并给予积极的反馈。

进入微信讨论群后,学生将自己的思考内容发于群中,在互相的交流中,互相质疑、互相补充,开拓了思维。微信群"植入于"公众号推文,促进学生间的合作学习,合作学习不仅可以在课堂中开展,还可以进入"线上",不受时空的束缚。

学习词汇不只是记忆词的音、形、义,更重要的是通过听、说、读、看、写等语言活动,理解和表达与各种主题相关的信息或观点。高中阶段的词汇教学,要引导学生更深入地理解和更广泛地运用已学词汇。

五、"一词一创": 提高创新能力

在推文的第四个部分"一词一创"中,引入项目学习,进行"创新"学习。项目学习,在某种程度上,是任务学习的延伸拓展,是教师指导学生通过实施一系列的项目活动,将语言技能与思维训练整合起来,以问题为载体和驱动,让学生在收集、分析和处理信息的实际感受和体验知识的生产过程中,接受语言输入,体验并使用语言,进而了解社会,培养科学探究精神,发展分析问题和解决问题的能力、批判性思维能力、团队协作能力和人际交往能力(张文忠,2010)。以"roll"这篇推文为例,其"一词一创"部分为:

最后,小明还是决定成为一名网红"卷"大师,教大家如何做出各种"卷",比如寿司卷、面包卷、花卷等,并把视频上传到 YouTube 上,你能帮助他制作一系列推广视频并附上介绍吗? 真的非常感谢你的帮助哦~但是想在 YouTube 上脱颖而出,一定要有创新哦。

下面的句型对你可能有帮助,

> To roll out Sandwich rolls, we need ...
> First,/Second,/Then,/Finally, ...
> Also, you may add more ingredients in the roll in order to ...

在线上指导过程中,班级同学分成若干小组,并为每个小组及组员布置任务,每个小组负责一个"roll"(卷),并建立微信群,小组内部要进行分工,成果包括视频和文字材料。

"一词一创"的项目学习设计,基于实用主义教育理论,从词汇的生活意义出发,通过让学生产生生活经验的意义,加强其语言运用能力。此外,学生的项目成果能够在公众号中推送,会使其产生成就感,增强了其语言运用的自信和学习语言的动力。基于项目的学习,不是接受式学习,而是发现式学习,在案例中,在学习初始阶段,学生就如何制作视频,形成假设,提出方案,然后通过各种探究活动和所收集的资料,对方案进行验证,最后得到自己成果。

六、 总结

利用微信公众平台,设计指向学生学科核心素养发展的英语教学,应以主题意义为引领,整合语言知识、文化知识、语言技能和学习策略等学习内容,创设具有综合性、关联性和实践性的英语学习活动,引导学生采用自主、合作的学习方式,参与主题意义的探究活动,并在阅读、练习、讨论、完成任务,创建项目的过程中学习语言知识,发展语言技能,汲取文化营养,促进多元思维,塑造良好品格,优化学习策略,提高学习效率,确保语言能力、文化意识、思维品质和学习能力的同步提升。

附:应用流程具体为图8。

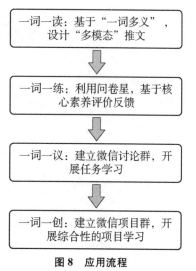

图 8 应用流程

参 考 文 献

[1] 郭百学,罗晶晶. 英语学科核心素养之语言能力内涵解读[J]. 英语教师,2020(48): 12—14.

[2] 曹国文. 语境理论对高中英语词汇教学的实践初探[J]. 课程教育研究(外语·外文),2020 (3).

[3] 宋永生. 基于数据挖掘的个性化学习平台研究[J]. 电脑知识与技术. 2018,14(36):

204—206.

［4］何文娟. 基于核心素养培养的高中英语阅读教学实践［J］. 英语教师,2018,18(14)：115—117.

［5］郑晓薇,刘静,高悦. 面向对象的学习分析模型的构建与实现［J］. 中国电化教育. 2016(10)：116—122.

［6］武法提,牟智佳. 电子书包中基于大数据的学生个性化分析模型构建与实现路径［J］. 中国电化教育,2014(3)：63—69.

［7］魏忠. 教育正悄悄发生一场革命［M］. 上海：华东师范大学出版社,2014.

［8］武和平,武海霞. 外语教学方法与流派［M］. 北京：外语教育与研究出版社,2014.

［9］张韫. 大数据改变教育［J］. 内蒙古教育,2013(9)：26—30.

注：本文发表于《学校教育研究》,2021 年第 3 期。

在传统方法中寻求创新思路

——以"极坐标法"在圆锥曲线的垂直问题中的几个运用为例

上海外国语大学附属浦东外国语学校　戴明华

摘　要：《圆锥曲线》这一章节长久以来都是高中数学教学的重点和难点，学生除了用联立方程组继而使用韦达定理的常规方法来解题以外，有较好数学学科基础的学生可以通过"极坐标法"的学习，拓宽自己的知识面，为该章节后续内容的学习提供新思路。

关键词：圆锥曲线；极坐标法；创新思路

　　《圆锥曲线》这一章节长久以来都是高中数学教学的重点和难点，而其中圆锥曲线中的垂直问题也是历年来高考、调研考的常考内容。此类问题通常有一定难度，主要考查学生对此方面知识的综合运用能力、思维拓展能力以及运算能力，因此不少同学会感到困难。对于此类问题，我们常常利用等价转换的思想将题目中的条件转化为代数关系，再通过联立直线方程、韦达定理等传统的方法来解决。事实上，这并不是解决此类问题的唯一途径，我们也可以尝试利用通过利用方向和距离来确定点的位置的方法——"极坐标法"来解决。虽然，极坐标方程已经不作为上海高考改革后数学学科的考查内容，但是有较好数学学科基础的学生可以通过该内容的学习，拓宽自己的知识面，为该章后续内容学习提供新思路。下面，结合几个实例谈谈"极坐标法"对于圆锥曲线中垂直问题的处理方法：

一、 新旧方法对比，感受创新与传统

例 1.已知椭圆 $\Gamma: \dfrac{x^2}{a^2} + \dfrac{y^2}{b^2} = 1(a > b > 0)$，过原点的两条直线 l_1 和 l_2 分别与 Γ 交于点 A、B 和 C、D，得到平行四边形 $ACBD$。当 $ACBD$ 为菱形，且圆 $x^2 + y^2 = 1$ 内切于菱形 $ACBD$ 时，试求：a、b 满足的关系式。

对于此题，可以做出如下解答。

解法一：设 AC 与圆 $x^2 + y^2 = 1$ 相切的切点坐标为 (x_0, y_0)，

∴切线 AC 的方程为 $x_0 x + y_0 y = 1$，即点 A、C 的坐标 (x_1, y_1)、(x_2, y_2) 为方

程组 $\begin{cases} x_0 x + y_0 y = 1, \\ \dfrac{x^2}{a^2} + \dfrac{y^2}{b^2} = 1 \end{cases}$ 的实数解。

① 当 $x_0 = 0$ 或 $y_0 = 0$ 时，$ACBD$ 均为正方形，椭圆均过点 $(1, 1)$，于是有

$$\frac{1}{a^2} + \frac{1}{b^2} = 1。$$

② 当 $x_0 \neq 0$ 且 $y_0 \neq 0$ 时，将 $y = \dfrac{1}{y_0}(1 - x_0 x)$ 代入 $\dfrac{x^2}{a^2} + \dfrac{y^2}{b^2} = 1$，

整理得 $(b^2 y_0^2 + a^2 x_0^2) x^2 - 2 x_0 a^2 x + a^2 (1 - b^2 y_0^2) = 0$，于是

$$x_1 x_2 = \frac{a^2(1 - b^2 y_0^2)}{b^2 y_0^2 + a^2 x_0^2}。$$

同理可得，$y_1 y_2 = \dfrac{b^2(1 - a^2 x_0^2)}{b^2 y_0^2 + a^2 x_0^2}$。

∵$ACBD$ 为菱形，∴$AO \perp CO$，得 $\overrightarrow{AO} \cdot \overrightarrow{CO} = 0$，即 $x_1 x_2 + y_1 y_2 = 0$。

∴$\dfrac{a^2(1 - b^2 y_0^2)}{b^2 y_0^2 + a^2 x_0^2} + \dfrac{b^2(1 - a^2 x_0^2)}{b^2 y_0^2 + a^2 x_0^2} = 0$，整理得 $a^2 + b^2 = a^2 b^2(x_0^2 + y_0^2)$。

由 $x_0^2 + y_0^2 = 1$，得 $a^2 + b^2 = a^2 b^2$，即 $\dfrac{1}{a^2} + \dfrac{1}{b^2} = 1$。

∴a、b 满足的关系式 $\dfrac{1}{a^2} + \dfrac{1}{b^2} = 1$。

教师总结：可以看到，例 1 的第一种解法在利用 ACBD 为菱形等条件解题时运算量比较大，学生容易觉得无从下手，或是产生畏难情绪。直角坐标系并不是用实数来确定点的位置的唯一方法，例如投篮时，运动员是以所在位置为基点，利用篮筐的方位角及离篮筐的距离在确定篮筐位置的。下面，从极坐标的角度来尝试解题。

解法二：设 $A(\rho_1, \theta)$，$C\left(\rho_2, \theta+\dfrac{\pi}{2}\right)$，且设圆切菱形于 E，则 $OE \perp AC$，且 $OE = 1$，则 $\mathrm{Rt}\triangle AOC$ 的面积 $S = \dfrac{1}{2}\rho_1\rho_2 = \dfrac{1}{2}OE \cdot AC$。

$\therefore \rho_1\rho_2 = \sqrt{\rho_1^2 + \rho_2^2}$，即 $\dfrac{1}{\rho_1^2} + \dfrac{1}{\rho_2^2} = 1$。

$\therefore A(\rho_1\cos\theta, \rho_1\sin\theta)$，$C\left(\rho_2\cos\left(\theta+\dfrac{\pi}{2}\right), \rho_2\sin\left(\theta+\dfrac{\pi}{2}\right)\right)$ 在椭圆 Γ 上，

$\therefore \dfrac{\rho_1^2\cos^2\theta}{a^2} + \dfrac{\rho_1^2\sin^2\theta}{b^2} = 1$，即 $\dfrac{1}{\rho_1^2} = \dfrac{\cos^2\theta}{a^2} + \dfrac{\sin^2\theta}{b^2}$。

同理，$\dfrac{1}{\rho_2^2} = \dfrac{\cos^2\left(\theta+\dfrac{\pi}{2}\right)}{a^2} + \dfrac{\sin^2\left(\theta+\dfrac{\pi}{2}\right)}{b^2} = \dfrac{\sin^2\theta}{a^2} + \dfrac{\cos^2\theta}{b^2}$。

$\therefore \dfrac{1}{\rho_1^2} + \dfrac{1}{\rho_2^2} = \dfrac{1}{a^2} + \dfrac{1}{b^2} = 1$，即 a、b 满足关系式：$\dfrac{1}{a^2} + \dfrac{1}{b^2} = 1$。

教师总结：可以看到的是，例 1 的第二种方法在极坐标中利用极径和极角更加简便地表达了 OA、OC 的长度和 $OA \perp OC$ 这两个条件，同时利用三角形面积，使得解题过程更为简洁。

二、 动手实践体会，用新方法解决新问题

例 2. 已知点 P、Q 是椭圆 Γ_1：$\dfrac{x^2}{4} + \dfrac{y^2}{3} = 1$ 上的两点，试求："$\overrightarrow{OP} \cdot \overrightarrow{OQ} = 0$"是

"$\dfrac{1}{|\overrightarrow{OP}|^2} + \dfrac{1}{|\overrightarrow{OQ}|^2} = \dfrac{7}{12}$"的什么条件？请说明理由。

解：充分性：若 $\overrightarrow{OP} \cdot \overrightarrow{OQ} = 0$，即 $\overrightarrow{OP} \perp \overrightarrow{OQ}$，

设极坐标系中 $P(\rho_1, \theta)$，$N\left(\rho_2, \theta+\dfrac{\pi}{2}\right)$，

则直角坐标系中 $P(\rho_1\cos\theta, \rho_1\sin\theta)$, $N\left(\rho_2\cos\left(\theta+\dfrac{\pi}{2}\right), \rho_2\sin\left(\theta+\dfrac{\pi}{2}\right)\right)$。

$\because P$、Q 在椭圆 Γ_1 上,

$\therefore \dfrac{\rho_1^2\cos^2\theta}{4}+\dfrac{\rho_1^2\sin^2\theta}{3}=1$,即 $\dfrac{1}{\rho_1^2}=\dfrac{\cos^2\theta}{4}+\dfrac{\sin^2\theta}{3}$。

同理,$\dfrac{1}{\rho_2^2}=\dfrac{\sin^2\theta}{4}+\dfrac{\cos^2\theta}{3}$。

$\therefore \dfrac{1}{|\overrightarrow{OP}|^2}+\dfrac{1}{|\overrightarrow{OQ}|^2}=\dfrac{1}{\rho_1^2}+\dfrac{1}{\rho_2^2}=\dfrac{7}{12}$,即充分性成立。

必要性:若 $\dfrac{1}{|\overrightarrow{OP}|^2}+\dfrac{1}{|\overrightarrow{OQ}|^2}=\dfrac{7}{12}$,

设极坐标系中 $P(\rho_1, \theta_1)$, $N(\rho_2, \theta_2)$,

则直角坐标系中 $P(\rho_1\cos\theta_1, \rho_1\sin\theta_1)$、$N(\rho_2\cos\theta_2, \rho_2\sin\theta_2)$。

$\because P$、Q 在椭圆 Γ_1 上 $\therefore \dfrac{1}{\rho_1^2}=\dfrac{\cos^2\theta_1}{4}+\dfrac{\sin^2\theta_1}{3}$, $\dfrac{1}{\rho_2^2}=\dfrac{\cos^2\theta_2}{4}+\dfrac{\sin^2\theta_2}{3}$,

$\therefore \dfrac{1}{|\overrightarrow{OP}|^2}+\dfrac{1}{|\overrightarrow{OQ}|^2}=\dfrac{1}{\rho_1^2}+\dfrac{1}{\rho_2^2}=\dfrac{\cos^2\theta_1+\cos^2\theta_2}{4}+\dfrac{\sin^2\theta_1+\sin^2\theta_2}{3}=\dfrac{7}{12}$。

$\therefore$ 当 $\begin{cases}\cos^2\theta_1+\cos^2\theta_2=1\\ \sin^2\theta_1+\sin^2\theta_2=1\end{cases}$,即可满足要求,如 $\theta_1=\dfrac{\pi}{3}$, $\theta_2=\dfrac{\pi}{6}$。

$\therefore \overrightarrow{OP}\cdot\overrightarrow{OQ}\neq 0$,即必要性不成立。

$\therefore$ 综上,"$\overrightarrow{OP}\cdot\overrightarrow{OQ}=0$"是"$\dfrac{1}{|\overrightarrow{OP}|^2}+\dfrac{1}{|\overrightarrow{OQ}|^2}=\dfrac{7}{12}$"的充分不必要条件。

教师总结:例 2 利用与上述例子相同的"极坐标法"以比较小的运算量完成了解答。

三、从椭圆到双曲线,感受创新与传统

例 3.已知双曲线 $C_1: 2x^2-y^2=1$,设椭圆 $C_2: 4x^2+y^2=1$,若 M、N 分别是 C_1、C_2 上的动点,且 $OM\perp ON$,求证:O 到直线 MN 的距离是定值。

证明:设 $M(\rho_1, \theta)$, $N\left(\rho_2, \theta+\dfrac{\pi}{2}\right)$,

∵ $M(\rho_1\cos\theta, \rho_1\sin\theta)$ 在双曲线 C_1 上，

$N\left(\rho_2\cos\left(\theta+\dfrac{\pi}{2}\right), \rho_2\sin\left(\theta+\dfrac{\pi}{2}\right)\right)$ 在椭圆 C_2 上，

∴ $2\rho_1^2\cos^2\theta - \rho_1^2\sin^2\theta = 1$，即 $\dfrac{1}{\rho_1^2} = 2\cos^2\theta - \sin^2\theta$。

同理，$\dfrac{1}{\rho_2^2} = 4\cos^2\left(\theta+\dfrac{\pi}{2}\right) + \sin^2\left(\theta+\dfrac{\pi}{2}\right) = 4\sin^2\theta + \cos^2\theta$。

∴ $d \cdot \sqrt{\rho_1^2 + \rho_2^2} = \rho_1\rho_2$。

∴ $d = \dfrac{1}{\sqrt{\dfrac{1}{\rho_1^2} + \dfrac{1}{\rho_2^2}}} = \dfrac{1}{\sqrt{3\sin^2\theta + 3\cos^2\theta}} = \dfrac{\sqrt{3}}{3}$，即 O 到直线 MN 的距离是定值。

教师总结：例 3 的条件中虽然增加双曲线 C_1，但是题目的主要条件仍然是"垂直"，因此，仍然利用"极坐标法"完成证明。

通过上述例子，可以发现圆锥曲线中的垂直问题，不妨可以考虑通过"极坐标法"来得到简洁的解答。数学教师不妨向学有余力的学生介绍此种方法，这样既能拓宽这些学生的数学视野，培养他们的探索精神，更可以让学生在解题过程中身临其境地体会到数学的美。

在科学教学中激发学生"问题意识"的策略

上海市三新学校　叶　笛

摘　要： 本文在深入分析目前学生"无疑可问"现象的基础上，提出了如何激发学生问题意识的教学策略。分别从"以生为本"的教学设计、"民主自由"的交流平台、"好奇质疑"的课堂氛围三方面进行论述。其中，着重针对科学教学中如何进行情境创设提出了"小魔术"诱发好奇心、搜寻证据支持假设、提出任务自主解决、类比设疑探寻真相、求异发散激励创新五个教学策略。并用生动典型的课堂教学实例进行深入解析，总结归纳出能够激发学生"问题意识"的有效方法。

关键词： 问题意识　科学教学

　　美国教育家布鲁巴克认为："最精湛的教学艺术，遵循的最高准则就是学生自己能够提出问题。"然而，在日常课堂教学过程中，教师们往往总是自问自答，学生仅仅作为倾听者或参与者，缺乏"问题意识"。那么，何谓"问题意识"？它是指："主体在进行认知活动时，通过主体对认识对象的深刻洞察、怀疑、批判等多种方式，产生了认知冲突，经过深入思考后仍困惑不解时，出现了一种具有强烈的探索情境的真实问题或想做出发现式创新的一种心理状态。这种心理状态又驱使学生不断积极地思考，直至问题解决。"能够提出问题仅仅是问题意识的外在表现形式，问题意识本质上是一种带有强烈内驱力的心理状态。而这种心理状态可以促使学习者积极主动发现问题、千方百计解决问题，从而发展思维、增长能力。因此，激发学生的问题意识成为探究活动顺利开展的关键。教师如何做才能激发学生的"问题意识"呢？学生的问题意识在怎样的教育模式下才能够建立起来呢？对此,笔者立足初中科学一线课堂教学实践,尝试探索并总结归纳出一些能够有效激发学生问题意识的教学策略。

一、 对目前学生无疑可问的现状分析

从教育者角度分析,教师绝对权威的地位导致了学生总是被教师牵着走,渐渐养成了被动接受的不良习惯。从学生角度分析,"怕出丑"的心理顾虑作祟,产生畏缩情绪。从教学模式上分析,照本宣科的传统授课方式迫使学生始终是被动接受的倾听者,没有机会进行质疑和反驳,渐渐也就丧失了应有的"问题意识"。

综上所述,目前课堂教学模式不利于激发学生的问题意识,甚至在某种程度上压抑扼杀了学生原有的问题意识。长此以往,学生渐渐形成了无疑可问的习惯,导致思维僵化、被动学习、墨守成规、丧失创新。为解决现状,笔者认为:必须要从"教师的课堂组织教学"入手,以改革课堂教学模式为突破口,从课堂教学的各个环节上进行革新,才能真正激发学生的问题意识,突破常规,营造氛围。

二、 激发学生问题意识的教学策略

(一)"以生为本"的教学设计

传统的教学设计通常都是以教师自身视角撰写的,往往关注"教什么"、"怎么教"。相反,教师应该站在学生的角度换位思考,尝试预测学生将会产生哪些疑惑,提前做好充足的准备。在教学过程中,讲者与听者之间产生共鸣,才能有效激发学生的问题意识,大大提高学习效率。

(二)"民主自由"的交流平台

教师应多鼓励学生提问、质疑,勇于发表不同见解,消除胆怯心理。教师要从"主宰者"向"参与者"进行角色转换,构建平等对话的交流平台。让学生们敢于问、乐于问,思维才能被激活,学习才能更主动、更高效。

(三)"好奇质疑"的课堂氛围

1. "小魔术"诱发好奇心

巧妙设计新课的导入环节能够让学生产生认知冲突,是上好一节课的先决条件。下面就举例分析教师应如何来激发学生的问题意识。

在初中科学六年级第一册第4章"物质的粒子模型"中有一节内容是"气体的压强"。由于学生先前具备一定的常识基础,倘若按照教材内容按部就班进行教学,无法令学生产生浓厚兴趣。而且,学生容易产生"不学也一样会"的错觉。对此,教师往往希望通过呈现一个有趣的现象来激发学生的兴趣。下面,列举3个不同导入新课的例子。

案例1:某教师向学生们展示了一个插有吸管的空酸奶盒,然后用嘴吸气,酸奶盒瘪了。教师问:"同学们,大家都发现酸奶盒瘪了对吧? 那么,你知道这是为什么吗? 下面,我们就带着这个问题来学习《气体的压强》。"

这位老师所呈现的现象非常生活化、普遍化。但对于学生而言,并不能产生认知冲突。学生们会想当然地认为:"吸走了酸奶盒里面的一部分空气,酸奶盒里面的空气少了它就往里面缩了。"这样的情境创设和问题的提出无法激发学生的好奇心和继续学习的积极性。

案例2:某老师向学生展示了一个实验:将满满的一杯水上面盖上一片硬纸板,然后问学生:"如果将杯子倒过来,水会不会流出来呢?"

大多数学生回答:"水不会流下来。"教师略显尴尬地完成了实验,说:"好,下面我们就一起来学习《气体的压强》。"

这位老师的本意是想通过一个神奇的现象引出课题。但出乎意料,学生们猜对了结果。教师无奈之下直接说出今天要学习的内容。显然,教师的引入环节还没有达到预期效果。关键在于他没有用好这个小实验。

案例3:某老师在上课前,先跟学生们做"魔瓶气球"的小游戏。

首先,教师先找两名体重差距很大的同学来比试谁能把气球吹得更大些。结果毫无悬念,高大的同学胜出。教师随即又拿出两个同样大小的饮料瓶,将两个气球分别装进饮料瓶中,并把气球吹气口套在瓶口上。又让两名同学再次比试,结果,瘦小的同学却胜出了。顿时,全班同学都惊呆了,议论纷纷,百思不得其解。教师随即引出新课。

这位老师用了大量的笔墨来渲染气氛,巧妙地用一个有趣的小魔术牢牢抓住了学生们的注意力。由于学生们无法用原有的知识来解决问题,产生了强烈的"认知冲突",从而激发了他们的问题意识。待学生学习完这节课的内容后,教师再引导学生利用所学知识来解释先前的困惑。

综上所述,从三个不同的引入环节的例子可以看出教师的教育智慧可以将看似司空见惯了的知识内容变得扑朔迷离,更加有趣。当然,第二个例子中如果教师能够略加改动也能够激发学生的问题意识。比如:当教师发现学生已经预测到了实验的结果,不妨就做点"小手脚"——将杯子里的水倒掉一些。这时,杯子倒过来时,水就流出来了。学生就会产生新的疑问:"为什么杯子里的水满的时候倒置不会流出水来,而半杯水的时候反而倒置时水就流出来了呢?"此时,教师所设计的实验就发挥作用了,激发起学生的问题意识了。因此,教师要随机应变,善于变换角度,突破思维定式,将一个众所周知的实验稍微变一变就会大不一样。

2. 搜寻证据,支持假设

初中科学教学强调重视学生开展独立的探究活动。科学教学不仅仅局限于传授科学知识和常识,更关注学生探究的过程以及在这个过程中习得的方法、增长的技能。"用证据支持假说"是本着实证思想,用证据、用事实说话的本质。在这个思考、搜寻、筛选的过程中也可以激发学生的问题意识。

在初中科学七年级第一册第9章"电力与电信"主题中有一节内容是"电流的磁效应"。传统教学模式通常都是先以"磁现象"作为铺垫,然后将经典的"奥斯特实验"呈现出来,再让学生小组合作体验"通电电磁铁有磁性"的验证实验。这种教学模式显得平铺直叙,缺乏波澜,无法激发学生的问题意识。对此,笔者突破传统大胆创新,一改常态,通过创设情境来让学生自主探究。

首先,教师创设了一个"炒豆之谜"的情境(即:很多红豆和绿豆在一起炒,往盘子里一倒,红豆、绿豆自然分开)。学生顿时产生了一个"认知冲突"并开始尝试用已有的知识来解决问题。当学生们发现盘子底部没有磁铁而是一些电池和缠绕了导线的螺丝时,马上提出了假设:"也许这些缠绕了导线的螺丝通上了电之后就有磁性吧。"对此从不同角度开展了一系列的探究实验,并最终用大量的证据证实了先前提出的假设。

整个探究活动就是围绕着一个情境提出问题、解决问题的过程。结论是学生通过自主探究发现的,而非老师讲授的。学生始终在问题的指引下开展相关的探究活动,认知水平逐级上升,认知结构逐步建构起来。其中,问题意识发挥着至关重要的作用,指引着探究的方向,是自主探究的"原动力"。

3. 提出任务,自主解决

初中科学这门学科立足于以知识为载体传授方法、掌握技能。然而,倘若将科学方法直接呈现出来将令其丧失了魅力。在教学过程中,教师要激发学生的问题意识,就需要"故弄玄虚",不要"和盘托出"。例如:在初中科学六年级第一册第 1 章"科学入门"主题中有一节内容是"量筒和体积"。如果教师巧妙设计活动,可以大大发展学生的思维能力。建议教师应该这样处理:

先让学生测出一个规则的长方体木块的体积,学生们会测量木块的长、宽、高,然后计算出它的体积;然后,教师再让学生们想办法测出一块不规则石头的体积;最后,教师再拿出一块不规则的泡沫塑料,让学生设计测量其体积的方法。

其实,任务的提出就会产生相应的问题。学生们并不缺乏接受新知识的能力,而缺乏解决新问题的能力。他们可以很快进行模仿、牢记教师传授的技能,却很少有机会去独立调取信息、灵活运用方法。因此,作为技能的传授应该更多地采用设置任务的方式呈现给学生们,激发他们的问题意识,而非单一、直白地传授!

4. 类比设疑,探寻真相

学生在学习新知识前已经具备了一定的知识基础,即:"前概念"。因此,在学习新知识前教师应该明确学生对与新知识相关的知识了解到什么程度,能否产生"正迁移"或者产生"负迁移"的影响。当然,即使会产生"负迁移"也无妨,可以巧妙利用这一点,制造一个"认知冲突"。这样不仅可以激发学生的问题意识,还会加深记忆,达到良好的教学效果。

例如,在七年级科学第二册第 13 章"地球、矿物与材料"中有一节内容是"合金"。教材中设置了一个比较纯金属与合金的熔点实验。教师不妨这样设计教学:

课前先以谈话的方式询问学生:"两杯等量的水,一杯的温度是 80 摄氏度,另一杯是 20 摄氏度。混合在一起的水温会是多少度?"学生会毫不犹豫地回答,应该是 50 度左右。教师再引申:"如果我把两种不同熔点的金属混合在一起,其中一种金属熔点是600 度,另一种金属熔点是 800 度,你认为合金的熔点应该是多少度呢?"学生的回答五花八门。带着这样一个巨大的问号,教师呈现纯金属与合金的熔点比较实验。同学们的注意力被实验牢牢吸引过来。最终发现,合金的熔点会低于任何一种组成它的纯金属。合金的这一独特性质在学生们的脑海里烙下了深深的印记。

深入分析,教师在引入新课前先抛出一个"烟雾弹"。而这个关于水温的情境与新知识之间并无关联。但是,由于思维定式在作祟,同学们往往会失去准确的辨别力。此刻,学生的问题意识就被充分激发出来。最终,正确的结论在学生的头脑中留下深刻的印象。

5. 求异发散,激励创新

儿童的思维原本是开放的、活跃的。但是,在传统接受式教学模式的影响下,渐渐萎缩了思维的广度和深度。统一的模式、标准的答案让学生的思维单一僵化,长期的单一模仿、死记硬背导致积极主动的思维进入休眠。教师传授的解题经验也顺理成章的成为学生一成不变的思维定式,在无形中扼杀了求异的创新思维。因此,建议教师在组织教学的过程中,多为学生创设一些能够激活发散思维的拓展空间。也让学生的思维得到解放,让他们积极主动地去尽情想象、大胆创新。

初中科学六年级第一册第一章"科学入门"中有"刻度尺和长度"一节课。实际上,教师除了要强调一些规范的基本操作要求之外可以适当拓展,发展学生的发散性思维。例如:"如何来测量一根弯曲线段的长度?"

也许部分同学会提出:"用一根线绳按照曲线的走向比量做好标记,然后将线绳拉直再用刻度尺测量。"教师再提出还有其它方法吗?鼓励学生们突破思维定式,抛开"线绳"的束缚,跳出圈圈变换角度思考。教师可以引导学生尝试回忆生活中什么东西可以留下弯曲的痕迹。最终,学生将提出用轮子和直尺来测量的方案。

这些问题虽然不是学生自己提出的,但在解决问题的过程中,学生始终处于对问题的深入思考之中。问题意识促使学生进入深层次的思维:在学生的头脑中应该是产生了一个方案然后又被否定掉;接着,又产生了一个新的假设,然后又被排除掉……在不断"提出→否定→再提出→再否定"的筛选过程中,学生始终带着疑问积极主动进行思维活动。

想要牢牢抓住学生的注意力就必须要激发他们的问题意识,要以学生的眼光来看待问题,从学生的角度来审视教学内容。只有找到能够激发学生问题意识的那个关键点,才能运用形式多样的方式来组织教学。总之,教学不仅是一门技术更是一门艺术。智慧的教师善于读懂学生,善于驾驭课堂。而激发学生的问题意识将真正把课堂还给学生，让学生成为学习的主人，成为知识的探索者。

参 考 文 献

［1］房寿高，吴星. 到底什么是问题意识［J］. 上海教育科研，2006(1)：24—25.

［2］仁月珍主编.《小学生学会提问的实践研究》［M］. 上海：上海科学普及出版社，2004.

［3］伊恩·史密斯(著)剑桥教育(译).《提更好的问题》［M］. 北京：教育科学出版社，2010.

［4］教育部基础教育课程教材发展中心组织编写.《走进新课堂(科学分册)》［M］. 北京：北京工业大学出版社，2010.

［5］陈建国.《科学方法是什么》［M］. 南昌：江西高校出版社，2010.